JE T'ATTENDRAI

Un mémoire d'adoption

EILEEN MARY COYNE RESTA
NÉE : MARIE MONIQUE COMTOIS

Je t'attendrai

Copyright © 2022 par Eileen Mary Coyne Resta

Tous droits réservés.

Publié par Red Penguin Books

Numéro de contrôle de la Bibliothèque du Congrès: 2022913881

Village Bellerose, New York

ISBN Numérique

Couverture souple 978-1-63777-296-6

Couverture rigide 978-1-63777-295-9

Aucune partie de ce livre ne peut être reproduite sous quelque forme ou par quelque moyen électronique ou mécanique que ce soit, y compris les systèmes de stockage et d'extraction de l'information, sans l'autorisation écrite de l'auteur, à l'exception de l'utilisation de brèves citations dans une critique de livre.

*Ce mémoire est dédié à mes deux mères.
Celle qui m'a donné la vie et celle qui m'a élevée.
Aimée par deux mères.
Une mère éloignée et une autre proche et constante.
Je suis à jamais reconnaissante envers les deux.*

TABLE DES MATIÈRES

Préface   vii

PARTIE I
1. L'APPEL TÉLÉPHONIQUE   3
2. J'AI DE LA CHANCE   8
3. LA RECHERCHE EST EN COURS   11
4. "CHACUN D'ENTRE VOUS A COMPTÉ"   15
5. DEMANDE REÇUE   20
6. LA LETTRE   23
7. CHOISIR LEUR FILLE   28
8. MON FRÈRE BRIAN " UN JOUR À LA FOIS "   36
9. LA VIE DE FAMILLE À BAYSIDE, NY   44
10. L'ÂGE DE LA RAISON   53
11. BAYSIDE, NEW YORK À GREENLAWN, NEW YORK   58
12. MON AMIE CLARE   64
13. ÉCOLE PRIMAIRE ET SECONDAIRE   76
14. MON PAPA   84
15. LE MÉDIUM   91
16. DÉMÉNAGEMENT À DIX HILLS   95
17. PETITE FAMILLE   108
18. 7 h 07 DU MATIN   114
19. CARS   123
20. DEUXIÈME GUERRE MONDIALE   128
21. SIX SEMAINES DE VACANCES   132
22. VISITE FAMILIALE À PARIS   137
23. FIANÇAILLES   141
24. NOTRE PREMIÈRE MAISON   151
25. NOTRE DEUXIÈME MAISON   156
26. L'ÉCOLE À 37 ANS   164
27. "L'UN DE CES JOURS"   170

28. TROIS ANS PLUS TARD 178
29. " COMMENT Ç'EST D'ÊTRE ADOPTÉ ?" 181

PARTIE II

30. LE COMPTE RENDU CHRONOLOGIQUE 189
31. INFORMATIONS SOCIOBIOLOGIQUES 201
32. MONTRÉAL 213
33. MOMENTS IMPORTANTS 220
34. L'APRÈS-MIDI 229
35. WEEK-END SPÉCIAL 236
36. PREMIER MOIS - MAI 2011 247
37. DEUXIEME MOIS - JUIN 2011 258
38. TROISIEME MOIS - JUILLET 266

PARTIE III

39. VACANCES 273
40. OPPORTUNITÉ 281
41. RASSEMBLEMENT INTERIEUR 287
42. RASSEMBLEMENT EXTÉRIEUR 295
43. PERTE 298
44. RÉFLEXIONS 304
45. PAIX 312

Épilogue 315

REMERCIEMENTS 333
À PROPOS DE L'AUTEUR 335

PRÉFACE

Untethered

Tout à coup et pour des raisons inconnues, elle est séparée de ses origines, à la dérive et à la recherche de l'endroit où elle pourra s'intégrer. Elle a tout ce dont elle a besoin pour le moment, mais sans une base solide, elle ne pourra pas passer de l'illusion de normalité et de sécurité entre les quatre murs chauds et lumineux à une vie de liberté et d'expansion.

Ses débuts semblaient sûrs et pleins de promesses. Une courte vie de sons, de vues et d'odeurs familières dans laquelle elle a commencé à ressentir le confort et la sécurité de ce que c'est d'être "chez soi".

Mais ensuite, une grande tourmente a commencé et elle a senti le frémissement de la poussée et de l'éloignement de son lieu d'appartenance, l'endroit où elle s'intégrait parfaitement. Comment va-t-elle retrouver cela à nouveau?

Elle est maintenant à la dérive, sans la promesse d'un nouvel endroit "parfait". Elle n'a pas de boussole ou d'ancre pour la guider ou la sécuriser. Elle est impuissante à s'aider elle-même et devra faire confiance aux autres pour trouver sa voie. Lorsqu'elle atterrira enfin, elle devra s'adapter à des sons, des vues et des odeurs nouveaux et étrangers. C'est à elle de s'adapter à sa nouvelle place dans le monde.

Ce nouvel endroit sera-t-il meilleur? Ou simplement différent. Il y aura des paysages nouveaux et variés à explorer, des gens à embrasser, des coutumes à apprendre et à suivre. Le paysage sera-t-il dur ou doux, les gens et les coutumes gentils et accueillants ou méfiants envers cette intruse?

Alors qu'elle flotte au-dessus des paysages changeants, elle se demande si elle a le choix. Dans ses rêves réalistes, elle entend des voix et voit des visages alors qu'elle dérive en attendant d'être remarquée et sécurisée. Puis les sons changent et il y a une nouvelle excitation dans les voix alors qu'elle prend conscience que tout ralentit. La dérive sans but ni fin est peut-être terminée.

Aussi soudainement qu'elle a été désancrée et libérée, elle est maintenant confrontée à un nouvel attachement dans une terre inconnue. Avec le temps, elle retrouvera la normalité et la sécurité, ainsi que la liberté de faire sa place dans le pays et de s'épanouir dans un nouveau monde où elle possédera à nouveau la boussole et l'ancre qui lui manquaient et ressentira le confort et la sécurité d'un environnement chaleureux et rayonnant où elle sera à nouveau "parfaitement intégrée".

I

I
L'APPEL TÉLÉPHONIQUE

"Bonjour, Mme Coyne?"

Je n'ai pas reconnu mon nom de jeune fille car l'appelant l'a prononcé avec un accent. Il s'agissait du 22 février 2011. À cette époque, des appelants sollicitant des produits ou des services ont commencé à apparaître sur mon téléphone portable. J'ai donc répondu,

"Non, vous devez avoir un mauvais numéro." Comme j'étais sur le point de raccrocher, l'appelant a dit,

"Attendez, Mme Resta?"

"Oui, c'est Mme Resta."

" Je m'appelle Nadia. J'appelle du Centre Jeunesse de Sherbrooke, au Canada.

Je suis l'assistante sociale qui a été assignée à votre cas. J'ai vos dossiers d'adoption ici avec moi... Je pense que je peux trouver votre mère et elle vous a cherché !"

Toute ma vie, j'ai su que j'étais adoptée, mais je n'ai jamais eu l'intention de rechercher ma mère biologique. Me voici, âgée de 61 ans, et au cours des cinq dernières années, ma curiosité et mon désir de trouver des informations biologiques, ou même des retrouvailles, n'ont cessé de me ronger. En 2011, mon mari Frank Claude (la famille et moi l'appelons Claude) et moi étions mariés depuis 40 ans et avions deux enfants: Eric et Elise. Eric a un fils, et Elise et son mari Mike ont deux fils et une fille.

Ce jour-là, le 22 février 2011, j'étais en congé pour la Semaine du Président et je rendais visite à ma fille Elise, à mon gendre Mike, à leur nouvelle fille Evelyn, née le 1er février, et à leurs fils Jackson et Owen. Nous étions dans son salon et elle était dans son fauteuil à bascule en train d'allaiter Evelyn lorsque mon téléphone portable s'est mis à sonner. Jackson et Owen jouaient avec leurs voitures miniatures dans la salle de jeux.

Dès que j'ai entendu cela, j'ai lentement glissé vers le sol tout en lui demandant de rester en ligne. D'une voix plus aiguë que la normale, je me suis exclamée à ma fille...

"Elise, ils pensent pouvoir trouver ma mère et elle m'a cherché !"

Elise et moi nous sommes regardés, incrédules. Des larmes ont coulé dans nos yeux.

Je pouvais à peine respirer. J'ai couru à l'étage pour pouvoir me concentrer sur ce que Nadia disait.

Elle m'a dit que ma mère biologique m'avait cherché plusieurs fois au cours des années - en 1949, 1951, 1957, 1986 et 2002. Nadia m'a expliqué qu'elle avait des numéros de téléphone de 2002 qu'elle allait appeler pour essayer de la retrouver. Dans mes dossiers se trouvait également une lettre que ma mère biologique avait écrite il y a longtemps pour demander de l'aide pour retrouver sa petite fille qu'elle avait dû donner en adoption. Elle a dit que son enquête prendrait du temps, car le dernier numéro qu'elle a dans ses dossiers date de neuf ans. En plus d'avoir les numéros de téléphone comme pistes, elle obtiendrait également des informations à partir de la carte médicale que tout citoyen canadien doit posséder.

Nadia a expliqué que ma mère biologique avait 20 ans lorsqu'elle m'a donné naissance et qu'elle aurait donc 81 ans. Il y avait une possibilité réelle et triste qu'elle soit décédée au cours des neuf dernières années.

"J'aimerais vous poser quelques questions. Avez-vous le temps maintenant?" a-t-elle demandé.

"Oui !" J'étais heureuse de le dire.

Elle m'a ensuite interrogée sur ma vie. Elle m'a posé des questions sur ma taille, mon poids, la couleur de mes cheveux et de mes yeux, mon éducation, mes parents, mon mari, mes enfants et mon travail. Quand je lui ai dit ma taille, mon poids, mes cheveux et la couleur de mes yeux, Nadia a dit,

"On dirait que vous tenez de votre mère biologique car tout est pareil sauf qu'elle est plus petite de quelques centimètres."

Cette information, révélant l'apparence de ma mère biologique, et le commentaire de Nadia m'ont donné un sentiment de satisfaction. Les adoptés se demandent souvent s'ils ressemblent à leur mère biologique, et je me le demandais aussi. Je ne m'attendais pas à le découvrir.

L'American Adoption Congress, dans une étude sur les adolescents américains adoptés, a constaté que:

72 % des adoptés veulent savoir pourquoi ils ont été donnés en adoption,

65 % des adoptés souhaitent rencontrer leurs parents biologiques, et

94 % des adoptés veulent savoir à quel parent biologique ils ressemblent.

Lorsque j'ai commencé cette recherche, je cherchais des informations biologiques. Maintenant, j'étais confronté à la décision de poursuivre une réunion. La décision est vite devenue facile à prendre après avoir appris qu'elle m'avait recherchée. J'ai souvent souhaité pouvoir écrire à ma mère biologique pour lui faire savoir que j'étais en sécurité et heureuse et que je comprenais sa décision de me placer à l'orphelinat. Dès mon plus jeune âge, j'étais triste de ne pas pouvoir le lui faire savoir. Je n'ai jamais cru qu'une mère pouvait abandonner un enfant et ne plus y penser. Je pensais à elle le jour de mon anniversaire et j'espérais qu'elle était heureuse.

Nadia a dit qu'elle suivrait toutes les pistes pour savoir si ma mère biologique était encore en vie et où elle vivait. Elle travaillera sur mon dossier et m'appellera dès qu'elle aura des informations. Elle m'a dit,

"Je suis tellement excitée par la possibilité de retrouver ta mère biologique, et à cause de son âge, la recherche sera accélérée."

"Pouvez-vous me dire le nom de ma mère biologique?" J'ai demandé.

"Je suis désolée mais non", a-t-elle répondu, "je dois d'abord la trouver et obtenir la permission de divulguer toute information".

Sur mes papiers d'adoption, mon nom de naissance était Marie Monique Comtois, mais je me suis toujours demandé si c'était vraiment mon nom de naissance.

"Cependant, dit-elle, je suis heureuse de vous envoyer non seulement une copie de la lettre écrite par votre mère biologique et traduite en anglais, mais aussi l'original en français écrite de sa main."

Elle a ajouté que tous les noms seront masqués pour protéger son identité et celle de sa famille.

Je pourrai quand même lire ce qu'elle a écrit sur son désir de me retrouver. J'avais du mal à croire que c'était en train d'arriver. Bientôt, j'aurai quelque chose écrit de la main de ma mère biologique.

J'ai donc attendu le reste de la journée en espérant avoir plus de nouvelles. Rétrospectivement, il était déraisonnable d'attendre des informations si tôt, mais je ne voyais pas comment j'allais pouvoir être patiente.

C'est ainsi qu'a débuté une période de sept semaines de hauts et de bas émotionnels, alors que Nadia suivait des pistes pour tenter de retrouver ma mère biologique.

La nouvelle de l'appel téléphonique de Nadia s'est répandue dans notre famille, provoquant l'excitation et la joie de tous.

Claude et moi, Eric et son fils Cash, Elise et Mike, et leurs enfants, Jackson, Owen et Evelyn, vivons tous dans la même ville. Nous les voyons souvent et ils savaient que j'avais commencé une recherche d'informations biologiques en septembre, mais nous n'avons pas beaucoup parlé du moment où nous pourrions avoir des nouvelles et des informations que je pouvais espérer recevoir. Le lien entre les informations biologiques et les implications en matière de santé pour les générations futures n'était pas connu en 1949. Il se peut donc que des informations médicales n'aient pas été demandées à ma mère biologique et qu'elles soient donc inexistantes.

Et pas une minute je n'ai pensé que ma mère biologique me cherchait.

Outre notre famille proche, mon beau-père, Frank, et mes belles-sœurs Martine et Corinne et leurs familles vivent également dans notre ville. La mère de Claude est décédée en 1995. Sa sœur Anne-Marie vit hors de l'État. Les enfants de mon frère Brian, Brian et Kellianne, vivent également hors de l'état. Nous avons tenu tout le monde au courant de mes recherches biologiques depuis le début, c'est-à-dire depuis que j'ai pensé à aller à Montréal, que j'ai décidé d'aller jusqu'au bout du processus de demande, et jusqu'à maintenant, en sachant que ma mère biologique me recherche.

2
J'AI DE LA CHANCE

J'ai de la chance ! Toute ma vie, je l'ai dit. C'est ce que je ressens quand je pense qu'en 1949, j'ai été adoptée, alors que j'étais un nourrisson, dans un orphelinat de Montréal rempli de bébés qui avaient besoin d'un foyer, par une mère et un père tellement heureux d'avoir leur petite fille.

Mes parents étaient très ouverts au sujet de mon adoption à Montréal. J'avais trois mois, je suis née là-bas le 6 juin 1949, j'ai été placée dans un orphelinat et adoptée par mes parents, Mary et Owen Coyne, et ramenée à la maison à Brooklyn, NY, le 9 septembre 1949.

Depuis 2008, je ressentais une forte envie de visiter la ville où je suis née, Montréal. En 1972, Claude et moi y étions allés et je me souviens avoir adoré cette ville vibrante et cosmopolite. Contrairement à la curiosité récente et croissante au sujet de ma naissance là-bas, trouver des informations sur ma naissance ou ma famille n'était pas du tout dans mes pensées à 23 ans lorsque j'ai innocemment appelé ma mère, Mary Coyne, de Montréal pour lui dire comment nous appréciions la ville et j'ai entendu un silence et une longue pause avant qu'elle ne demande,

"Vous cherchez quelqu'un là-bas?"

Cette question était tout ce dont j'avais besoin pour comprendre à quel point elle aurait été blessée si j'avais cherché ma famille biologique, et m'a fait prendre conscience de la peur qu'elle avait pu ressentir quant à la possibilité que je les trouve.

Je n'ai jamais eu l'intention de rechercher ma famille biologique. La plupart des adoptés sont encouragés à croire que leur mère biologique, après avoir accouché et donné son bébé en adoption, a gardé sa grossesse et son bébé secrets. Elle s'est peut-être mariée et a eu d'autres enfants, et le fait d'apparaître soudainement dans sa vie pourrait être très perturbant pour elle et sa famille. Vous ne recevrez peut-être pas l'acceptation et la joie que vous recherchez.

Je ne voulais pas causer de problèmes, ni à ma mère biologique ni à mes parents, qui m'ont adopté et élevé avec amour et attention. Je ne voulais pas non plus penser à ce que je ressentirais si j'étais rejetée par ma mère biologique. Ces pensées sont devenues mes convictions, et j'en arrivais toujours à la même conclusion: cela n'en vaut pas la peine.

1972 a été la dernière fois que Claude et moi avons été à Montréal jusqu'en juillet 2010. J'ai eu beaucoup plus de pensées sur ma naissance là-bas que je ne l'admettais moi-même. Même si ma mère a partagé toutes les informations qu'elle connaissait, j'étais toujours curieuse et j'avais d'autres questions.

Ainsi, bien qu'en 2010 je croyais que j'y allais simplement pour faire l'expérience de Montréal, avec le recul, je pense que je cherchais inconsciemment quelque chose qui me relie à ma naissance.

Pourquoi, à 61 ans, ai-je soudain ressenti le besoin de poursuivre cette recherche d'informations? Je ne peux pas l'expliquer mais cela a commencé il y a longtemps avec le souhait de faire savoir à ma mère biologique que j'étais heureuse et que j'avais une belle vie, et ce souhait n'a jamais disparu.

Mon père Owen Coyne est décédé en 1964, ma mère Mary Coyne en 1992, et mon frère Brian Coyne en 2004. C'était ma famille. Ceux qui auraient pu être blessés par ma recherche d'informations sur ma famille biologique sont décédés. Je ne ferais de mal à personne si je poursuivais cette recherche. Il n'y avait donc plus vraiment d'obstacles m'empêchant de rechercher des informations biologiques, et peut-être même une réunion de famille de naissance. Je n'avais plus d'excuse pour ignorer ce que je ressentais.

Lorsque nous avons visité Montréal en juillet 2010, nous avons séjourné à l'hôtel Hyatt, au cœur de la ville. Juste à côté de l'hôtel, il y avait un festival de rue estival et pendant deux jours, nous avons profité de tout ce qu'il avait à offrir: nourriture, musique, danse et artistes de rue.

J'ai regardé par la fenêtre de notre chambre d'hôtel au 18e étage, j'ai vu tous ces beaux bâtiments anciens et je me suis demandé à voix haute,

"Ce ne serait pas amusant de trouver l'immeuble d'où mes parents m'ont adopté?" Enfin, je reconnaissais ma curiosité et mon envie de vivre d'autres expériences liées à ma naissance.

3
LA RECHERCHE EST EN COURS

Après avoir décidé d'aller de l'avant avec cette recherche, au départ uniquement pour des informations biologiques, tout s'est mis en place avec rien d'autre que de l'aide venant de chaque agence et personne que nous avons rencontrée. Au début, nous ne savions pas par où commencer. Quelle agence serait en mesure de nous donner les réponses à nos questions? À l'hôtel, Claude et moi sommes allés sur Internet pour voir si nous pouvions trouver où nous devions commencer nos recherches pendant notre séjour à Montréal.

Les sites en ligne nous ont dirigés vers le bureau d'information de la Bibliothèque nationale et des Archives du Québec. Nous avons quitté l'hôtel et nous nous sommes dirigés vers la Bibliothèque, située à environ trois quarts de mile du Hyatt. Nous sommes entrés par la porte tournante et avons vu le bureau d'information à notre gauche, qui s'étendait sur tout le mur extérieur. Le plafond semblait être haut de trois étages. Devant nous, il y avait un très long escalier mécanique menant à l'étage supérieur.

Il y avait plusieurs personnes derrière le comptoir d'information et après avoir dit, un "Good Morning", suivi d'un "Bonjour", il était temps pour moi d'exposer mon objectif. C'était ma première démarche officielle et j'ai lancé: "J'ai été adopté en 1949 à Montréal, et je voudrais trouver le bâtiment qui était l'orphelinat à l'époque".

Ils ont tous arrêté ce qu'ils faisaient, accepté ma demande et sont partis dans différentes directions, revenant avec de nombreux livres. Ils étaient tous écrits en français, mais ils étaient heureux de traduire pour nous.

Ils ont photocopié tous les bâtiments qui seraient des possibilités. À partir de là, nous avons écarté certains endroits en raison de l'âge des enfants qui seraient dans l'orphelinat. Certains accueillaient des enfants de 0 à 2 ans ou de 3 à 5 ans, etc. Nous avons donc réduit la liste par âge, sachant que j'ai été adoptée à l'âge de 3 mois.

Nous avons conduit jusqu'à un bâtiment qui se trouvait à l'extérieur de la ville, mais nous avons vite compris que ce ne pouvait être celui-là puisque ma mère, Mary, m'avait dit qu'elle se trouvait dans la ville de Montréal lorsqu'elle m'a adopté. Après avoir visité deux autres possibilités, nous avons opté pour l'une d'elles en raison de son emplacement à Montréal et de la structure extérieure du bâtiment.

Lorsque ma mère a raconté son arrivée à l'orphelinat pour adopter un bébé, elle a décrit les larges marches menant aux grandes portes doubles en bois d'un bâtiment en briques de trois étages. Elle a également parlé des religieuses, dont la plupart ne parlaient que le français, qui s'occupaient des nourrissons. Au-dessus des portes, gravé dans le verre, se trouvait le nom Soeurs de la Misericorde. Cet orphelinat particulier de Montréal était dirigé par des sœurs catholiques. Bien que le nom au-dessus des portes n'ait pas fait partie de l'histoire de ma mère, nous en sommes venus par l'apprendre et nous avons su avec certitude qu'il s'agissait du bâtiment.

Eileen sur les marches de l'orphelinat des Sœurs de la Miséricorde Juillet 2010

À la bibliothèque, on nous a dit d'aller au Centre d'Archives de Montréal pour plus d'informations, ce que nous avons fait, mais la personne là-bas nous a donné le numéro des Centres de la Jeunesse (Batshaw) où nous pouvions demander les formulaires nécessaires pour obtenir des informations sur la naissance et/ou des formulaires pour essayer de trouver ma mère biologique. J'ai quitté l'endroit sans savoir si j'allais passer à l'étape suivante.

Sur le chemin du retour vers l'hôtel, nous étions plongés dans nos pensées et avons à peine remarqué les festivités qui se déroulaient dans les rues.

À l'hôtel, alors que nous nous préparions à aller souper, Claude est allé sur Internet et a trouvé un site pour les Sœurs de la Miséricorde. La fondatrice de cette mission était Rosalie Cadron-Jette et elle datait des années 1800. La mission des Sœurs était d'accueillir des femmes célibataires, enceintes et rejetées par leur famille et la société, et de s'occuper d'elles avec compassion et amour. Ces jeunes femmes du 19e siècle étaient traitées comme des parias, et leurs bébés subissaient le même jugement sévère, de sorte que les jeunes mères n'avaient d'autre choix que d'abandonner leur enfant à l'adoption.

Bien qu'il n'y ait plus d'orphelinats en activité, le couvent et le musée des Sœurs de la Miséricorde étaient répertoriés en ligne avec des photos représentant un orphelinat typique en 1949. J'ai été bouleversée de voir ces photos, car c'était exactement comme ma mère me l'avait décrit. Elle m'a dit que l'orphelinat avait trois étages de berceaux, chaque berceau contenant un bébé. Sur chacun des trois étages, les berceaux blancs étaient alignés en rangées. Elle disait que c'était comme faire du shopping pour un bébé. Cette analogie me fait penser à des gens qui se pressent autour des berceaux, évaluent chaque bébé et le rejettent ou l'acceptent.

Lorsque j'ai appelé le numéro de téléphone indiqué pour les Sœurs de la Miséricorde pour demander à voir le musée, j'ai été dirigée vers Sr. Jeannette, qui parlait anglais. Elle m'a dit qu'elle n'était pas disponible jusqu'à 13 heures le lendemain, mais qu'elle aimerait beaucoup que nous venions voir le musée. Elle était dans les orphelinats de Montréal et d'autres villes canadiennes depuis 1948. Sœur Jeannette a dit qu'elle travaillait à l'orphelinat de Montréal à cette époque. Était-elle présente à l'orphelinat lorsque j'ai été adoptée en 1949? C'était incroyable que je puisse être relié à quelqu'un qui travaillait à l'orphelinat pendant que j'y étais. Nous étions très heureux à l'idée d'obtenir un témoignage de première main sur ce qu'était la vie à l'époque.

🎔 4 🎔
"CHACUN D'ENTRE VOUS A COMPTÉ"

Nous nous sommes levés tôt, avons tracé notre itinéraire jusqu'au musée et avons planifié le voyage pour arriver à 13 heures et rencontrer Sœur Jeannette. Montréal est une île et le musée est situé à l'ouest de Montréal sur la rivière des Prairies. Au cours des trois derniers jours, nous avons apprécié l'emplacement de l'hôtel Hyatt de Montréal, car il n'est qu'à quelques pas du fleuve Saint-Laurent. Ces deux cours d'eau entourent Montréal. Nous avons quitté le centre-ville de Montréal pour nous rendre en banlieue.

En chemin, nous avons trouvé un petit fleuriste où j'ai acheté un bouquet de fleurs pour Sœur Jeannette.

Nous avons trouvé facilement le musée et le couvent et nous nous sommes engagés dans l'allée circulaire. Il y a deux bâtiments à gauche et à droite de l'allée circulaire. Le premier est le musée, rond et moderne. Le second est le couvent qui est un bâtiment majestueux en briques, à plusieurs étages, où nous avons rencontré Sr Jeannette.

Nous sommes entrés dans la grande salle de réception, et alors que nous informions la réceptionniste de notre rendez-vous, Sr. Jeannette est arrivée dans le hall. Je la décrirais comme petite, énergique et heureuse de nous rencontrer. Sa vie a été une vie de service aux autres, s'occupant d'abord des jeunes mères et de leurs enfants, et maintenant des sœurs âgées du couvent.

Lors de notre conversation de la veille, je lui ai parlé de mon adoption en 1949, et du fait que les photos que j'ai vues en ligne ressemblent exactement à la description que ma mère a faite de l'orphelinat lorsqu'elle m'a adopté. Elle m'a dit que beaucoup d'autres personnes étaient venues au musée en quête d'histoire et d'informations sur leur adoption.

Sœur Jeannette nous a dit que la sœur qui dirige habituellement la visite du musée était en vacances et qu'elle la remplaçait. Ironiquement, l'autre sœur ne parle pas anglais! Nous avons eu beaucoup de chance de venir lorsque Sr Jeannette était là. Non seulement à cause de la langue, mais aussi parce qu'elle est une personne chaleureuse, aimante et belle et que nous avons de la chance de la connaître. Elle nous a expliqué la mission des sœurs au fil des ans, et tandis qu'elle nous guidait à travers le musée, nous avons été touchés par l'amour que ces sœurs donnaient aux jeunes femmes ostracisées et reniées par leurs familles, enceintes et sans soutien émotionnel ou financier.

Le musée est une réplique détaillée des pièces de l'orphelinat si bien décrites par ma mère. Il y a des figures de cire représentant les sœurs qui s'occupent des enfants, des bébés endormis dans des berceaux blancs identiques et des enfants en bas âge qui jouent avec des blocs et des jouets sur le sol. Cela fait penser à une garderie où les sœurs veillent au bien-être des jeunes enfants. Sœur Jeannette a partagé avec nous de nombreuses histoires sur ses expériences de soins aux jeunes femmes enceintes et à leurs bébés. C'était la façon dont les grossesses non désirées étaient traitées à l'époque, mais cela causait tant de douleur à celles qui étaient séparées de leur enfant et à l'enfant qui ne savait pas qui il était. Tout était fait avec les meilleures intentions, mais personne n'avait prévu l'ampleur de la perte pour la mère et l'enfant.

Sr Jeannette a partagé l'histoire de l'ordre des Sœurs de Miséricorde - leur mission était une mission de miséricorde pour les femmes enceintes non mariées qui étaient sans abri et n'avaient aucune ressource pour prendre soin d'elles-mêmes ou de leur bébé à naître. Lors de sa création dans les années 1800, même le pape et l'Église catholique n'ont pas voulu soutenir leur mission. Ils pensaient, à l'époque, qu'en soutenant ces jeunes femmes pendant leur grossesse, ils encourageaient la promiscuité et le péché. Certaines des circonstances dans lesquelles les jeunes femmes tombaient enceintes étaient effrayantes: viols et inceste. Un évêque, Mgr Bourget (1799-1885), croyait en la mission et, grâce à lui, ils ont pu continuer.

Ces missions offraient un abri et de la nourriture aux jeunes femmes démunies, rejetées par leur famille et la société. Pendant leur séjour chez les sœurs, on leur enseignait des compétences qu'elles pouvaient utiliser pour trouver un emploi après leur accouchement. Pourtant, elles devaient abandonner leur bébé à la naissance, sachant que la mère et l'enfant seraient stigmatisés dans la société.

Nous étions dans l'ascenseur pendant notre visite quand j'ai fait une remarque innocente à Sœur Jeannette,

"Je n'aurais jamais pensé qu'il y aurait des dossiers sur moi et ma naissance après 61 ans."

Elle m'a arrêté, m'a tourné vers elle, m'a pris par les épaules, m'a regardé droit dans les yeux et m'a dit,

"Chacun d'entre vous a compté!"

Nous étions tous en larmes. C'est un commentaire qui résonne en moi depuis ce jour. Je pense que de nombreux adoptés peuvent avoir l'impression de ne pas avoir compté, sachant que l'occasion de leur naissance n'était pas à célébrer mais plus probablement,

"Allons de l'avant et améliorons la situation!"

Une sorte de renaissance dans une famille sans lien de parenté, mais dans laquelle vous serez choisi, célébré et accueilli.

J'ai dit à sœur Jeannette que je ne voulais pas déranger ma mère biologique à ce stade de la vie, si tant est qu'elle soit encore en vie. Elle m'a répondu que c'était peut-être un choix judicieux. Elle a partagé avec nous quelques histoires d'adoptés qui sont venus au musée et au couvent pour chercher des informations sur leur famille biologique et une éventuelle réunion. Beaucoup d'entre eux ont été rejetés par leur mère biologique qui ne souhaitait pas retrouver leur enfant. Comme j'hésitais à me réunir, elle m'a rappelé que je pouvais simplement demander des informations sur ma famille biologique sans demander de réunion.

Elle m'a donné un numéro à appeler pour demander les formulaires à remplir.

Elle nous a guidés vers une grande pièce située à l'extérieur du hall du couvent, où se trouve la crypte de la vénérable fondatrice des Sœurs de la Miséricorde, Rosalie Cadron-Jette. Elle y a déposé les fleurs que nous avions apportées et nous avons tous dit une brève prière.

Eileen et Sœur Jeannette

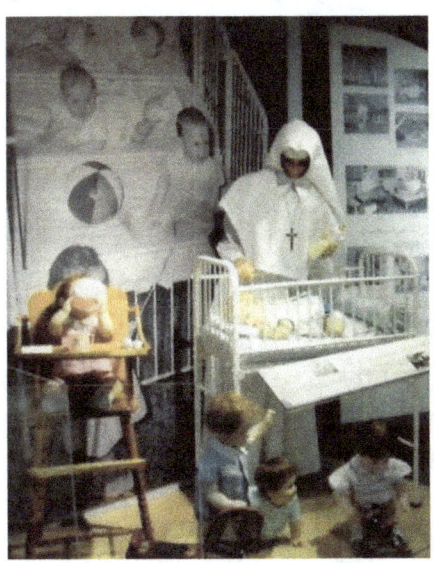
Musée Sœurs de la Miséricorde

5
DEMANDE REÇUE

En septembre 2010, avant l'appel téléphonique de Nadia en février 2011, j'ai envoyé au Centre Jeunesse le formulaire de demande d'informations sur ma famille biologique. Sur le formulaire, il était demandé si je voulais qu'ils essaient de retrouver ma mère biologique. J'ai indiqué sur le formulaire que je souhaitais lui écrire.

Peu de temps après avoir envoyé la demande, j'ai reçu une réponse par courrier de l'assistante sociale, Nadia, m'informant qu'elle allait travailler sur mon dossier. Je pouvais m'attendre à ce qu'il leur faille 6 à 8 semaines pour trouver des informations. En fait, cela a pris 5 mois ! Il n'y avait aucun dossier pour moi à Montréal, au Canada. Ils étaient à Sherbrooke, au Canada, et ils allaient y transférer ma demande.

De temps en temps, j'essayais de trouver des informations sur ma famille biologique, mais c'était des tentatives timides. La plupart du temps, je niais vouloir trouver des informations. Dans les années 90, j'ai trouvé un site Web (qui n'existe plus) où l'on pouvait s'inscrire pour rechercher sa famille biologique et où les familles pouvaient s'inscrire pour rechercher leur enfant. Ils listaient fille ou garçon et la date de naissance. Périodiquement, je vérifiais ce site en me cherchant.

Claude et moi regardions mon certificat de baptême qui provient de l'église Saint-Patrick de Sherbrooke, au Canada. (Les personnes adoptées ne reçoivent pas leur certificat de naissance.) Nous avons décidé d'appeler pour demander si le prêtre dont le nom figure sur le certificat était toujours là, mais personne ne le connaissait.

À l'époque, je ne savais pas que je pouvais contacter le Centre Jeunesse de Montréal et obtenir une demande d'information ou de réunion. Même quand on m'a donné le numéro de téléphone à Montréal pour obtenir une demande, je ne pensais pas que j'appellerais. C'est la découverte de Sœur Jeannette et du Musée des Sœurs de la Miséricorde qui m'a finalement donné le courage de rechercher ma famille biologique.

Claude m'a toujours soutenu et encouragé. Sans lui, je ne pense pas que j'aurais poursuivi l'histoire de ma naissance. Il m'a accompagné tout au long de cette recherche, non seulement par ses encouragements, mais en prenant le temps de m'aider dans mes recherches. C'est lui qui a trouvé le musée. Il croit toujours au pouvoir de l'amour et n'a pas peur de prendre des risques. Il ne pense pas à tout ce qui pourrait aller mal, il pense à tout ce qui ira bien !

Eileen à Montréal - juillet 2010

Claude à Montréal - juillet 2010 6

6
LA LETTRE

Lorsque Nadia a appelé en février 2011, elle m'a dit que ma mère biologique m'avait cherché à plusieurs reprises au fil des ans et qu'elle avait écrit une lettre demandant des informations sur mon adoption. Nadia a dit qu'elle enverrait deux copies de la lettre: une traduite en anglais et tapée par le département des services sociaux et une autre écrite de la main de ma mère.

Lorsque la lettre est arrivée, Claude et moi avons été submergés par l'émotion en la lisant. La révélation la plus surprenante a été quand elle a écrit,

"Si je pouvais voir ma petite Monique avant de mourir et savoir qu'elle va bien." J'ai regardé Claude et j'ai dit,

"Elle m'a nommé!"

Quel sentiment. J'étais à nouveau submergé par un sentiment d'urgence. Nous devions la trouver le plus vite possible et je ne pouvais que prier pour ne pas arriver trop tard.

La lettre a été traduite du français par le Centre de Jeunesse.

10-4-86

Bonjour M. Dube,

Après avoir téléphoné et fait des recherches partout pour essayer de retrouver ma petite fille que j'ai dû donner en adoption. J'étais jeune et pauvre à cette époque, mon père était décédé et ma mère travaillait dur. Nous étions quatre enfants.

Plus tard, je me suis mariée et je me suis efforcée de retrouver ma fille, mais sans succès. J'ai lu des articles sur les retrouvailles avec la famille biologique et j'ai finalement appris du Centre des services sociaux de Montréal que ma fille avait été transférée aux services sociaux de Sherbrooke pour être adoptée.

Je vis dans l'espoir de savoir si ma fille va bien et si elle est heureuse. J'aimerais savoir si elle aimerait savoir qui est sa mère biologique. Pour moi, ce serait le plus beau des rêves de savoir si elle est heureuse avant de mourir et de la voir car chaque fois que je vois une fille qui a à peu près son âge, je me demande si elle pourrait être elle, ma petite Monique dont je rêve d'avoir des nouvelles.

Elle est née sur la rue Ayrd, dans une petite clinique privée de Montréal-Est. C'était un vrai cauchemar. Nous étions traités comme des criminels. Je voudrais lui dire à quel point je l'aime, à quel point elle me manque depuis des années et que j'ai tout essayé pour la retrouver. Je souhaite que Dieu m'aide dans ma recherche.

Je vous prie d'essayer de la retrouver pour que je puisse savoir, au moins, qu'elle va bien et qu'elle n'est pas malheureuse comme je le suis en ce moment.

Je vous remercie.

Je vous fais confiance même sans vous connaître. J'attends de vous entendre bientôt avec beaucoup d'espoir. Merci encore.

Ma mère biologique était-elle encore en vie? Nous nous demandions tous et prions pour qu'elle le soit.

Ce qui suit est la lettre originale écrite de la main de ma mère biologique.

> Châteauguay 10-4-86
>
> Bonjour Monsieur Dub[é]
>
> Suite aux appels tél[éphoniques] et de recherche un peu partout pour retrouver ma petite fille que j'ai due laisser en adoption étant jeune fille je n'avait pas de moyen à ce moment étant orpheline de père ma mère travaillait nous étions quatre enfants nous vivions très modestement Plus tard je me suis marier et j'ai essayer tout les moyens que je pourais pour la retrouver sans jamais avoir aucune réponse. J'ai lue dans certaine revue au sujet de retrouvailles j'ai essayer partout pour enfin recevoir une réponse du Centre Services Sociaux de Montréal Métropolitain me disant qu'elle avait été transférée au Centre des Services Sociaux de l'Estrie

pour Adopté ? Je ne vie que d'un
l'espoir de savoir si elle va bien
et heureuse et si de sont coté
peut être aimerais savoir qui est
sa mère naturelle pour moi ce serait
le plus beau rêve avant de mourir
de savoir si elle va bien et de la revoir
puisque quant je vois une fille a peu
près de son âge je me demande
toujours si ce ne serait pas elle
ma petite Monique dont je rêve
d'avoir des nouvelles puisqu'aujourd'hui
presque tout est possible.

Mon Nom

 Mde Mireille Comtois nom de fille
elle est née sur la rue Aird petit clinique
privée dans l'est de Montréal un vrai
cauchemar nous étions traité comme
des criminels J'aimerais tellement
pouvoir lui dire combien je l'aime
qu'elle m'a toujours manquée et que
j'ai essayer de tout faire pour la retrouver
et j'espère bien que Dieu m'accordera
ce grand désir que j'attend depuis si

longtemps.
Je vous supplie d'essayer de la retrouver pour que je sois au moins rassurer qu'elle va bien et qu'elle n'est pas aussi malheureuse que moi
merci à Varance

▬▬▬▬▬▬▬▬

89 rue Marguette apt 104
Châteauguay P.Q
J6J-5L8
Téléphone 514-692-9548

J'ai une grande confiance en vous sans vous connaître

J'attends des nouvelles avec un grand espoir.
merci encore

❧ 7 ❧
CHOISIR LEUR FILLE

En 1949, dans le quartier Flatbush de Brooklyn, la rumeur court que des bébés sont disponibles pour l'adoption à Montréal, au Canada.

Ma mère et mon père étaient amis avec Teddy et Virginia qui étaient intéressés par l'adoption d'un enfant. Mes parents ont partagé leur expérience de l'adoption de mon frère au Foundling de New York en 1945, mais ils savaient qu'il n'y avait plus beaucoup de bébés disponibles pour l'adoption aux États-Unis et que l'attente pour un bébé pouvait prendre des années.

Ensemble, les deux couples ont décidé d'envoyer la demande nécessaire à La Société de Réhabilitation Inc. au Canada. La réponse ne s'est pas fait attendre et ils ont pu planifier un "road trip" à Montréal pour adopter leurs bébés. Les amis ont conduit leur propre voiture, mais mes parents et eux ont prévu de faire une "caravane" ensemble tout au long du voyage et jusqu'à l'orphelinat.

Mes parents ont fait le voyage de Brooklyn, New York, à Montréal, Canada, à la recherche de leur petite fille pour compléter leur famille. Lorsque ma mère Mary racontait une histoire, c'était comme si elle était transportée dans le temps. Ils sont arrivés à l'orphelinat, un bâtiment en briques de trois étages avec des portes d'entrée à double battant. À l'intérieur, ils ont vu les Sœurs de la Miséricorde aller et venir dans les rangées et les rangées de berceaux blancs pour vérifier les bébés. Ma mère, mon père et Brian marchaient en regardant les bébés, certains endormis et d'autres éveillés. Ma mère Mary raconte qu'elle s'est arrêtée devant mon berceau et qu'elle a eu le sentiment que c'était moi. Je dormais à ce moment-là et mes yeux étaient fermés. Mon père et mon frère étaient à la traîne, mais elle avait déjà pris sa décision. Lorsque mon père s'est approché d'elle et a regardé à l'intérieur, ma mère lui a dit,

"J'aimerais que ses yeux soient ouverts pour que je puisse voir la couleur."

Elle espérait qu'ils soient bleus ou verts puisque mon père et mon frère avaient les yeux bleus et que les siens étaient verts. Elle pensait que c'était mieux si nous nous ressemblions tous un peu. Ils ont donc attendu avec impatience que je me réveille et que j'ouvre les yeux.

"Les yeux bruns!" a dit ma mère. Elle a regardé mon père et a dit,

"Oh, eh bien, ton père avait les yeux bruns!"

Donc, en entendant cette histoire particulière, je les imagine clairement tous les trois au pied de mon berceau, regardant à l'intérieur et décidant que j'étais la seule à avoir la mauvaise couleur des yeux.

J'ai souvent pensé à cette scène et je me suis demandé pourquoi.

"Pourquoi moi?"

"Pourquoi s'est-elle arrêtée devant mon berceau et a-t-elle décidé que je serais sa fille?"

Quand je lui posais cette question étant enfant, elle me répondait que j'avais un "joli nez en bouton". En grandissant, je la taquinais en lui disant que le fait de m'avoir choisi pour mon nez ne lui convenait pas puisque j'ai tout sauf un "nez en bouton". Elle riait et me disait qu'elle m'aimait ET mon nez !

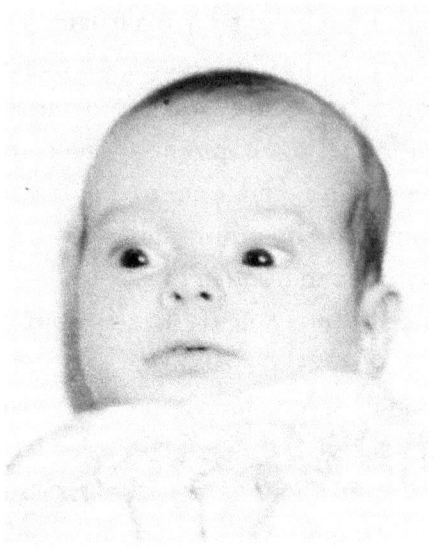

Eileen dans l'orphelinat à 3 mois

Leurs amis, Teddy et Virginia, ont également trouvé leur bébé ce jour-là, un garçon qu'ils ont appelé Alex. Récemment, en parcourant de vieilles lettres et photos, j'ai trouvé une lettre que la mère d'Alex m'a adressée après le décès de ma mère en 1992. C'était une lettre sincère dans laquelle elle partageait ses souvenirs de la gentillesse, de la prévenance et du sens de l'aventure de ma mère, mais j'ai été très intéressée de voir le nom de famille sur l'adresse de retour. Je me souviens d'être allée chez eux et d'avoir rencontré Alex lorsque nous avions environ 11 ans. Ils vivaient encore à Brooklyn à cette époque. Après avoir trouvé la lettre, j'ai utilisé Google pour rechercher Alex. Il était décédé environ cinq ans auparavant et vivait en Floride au moment de sa mort. Il y avait une notice nécrologique détaillée et cela faisait chaud au cœur de savoir qu'il avait une excellente vie professionnelle et familiale très réussie. Il avait une sœur, plus jeune de deux ans, que j'ai rencontrée lors d'une de nos visites chez eux. Ses parents sont retournés au Canada deux ans après avoir adopté Alex et ont adopté sa sœur. Je n'étais pas certaine qu'Alex savait qu'il était adopté, je ne l'aurais donc pas contacté. C'est ma curiosité qui m'a poussé à faire des recherches sur lui. Je pensais à lui au fil des années. Il était avec moi dans le même orphelinat et a été adopté le même jour. Je ne m'attendais pas à découvrir qu'il était parti.

Mon père me tenant dans ses bras et ma mère tenant Alex Mars 1950

Extrait de Orphan Train de Christina Baker Kline, "Ta vie commence quand tu es choisi." Le début de ma vie en tant que bébé adopté a été agréable. Je n'avais que trois mois et je n'avais pas souffert de négligence. Nous savons à quel point la première année de la vie peut avoir un impact sur la capacité d'une personne à aimer et à faire face aux problèmes au fur et à mesure qu'elle grandit. Je prenais un bon départ.

Ils m'ont ramené de Montréal à leur appartement à Brooklyn, NY. Mon père était détective à New York et ma mère était à la maison avec mon frère Brian. Tout le monde était si heureux et mon frère était très fier de sa nouvelle sœur. Après qu'ils m'aient ramenée à la maison, mon frère était toujours le responsable. Lorsque quelqu'un venait me voir, moi, sa nouvelle sœur, il devait demander sa permission. Il allait dans ma chambre, entrait sur la pointe des pieds et regardait dans mon berceau.

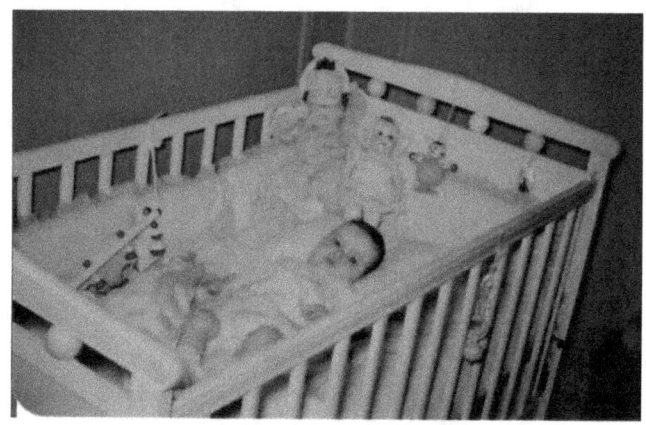

Eileen à la maison à Brooklyn septembre 1949

Puis il courait jusqu'à la porte de l'appartement et leur disait si j'étais réveillé ou endormi. Il a été mon premier protecteur. En tant qu'adulte, il avait l'habitude de dire,

"Hé, surveille ton langage. J'ai la photo de ma petite sœur dans mon portefeuille !"

Ainsi commença une belle période pour mes parents. Leur famille était maintenant complète et celle qu'ils avaient imaginée. Ma mère était la maîtresse de maison par excellence et me racontait comment elle repassait mes robes et les accrochait, parfaitement faites, sur une corde dans la salle à manger. Je suis certaine que je portais plus d'une robe par jour. J'aime regarder les photos de nous posant dans les rues de Brooklyn, en route pour une aventure quotidienne. Nous avions l'air d'aller quelque part, pas seulement de faire du magasinage. D'après ce que ma mère m'a dit, c'était la scène sociale. Tout le monde emmenait les enfants l'après-midi "sur l'avenue".

Ma mère Mary avec moi à 11 mois et Brian à 6 ans "sur l'avenue"

Eileen à 11 mois et Brian à 6 ans

Ma photo préférée est celle de ma mère, mon père, mon frère et moi assis sur le canapé de ma tante Mae. Tante Mae était l'aînée de la fratrie de mon père. Ça devait être une de nos visites du dimanche. Je venais d'arriver dans la famille, peut-être depuis quelques mois, et c'est une photo de famille tellement heureuse. Ma mère n'a pas eu une enfance sécure et aimante et son rêve était d'en créer une pour sa famille, en offrant à ses enfants ce qu'elle n'a pas eu. Son contentement est évident sur cette photo. Mon père était l'un de neuf enfants. Il était le deuxième plus âgé et avait beaucoup d'expérience avec les jeunes enfants. Il aimait vraiment les enfants.

Owen, Brian, Eileen et Mary Coyne 1950

❦ 8 ❦
MON FRÈRE BRIAN " UN JOUR À LA FOIS "

Quand je mettais mon frère Brian sur les nerfs, comme seule une petite sœur peut le faire, il disait,

"J'aurais dû fermer le tiroi!"

Mon frère était avec nos parents, Mary et Owen, quand ils sont allés à Montréal pour m'adopter. Il avait cinq ans et demi quand ils lui ont dit,

"On va adopter ta sœur et tu vas la choisir."

Bien que nos parents n'aient pas été formés à la psychologie de l'enfant ou n'aient pas été le produit d'une éducation sensible, ils ont su, d'une manière ou d'une autre, nous rassurer sur le fait d'être adoptés.

En 1949, après que mes parents et mon frère m'aient choisi dans l'orphelinat de Montréal parmi une pièce pleine de bébés dans des berceaux, ils m'ont amené dans une chambre d'hôtel où nous allions passer la nuit. À l'époque, les hôtels n'accueillaient pas les bébés, alors le tiroir de la commode était mon berceau pour la nuit. Brian me disait qu'il se souvenait de cette nuit-là et de m'avoir vu dans le tiroir. C'est devenu le lien amusant avec le fait que nous étions frère et sœur au départ. L'histoire de mon adoption a bien commencé. Je n'avais que trois mois lorsque j'ai été adoptée et je n'avais passé que deux jours à l'orphelinat. Ma mère biologique m'avait gardé avec elle pendant les trois premiers mois de ma vie pour que je sois nourri et aimé.

L'histoire de l'adoption de mon frère a été très différente de la mienne et les circonstances de sa naissance et de son abandon ultérieur ont eu un impact négatif sur sa vie. En 1945, après avoir fait une demande d'adoption auprès du New York Foundling, Mary et Owen ont finalement reçu l'appel qu'ils attendaient. Il y avait un petit garçon qu'ils pouvaient rencontrer!

Quelques jours plus tard, excités et pleins d'espoir, ils sont arrivés à l'orphelinat et l'assistant social leur a amené mon frère Brian, un bambin de 13 mois. Ils attendaient un petit bébé garçon mais nous ont dit,

"Dès qu'on a posé les yeux sur lui, on a su qu'il serait à nous."

Il avait été placé dans une famille d'accueil depuis sa naissance le 17 mars 1944, et nous sommes maintenant le 9 avril 1945. Sa possibilité d'être adopté plus tôt a été retardée parce que sa mère biologique ne voulait pas le donner en adoption et essayait désespérément de trouver un moyen de garder son fils. Les femmes n'avaient guère le choix dans les années 40 et 50 et les pères n'étaient pas tenus responsables des soins ou de l'entretien des enfants. Il avait été gravement négligé et n'avait pas atteint certains stades de développement que l'on aurait pu attendre d'un enfant de 13 mois. Il ne pouvait pas s'asseoir stablement et a été gardé à l'intérieur dans un berceau pendant la majeure partie de sa vie, avec peu de stimulation ou de contact affectueux.

Mon père tenait Brian dans ses bras et lui parlait. Quand il a dû le rendre à l'assistante sociale, Brian s'est accroché à son revers.

"Eh bien, on dirait qu'il nous a choisis!"

Brian s'accroche toujours à notre père Owen 2 ans après son adoption - Brooklyn mai 1947

En prévision du jour où nos parents ramèneraient Brian à la maison, ils ont dû consulter un ophtalmologue pour obtenir des lunettes spéciales avant de pouvoir l'emmener dehors. Ses yeux étaient extrêmement sensibles à la lumière, mais avec le temps, il s'adapterait.

On dit que la première année de la vie d'un bébé est la plus importante. Un début solide et aimant peut vous préparer à une vie émotionnellement stable. Un début d'insécurité peut affecter à jamais votre capacité à aimer et à être aimé.

Nos parents l'ont ramené dans leur appartement à Brooklyn et, grâce aux soins et aux conseils de nombreux médecins, il s'est vraiment bien porté. Notre mère nous racontait qu'il adorait jouer avec ses voitures et ses camions et qu'il était un garçon si heureux et si gentil.

Le jardin d'enfants est le début d'une vie difficile pour lui. Il n'aimait pas être loin de la maison et était très malheureux. Il leur était impossible de le faire monter dans le bus. Il était trop effrayé. Nos parents l'emmenaient en voiture à l'école mais quand ils arrivaient, il essayait de se cacher à l'arrière de la voiture. Lorsqu'ils ont déménagé de Brooklyn à Queens, ils espéraient qu'il serait plus heureux à l'école St Kevin. Lorsque je regarde des photos de mon frère au fil des ans dans le Queens, de 7 à 14 ans, je constate que vers l'âge de 10 ans, il a commencé à cacher ses émotions, formant une sorte de masque protecteur. L'école a dû être un endroit difficile pour lui, où il n'a jamais eu l'impression de réussir et où il n'y avait aucune aide. À l'âge de dix ans, il a commencé à avoir des problèmes, malgré les efforts de nos parents pour l'aider. Ils l'ont emmené chez un psychiatre qui l'a qualifié de "garçon américain". Il avait de graves problèmes qui n'ont jamais été reconnus ou traités. Après être devenue enseignante et avoir fait l'expérience directe de toute l'aide et des interventions dont bénéficient les élèves aujourd'hui, j'aurais souhaité que mon frère puisse bénéficier de cette aide. À l'époque, l'école était davantage axée sur la discipline et moins sur la santé émotionnelle.

Eileen (5 ans), Brian (10 ans) et Ricky (enfant adoptif).

Par la suite, mon frère a été initié à l'alcool. Mes parents ne buvaient pas d'alcool mais mon frère l'a découvert avec des amis du quartier. L'alcoolisme n'était pas très bien compris à l'époque. La plupart des gens pensaient que si l'on pouvait garder un emploi et fonctionner, on maîtrisait la situation. En fait, cela a régi sa vie et l'a affecté, lui et ceux qui l'aimaient. Il s'est marié pour la deuxième fois en 1974 et a eu ses deux enfants, Brian et Kellianne.

À 37 ans, après son divorce avec sa femme, il s'est rendu à sa première réunion des AA. Il nous a raconté plus tard que c'est sa fille Kellianne, âgée de 5 ans, qui l'a regardé en disant,

"Papa, pourquoi tu bois de la bière?"

Ce commentaire innocent lui a donné le courage d'aller à sa première réunion. Les AA ont été le forum dont il avait besoin pour arrêter de boire.

"Un jour à la fois", nous disait-il.

Brian et Kellianne ont été très proches de nous pendant ces périodes familiales difficiles et Claude et moi, Eric et Elise avons aimé les voir passer du temps avec nous à la maison. Les week-ends étaient amusants quand ils jouaient tous ensemble et nous avons aimé les voir grandir.

Comme ma mère, leur mamie, ne venait que rarement à New York et qu'elle voulait les voir plus souvent, elle a payé les billets d'avion de ses quatre petits-enfants et nous sommes tous les six partis en Floride pour Thanksgiving pour lui rendre visite et profiter d'un voyage à Disney pendant que nous étions là.

Brian et Kellianne sont des adultes merveilleux et aimants qui ont eux-mêmes de beaux enfants, et nous nous sentons très chanceux de les avoir dans nos vies.

Tout au long de sa vie, Brian n'a jamais bu à la maison ; il allait toujours dans ses bars préférés où il retrouvait ses vieux amis. Il semble que les réunions des AA aient remplacé le cadre du bar et soient devenues le lieu sûr où il pouvait se rendre chaque fois qu'il avait besoin d'entrer en contact avec des amis qui l'acceptaient et se liaient d'amitié avec lui.

Brian a adopté le programme en 12 étapes et a cherché à pardonner à ceux qu'il a pu blesser pendant ses années d'alcoolisme.

Il travaillait pour se racheter, et nous étions tous si heureux de le voir reconstruire des relations.

L'une des dépendances qu'il n'a pas réussi à surmonter est le tabagisme. Le 25 septembre 2004, il est mort à 60 ans des suites d'une BPCO et d'un emphysème. Mes enfants avaient 28 et 26 ans à l'époque, et les enfants de Brian avaient 30 et 27 ans. Mes enfants et les siens ont été des cousins très proches pendant toute leur enfance, passant de nombreux week-ends et vacances avec nous.

Brian est décédé le jour de notre 33e anniversaire de mariage, à 15 heures. C'était extraordinaire et mémorable, car chaque année, le jour de notre anniversaire, mon frère nous envoyait un magnifique arrangement floral pour marquer l'occasion, puis, à sa manière inévitablement irrévérencieuse, une carte amusante nous exprimant sa sympathie pour avoir dû endurer de nombreuses années de vie conjugale.

Brian vivait en Floride depuis la fin des années 70 et ses enfants ont fini par s'y installer pour être près de lui. Claude et moi, ainsi qu'Eric et Elise, sommes allés en Floride pour les funérailles et, bien que mes enfants soient proches de leur oncle, ils ne connaissaient pas l'ampleur de son engagement dans le chapitre des AA où il vivait en Floride. Je leur ai raconté qu'il était le mentor des nouveaux membres des AA et qu'il était disponible pour eux chaque fois qu'ils avaient besoin de lui. Nos conversations téléphoniques étaient souvent interrompues par des appelants qui avaient besoin de parler à mon frère, leur mentor.

Il y avait un service pour mon frère dans la salle de réunion des AA, et l'endroit était bondé. Lorsque nous sommes arrivés, nous avons vu un homme dans le parking qui se changeait en uniforme de football des Jets. Brian était un fan inconditionnel des Jets et avait chez lui une "salle des Jets" remplie de souvenirs.

Nous étions tous assis et cet homme en uniforme des Jets Football est monté sur le podium et s'est exclamé,

"Brian a sauvé ma vie!"

Il a ensuite raconté les actions de mon frère Brian qui ont changé sa vie et de son amitié qui l'ont aidé à rester sobre et qui continueront à le guider à l'avenir. Il comptait sur la disponibilité de mon frère, jour et nuit, pour rester au téléphone avec lui ou le rencontrer quelque part et lui parler de sa crise. Il nous l'a dit,

"Je ne mettrais cet uniforme que par respect pour Brian. Comme vous le savez tous, je ne suis pas un fan des Jets!"

La salle s'est mise d'accord. Brian et lui avaient une rivalité amicale en matière de football.

C'est ainsi qu'a commencé un flot de personnes parlant les unes après les autres de mon frère Brian et de la façon dont il les a sauvées. Mes enfants et moi pleurions en entendant comment leur oncle, mon frère, avait contribué à changer et à influencer tant de vies, les aidant à vivre "un jour après l'autre".

Il a cherché le pardon et la rédemption et nous savons qu'il les a trouvés.

Brian et Eileen 1985

9
LA VIE DE FAMILLE À BAYSIDE, NY

1951-1958

Mon père travaillait par quarts de travail en tant que détective de la ville de New York dans la division des homicides du 90e arrondissement de Brooklyn, il était donc à la maison à des moments où de nombreux autres pères étaient au travail. Il y a beaucoup de photos de moi avec lui pendant cette période à Bayside. Ma mère était toujours occupée par la maison - je ne me souviens pas qu'elle jouait avec nous à cette époque de notre vie. C'est elle qui planifiait toujours notre avenir. Elle travaillait à la maison pour gagner de l'argent. À cette époque, il y avait un travail pour les femmes à la maison qui consistait à enfiler des perles. Je ne peux pas imaginer ce que c'était, mais je me souviens qu'elle me racontait comment elle aidait à payer la maison.

Nous avions aussi des enfants en famille d'accueil qui vivaient avec nous. Je ne me souviens que d'un seul. Elle s'appelait Ricky et avait de très longs cheveux que ma mère lui tressait. Je ne me souviens pas de grand-chose de son séjour chez nous, si ce n'est que j'étais heureuse parce que j'avais quelqu'un avec qui jouer. Est-ce que j'ai compris ce que cela signifiait d'être un enfant en famille d'accueil plutôt qu'un enfant adopté? Je ne sais vraiment pas. Peut-être pas consciemment, mais probablement qu'à un certain niveau, je soupçonnais que j'étais la chanceuse.

Mary, Owen, Ricky et Eileen - Pâques 1955

Une fille d'environ mon âge, qui n'était pas une enfant placée en famille d'accueil, restait avec nous pendant la semaine et sa mère la ramenait chez elle le week-end. Elle ne voulait jamais que sa mère parte.

Un dimanche soir, je me souviens que sa mère a dit,

"Je promets que je ne te laisserai pas ici toute la nuit. Regarde, je laisse mes chaussures ici sur le sol près du lit. Je vais juste descendre un petit moment."

Ma chambre avait des lits jumeaux et la petite fille, dont je ne me souviens pas autrement que par ce souvenir, était assise sur un lit et j'étais dans mon lit à la regarder pleurer et supplier sa mère de ne pas partir. Je regardais sans cesse ma mère, la petite fille et sa mère, en essayant de comprendre ce qui allait se passer. Je me souviens avoir pensé,

"Est-ce que ça va? Pourquoi ne la ramène-t-elle pas à la maison avec elle?"

Nous avons fini par nous calmer et par nous endormir, mais à mon réveil, la petite fille a recommencé à pleurer parce que les chaussures et sa mère avaient disparu. La petite fille et moi avons vraiment cru sa mère, mais comment pourrait-elle croire à nouveau sa mère?

Lorsque j'ai demandé à ma mère pourquoi elle lui avait menti, elle a répondu qu'elle devait aller travailler et qu'elle n'avait personne à la maison pour s'occuper d'elle. Elle était une mère célibataire et savait qu'elle serait en sécurité avec nous jusqu'à ce qu'elle revienne la chercher pour le week-end.

Ma famille était très fière de son héritage irlandais. Mes parents organisaient des fêtes dans le jardin l'été, et il semblait que tous les membres de ma famille jouaient d'un instrument de musique. Je suis sûre qu'ils n'étaient que quelques-uns, mais on aurait dit qu'ils étaient plus nombreux car tout le monde chantait aussi. Mon père jouait du violon ; il l'appelait le fiddle (autre nom anglais pour un violon). J'étais si jeune mais je me souviens m'être endormie au son de la musique irlandaise. Je suis sûre que tout le monde dansait la gigue dans la cour. Mon père dansait toujours et je dansais généralement avec lui, debout sur ses chaussures alors qu'il me faisait marcher. Mon sang est peut-être français, mais mon âme se délecte de la musique irlandaise.

Mes parents ont eu un mariage très progressiste pour l'époque. Quand mes parents sortaient ensemble, elle travaillait à la New York Life Insurance Company. À cette époque (1937), lorsqu'une femme se mariait, elle devait quitter son emploi. Ma mère n'était pas heureuse de cette situation, mais elle s'est mariée et s'est consacrée à l'aménagement de son premier foyer en tant que femme mariée. Une fois qu'elle a tout réglé et qu'il n'y a pas eu de bébé, elle a décidé de trouver un emploi. Bien que de nombreux hommes de l'époque n'autorisaient pas leur femme à travailler après leur mariage, mon père ne lui a pas imposé de restrictions.

Elle m'a notamment parlé d'un emploi dans un restaurant situé à Ebbets Field ou à proximité, le parc de baseball historique où jouaient les Brooklyn Dodgers. Un jour, elle a fait une erreur sur l'addition d'un des clients. Son patron a commencé à lui crier dessus, mais l'homme qu'elle avait servi est intervenu. Il lui dit,

"Elle a fait une erreur! C'est pour ça qu'on a mis des gommes sur les crayons!"

Puis il lui a laissé un très généreux pourboire. Elle n'a jamais oublié la gentillesse de cet étranger.

Pendant la Seconde Guerre mondiale, on a besoin d'aide dans les bureaux de guerre. Selon un sondage Gallup réalisé en 1936, 82 % des personnes interrogées pensaient que les femmes dont les maris travaillaient ne devaient pas travailler à l'extérieur de la maison, et les trois quarts des femmes interrogées étaient d'accord. Cependant, une femme mariée sur dix est entrée dans la vie active pendant la guerre. Ma mère y a travaillé pendant quelques années et je me souviens qu'elle me disait à quel point elle aimait ça. Non seulement le travail et le fait de se sentir utile, mais elle s'y est aussi fait de nombreux amis.

Ma mère s'occupait de toutes les finances de la maison, mais ils se partageaient la plupart des tâches ménagères. Mon frère et moi n'avons jamais trouvé inhabituel que mon père passe l'aspirateur ou cuisine. Lorsque mon frère et moi étions plus âgés, ma mère travaillait à l'extérieur de la maison. Ils semblaient très bien s'entendre. Ma mère était ambitieuse et voulait continuer à améliorer notre vie à tous.

Elle nous a raconté que lorsqu'elle était petite fille, un médecin et sa femme vivaient dans une maison près d'eux. Ma mère et ma tante étaient fascinées par cette grande et imposante maison de médecin et s'y rendaient pour une visite. La femme n'avait pas d'enfants et parfois elle les invitait à entrer pour voir la maison. Elle leur montrait ses bijoux et ma mère disait qu'elle s'était jurée d'avoir de jolies choses quand elle serait grande. Et elle n'avait pas peur de travailler pour ça. Elle voulait donner à mon frère et à moi ce qu'elle n'avait pas. Elle n'avait pas peur et avait la foi. Elle n'attendait pas que quelqu'un améliore sa vie - elle comptait sur elle-même pour améliorer sa vie. Lorsqu'elle a découvert qu'elle ne pouvait pas avoir d'enfants, elle savait qu'elle adopterait. Elle m'a dit que mon père lui avait dit,

"Ne t'inquiète pas, Mary. J'ai grandi en étant le deuxième aîné de neuf enfants, si c'est juste toi et moi, c'est bon."

Owen Coyne avec sa mère et sa sœur Circa 1930

Non, elle ne serait pas heureuse sans enfants et elle savait qu'il ne le serait pas non plus.

Elle a eu une enfance difficile, comme beaucoup d'autres pendant les années allant de sa naissance en 1913 jusqu'à son mariage avec mon père en 1937. Elle avait deux ans de plus que sa sœur Catherine et, comme dans beaucoup de fratries, les sœurs avaient des personnalités différentes. Ma mère était un garçon manqué et s'autoproclamait "battante". Ma tante était conciliante et le modèle de la bienséance. Elles vivaient dans un appartement sans eau chaude dans un immeuble d'habitation qui était un logement typique pour la population immigrée de la ville.

Lorsqu'elle avait huit ans, un voisin a offert à ma mère 5 cents pour grimper sur le poteau de la corde à linge afin de reconnecter sa corde à linge qui s'était détachée. Imaginez que vous vous promeniez parmi les immeubles d'habitation dans les années 1920 et qu'en levant les yeux entre les bâtiments, suspendus au-dessus des cours en ciment austères, vous voyiez et entendiez les lignes et les lignes de linge qui s'étendaient des fenêtres aux poteaux, s'agitant et claquant dans la brise. Cette voisine vivait au troisième étage de l'immeuble et sa corde à linge, lorsqu'elle était branchée, s'étendait sur toute la cour en ciment. Ma mère, toujours aussi entreprenante, a accepté ce travail. Elle économisait tout l'argent qu'elle pouvait gagner, généralement en ramassant des capsules de bouteilles, pour pouvoir aller au cinéma.

Alors qu'elle terminait son travail, son père rentrait à pied du travail et l'a vue, trois étages plus haut, ses longs cheveux blonds roux flottant librement, chevauchant le poteau vertical qui tenait toutes les cordes à linge des appartements du quartier, et tendant la main pour connecter la corde.

Plutôt que de paniquer et de lui crier dessus, il a appelé très calmement,

"Bonjour, Mary. Descends. Fais attention et prends ton temps."

Elle pouvait entendre son père l'amadouer gentiment et il n'était pas en colère. C'était une petite fille aventureuse de neuf ans qui n'avait pas peur et qui était plutôt courageuse. Lorsqu'elle m'a raconté cette histoire, il était clair qu'elle se souvenait encore du regard de son père, inquiet pour sa sécurité.

Puis, alors qu'il expirait de soulagement, il a dit ,

"S'il te plaît, ne refais pas ça. C'est dangereux et je ne veux pas que tu te blesses. Si quelqu'un t'offre 5 cents pour grimper comme ça à nouveau, je te donnerai 10 cents pour ne pas accepter le travail."

Ce souvenir a duré toute une vie pour ma mère, car à ce moment-là, elle a ressenti son amour pour elle et son importance pour lui.

Leur mère, ma grand-mère, favorisait ma tante Catherine parce qu'elle était plus passive et facile à vivre que ma mère. Ma mère et ma tante étaient des sœurs très proches et leur intimité a duré toute une vie. Lorsqu'elles étaient enfants, elles devaient partager une paire de patins à roulettes, mais ma tante était plus jeune et même si elle ne voulait pas patiner, elle ne voulait pas renoncer à ce qui lui appartenait.

"Voulez-vous que je vous apporte un morceau de pain et du beurre en échange du patin?"

Heureusement pour ma mère qui adorait patiner, ma tante acceptait toujours l'échange. Ma tante, maintenant avec du pain et du beurre en main, avait des instructions strictes pour attendre là sur le perron jusqu'à ce que ma mère revienne. Elle est partie en patinant juste à temps pour attraper un camion de livraison qui passait dans la rue. En s'agrippant à l'arrière du camion, elle a pu faire le tour gratuit qu'elle aimait tant.

"Ta mère était une casse-cou et moi j'avais peur de tout", m'a dit ma tante quand j'ai été en âge de comprendre.

Mon frère et moi étions sceptiques lorsque notre mère nous racontait ses audacieuses histoires de patinage. Une fois, alors que nous vivions sur Francis Lewis Boulevard à Bayside, ma mère, Brian et moi étions tous dans le sous-sol aménagé de notre maison de style colonial. Mon frère avait dix ans et moi cinq. Le sol était constitué de tuiles carrés de linoléum verts, et je n'avais fait que patiner dans tous les coins du sous-sol. Elle en avait assez de notre incrédulité à l'égard de ses talents de patineuse, alors elle a mis des patins et nous a pris, un dans chaque bras, et a patiné dans tout le sous-sol avec nous dans ses bras. On riait et on criait. Ce n'était pas un si grand sous-sol, alors il y avait beaucoup de virages et de pirouettes. C'était rare de voir notre mère jouer comme ça et Brian et moi n'arrêtions pas de nous regarder avec de grands yeux et la bouche ouverte.

Quand ma mère avait neuf ans et sa sœur sept, elles ont reçu la pire des nouvelles. Leur père s'était noyé au travail. Quel coup terrible pour elles toutes. Il travaillait pour la ville sur la barge à ordures, et on leur a dit qu'il était tombé et s'était perdu dans l'océan. Quand ma mère et ma tante ont été assez âgées pour comprendre, leur mère leur a dit qu'il avait un problème avec l'un des autres hommes sur la barge et elle pense qu'il a été poussé. Quelle horreur à penser. Il n'avait que 30 ans et leur mère était veuve à 29 ans.

À l'époque, il n'y avait pas de sécurité sociale ni d'aide pour les veuves, alors leur mère s'occupait du linge, nettoyait les immeubles et accueillait les nouveaux arrivants d'Irlande. Lorsque leur mère nettoyait les immeubles d'habitation, ma mère se souvient d'être assise avec Catherine sur les marches des immeubles en attendant que leur mère termine son travail.

Nous venions d'emménager à Bayside, dans l'État de New York, lorsque mon père est tombé très malade et a failli mourir de deux maladies différentes. Je ne sais pas quelle maladie est apparue en premier. Il a eu une méningite spinale et est resté à l'hôpital avec une forte fièvre. Ma mère m'a raconté que les médecins ont dû le mettre dans de la glace dans l'espoir de faire baisser sa fièvre. Ils lui ont dit de rentrer chez elle ; ils ne s'attendaient pas à ce qu'il vive. Ma pauvre mère est rentrée à la maison pour attendre un appel téléphonique et être avec mon frère et moi. Brian avait sept ans et moi deux. Elle a raconté qu'elle n'arrivait pas à dormir et qu'elle est sortie pour faire le tour de la maison en récitant le chapelet encore et encore. Elle a fait sursauter le laitier en passant devant la maison à 5 heures du matin. Quand elle est rentrée dans la maison, l'hôpital a appelé pour dire que sa fièvre était tombée et qu'il était hors de danger.

Mais la paix de cette heureuse nouvelle n'a pas duré longtemps. Il a de nouveau frôlé la mort lorsqu'on a découvert qu'il avait une tumeur cérébrale bénigne sur l'hypophyse et qu'elle était inopérable. Heureusement, on a pu lui administrer des radiations pour réduire la tumeur et, là encore, il s'est bien remis.

Nous avons vécu dans cette maison de mes 2 ans jusqu'à mes 7 ans.

❦ 10 ❦
L'ÂGE DE LA RAISON

On l'appelle "l'âge de raison". C'était en mai 1957, et j'avais sept ans. Je vivais aux États-Unis depuis l'âge de trois mois, mais je n'étais pas encore citoyenne américaine.

"Il est temps pour toi de te faire naturaliser." Ma mère me l'a annoncé un jour.

"Qu'est-ce que ça veut dire?" Ais-je demandé.

Il y avait une préparation à faire, mais je me souviens seulement avoir vérifié que je pouvais dire le Serment d'allégeance sans faire d'erreur. Bien sûr, je connaissais le Serment d'allégeance. Je le disais tous les jours à l'école, mais maintenant je devais le réciter dans un tribunal, devant un juge.

Et si je faisais une erreur? Me renverraient-ils au Canada? Me jugeraient-ils indigne d'être un citoyen américain? Je me souviens avoir eu ces pensées effrayantes. Devenir citoyen n'était donc pas quelque chose d'excitant mais plutôt une performance importante. Je ne pouvais pas décevoir mes parents et je pouvais sentir l'appréhension de ma mère. Le jour est arrivé. Nous sommes allés au palais de justice dans notre Plymouth sedan verte de 1949. J'adorais cette voiture. Les ceintures de sécurité n'existaient pas ; je m'installais sur le siège arrière, au milieu, les bras sur le dossier des sièges avant, et ma tête dépassait. Dans mon esprit, je faisais comme si je conduisais, regardant la route et lisant tous les panneaux.

Nous sommes entrés dans le palais de justice de la grande ville et je me souviens plus de l'intérieur que de l'extérieur. Il y avait un grand hall d'entrée caverneux qui faisait écho à vos pas lorsque vous marchiez. C'était un endroit très agité, mais tout le monde marchait avec une telle assurance et semblait savoir exactement où il allait. J'espérais que mes parents savaient où nous allions! C'était très imposant je dirais maintenant, juste effrayant j'aurais dit alors.

Nous sommes entrés dans la salle d'audience par le hall et par la porte arrière de la salle d'audience. Il y avait des sièges de chaque côté d'une allée et au bout de l'allée se trouvait une énorme structure en bois. Au début, pour mes jeunes yeux, cela ressemblait à un mur, mais le plafond était loin d'être atteint. Au sommet de cette structure, je pouvais voir la tête d'un homme et ses bras étendus au sommet. C'était quelque chose comme un bureau, je pensais, mais très haut. Je savais que je n'étais qu'un petit enfant, mais je me sentais invisible, debout devant le juge.

Mais ensuite j'ai réalisé que je n'étais pas invisible car il m'a parlé. Il a dit,

"Bonjour."

Il avait les cheveux gris, touffus, et dépassait à différents angles. Il avait l'air très sérieux en regardant par-dessus ses demi-lunettes pour m'observer en train de le regarder. J'ai une photo de moi ce jour-là et mes cheveux dépassaient de partout aussi - peut-être était-ce une journée venteuse.

Dès qu'il m'a dit bonjour, j'ai commencé à réciter le Serment d'allégeance. Comme je commençais, il a tendu une main et a dit,

"Oh pas encore, vous le direz plus tard."

Et tout le monde, y compris le juge, a gloussé de ce gloussement que font les adultes quand les enfants font une erreur et qu'ils pensent que c'est si mignon. Ce n'était pas mignon pour moi. C'était ma première erreur et je me demandais combien d'autres seraient autorisées.

Après que l'amusement se soit calmé, il est redevenu très sérieux. Il a commencé à mélanger les documents devant lui et a de nouveau regardé par-dessus ses lunettes, ses yeux se posant sur les miens. Il a commencé à me guider pour le reste de la cérémonie. Répétant après lui, j'ai récité le "serment d'allégeance" où je renonçais à l'allégeance à tout autre pays. Puis, enfin, le moment est venu et j'ai récité le Serment d'allégeance sans hésitation ni erreur.

Après avoir rempli ces conditions, j'ai été emmené avec mes parents dans une autre pièce où l'on a pris ma photo et où l'on nous a présenté mes papiers officiels. L'importance de ces papiers n'était pas claire pour moi à l'époque, mais j'ai appris leur importance en grandissant et en demandant mon passeport et ma licence de mariage. Ces papiers étaient la preuve de mon appartenance.

Chaque fois que j'ai dû présenter ce document et que je dois me regarder comme un enfant de sept ans, mon esprit me ramène à cette cérémonie angoissante. Mon image est une image de peur et d'anxiété. Mais maintenant, je la regarde en souriant.

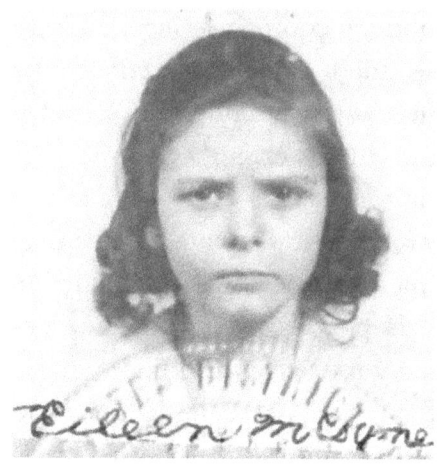

Photo du certificat de naturalisation

Lorsque j'enseignais en première année, j'avais un élève dans ma classe qui avait été adopté de la Russie. Sa mère était bénévole dans ma classe et cette année-là, il devait se faire naturaliser. Il avait une date pour la cérémonie et la célébration qui suivait au printemps. Bien sûr, les choses avaient radicalement changé depuis 1957. La cérémonie était centrée sur l'enfant et partagée avec de nombreux autres enfants qui étaient naturalisés ce jour-là. Il y a des ballons, de la musique et de la nourriture. C'était comme une fête d'anniversaire. Dans les jours précédant la célébration, nous avons partagé des livres et des informations sur ce que cela signifiait de devenir un citoyen américain et ses camarades de classe étaient très intéressés. Nous lui avons tous souhaité bonne chance et, par la suite, sa mère a apporté des photos de la fête qu'elle a partagées avec nous lors d'un goûter de célébration en classe.

Je me demande encore aujourd'hui où était le juge lors de la cérémonie de mon élève à Long Island. Se mêlait-il aux nouveaux citoyens? Je ne crois pas qu'il y avait un banc traditionnel de juge. Ils n'étaient pas dans une salle formelle d'un palais de justice, alors peut-être qu'il se tenait sur un podium avec un microphone et s'adressait à la salle à leur niveau.

Je n'en veux pas à mon juge sérieux et un peu débraillé. Les choses n'étaient pas aussi centrées sur les enfants à l'époque qu'elles le sont aujourd'hui. Je suis reconnaissant qu'il ait bien fait son travail et que je sois devenu un citoyen américain.

11
BAYSIDE, NEW YORK À GREENLAWN, NEW YORK

Mon père conduisait la Plymouth verte de 1949 de notre maison de Bayside à son travail au commissariat de Brooklyn. La Plymouth de 1949 était son "bébé". Il adorait cette voiture et je m'en souviens si bien. Il appuyait sur un bouton du tableau de bord pour démarrer le moteur tout en appuyant sur l'accélérateur. Il parlait à la voiture, la suppliant de démarrer pour qu'il puisse aller au travail. Même après que le siège du conducteur avant se soit rabattu en position inclinée permanente, mon père a pris une vieille caisse de lait et l'a placée derrière le siège. Cela lui convenait, mais pas à ma mère qui savait que ce n'était pas une réparation sûre. Peu après, ils ont dû aller acheter une voiture pendant que j'étais à l'école et quand je suis rentré à la maison, il y avait une nouvelle Plymouth dans l'allée. Cela devait finir par arriver, mais maintenant la voiture n'était qu'un moyen de transport. La vieille Plymouth était une relation.

Il aimait son travail et était surnommé "le confesseur" en raison de sa manière calme et posée d'interroger les suspects. À l'époque, il était courant de malmener les suspects, mais il ne croyait pas en cette approche. Il s'est abonné au Boys' Philosophie de la ville du père Flanagan, fondateur de Boys' Town dans les années 1940.

"Il n'y a pas de mauvais garçon. Il y a un mauvais environnement, une mauvaise formation, un mauvais exemple ou une mauvaise pensée."

L'approche de mon père, quand c'était possible, ressemblait plus à celle d'un conseiller.

Mon père était heureux de vivre à Bayside, dans le Queens ; il pouvait facilement se rendre à Brooklyn. Cependant, ma mère cherchait toujours à déménager. À cette époque, les banlieues de Long Island étaient en plein essor. Nous étions en 1957 et il y avait de nouvelles constructions partout. Elle avait entendu parler de Huntington, Long Island, et a décidé de chercher une nouvelle maison pour nous là-bas. Mon père était inquiet car, en tant qu'employé municipal, il était tenu de vivre dans les limites de la ville. Néanmoins, il a accepté d'envisager de déménager. C'était très difficile pour lui car il devait utiliser l'adresse de sa sœur à Howard Beach comme résidence pour le travail. C'était la personne la plus honnête que j'aie jamais connue et je suis certaine qu'il n'a jamais été à l'aise avec cet arrangement, mais il aurait fait n'importe quoi pour rendre ma mère heureuse.

Ils ont trouvé une maison à Greenlawn dans un nouveau lotissement appelé Fountainvale Estates. Ma mère voulait vivre à Huntington, mais la maison qu'elle aimait se trouvait à Greenlawn, qui fait partie du canton de Huntington. J'avais 8 ans à l'époque et Brian 13, alors déménager dans une grande maison toute neuve a été une aventure formidable pour nous. Mes parents, Brian et moi prenions la voiture et nous dirigions vers l'est de Long Island pour voir les maisons modèles et trouver celle qui nous convenait. Puis, après l'achat de la maison, nous allions le dimanche à Greenlawn pour regarder la construction.

J'adorais cette partie. Je me souviens avoir vu les fondations terminées et la charpente monter. Nous roulions sur la 25A Est depuis le boulevard Francis Lewis jusqu'à Huntington, puis nous prenions Park Avenue South jusqu'à notre nouveau développement.

Juste avant Cold Spring Harbor, dans un grand virage sur la 25A, il y avait un snack-bar avec des bancs et des tables à l'extérieur. Nous nous arrêtions toujours là pour prendre un hot dog et peut-être autre chose, mais je ne me souviens que du hot dog. Nous ne mangions jamais à l'extérieur, alors c'était un grand événement pour moi et Brian.

Finalement, au début du printemps 1958, nous avons emménagé. Je ne connais pas la date mais je me souviens que j'avais tout juste 8 ans. Mon frère en avait 13. Toutes les rues de notre lotissement portaient le nom de collèges, et nous avons vécu sur Duquesne Drive pendant les sept années suivantes.

Lorsque mon père travaillait de nuit, je dormais dans son lit dans la chambre de mes parents. Ils avaient des lits jumeaux, ce qui, comme nous l'avons vu dans de nombreuses émissions des années 50, n'était pas rare. Chaque fois qu'il allait chez le coiffeur, il y avait un certain après-rasage ou produit capillaire qui émanait de son oreiller et j'adorais ça! Cela me faisait me sentir proche de lui quand il n'était pas là. Mon père était un homme doux et aimant qui savait comment se comporter avec les enfants. Il était souvent à la maison le matin et me réveillait en plaisantant avant de me préparer le petit-déjeuner. Il y avait presque toujours de la musique.

Eileen et son papa

Eileen et son papa

J'avais peu d'occasions de faire du vélo lorsque nous vivions à Bayside, car notre maison était située sur une grande route à quatre voies. Ce n'est que lorsque nous avons déménagé dans notre nouveau lotissement à Greenlawn que j'ai pu rouler d'une grande rue à l'autre, parfois plate, parfois vallonnée, sans jamais emprunter une route principale. Le vélo que nous avions apporté avec nous de Bayside était non seulement trop petit, mais ses pneus se dégonflaient après un seul tour de pâté de maisons. J'utilisais ce vélo tous les jours ; c'était mon passe-temps favori. Lorsque je tournais au coin de la rue, avec ma maison en vue et les pneus qui sifflaient, mon père était au bout de l'allée, prêt à gonfler mes pneus pour que je puisse faire un autre tour.

Il était entièrement tourné vers l'amour de sa famille, et ce n'est qu'une illustration parmi tant d'autres où il m'a appris que les actes sont plus éloquents que les mots. Enfin, ce Noël-là, ma mère et mon père m'ont offert (surprise!) un nouveau et magnifique vélo Ross. Et il était exactement de la bonne taille pour moi. Je n'aurais peut-être pas dû être surpris par ce cadeau, mais je l'ai été pour deux raisons.

Tout d'abord, c'était l'hiver et nous avions l'habitude d'avoir beaucoup de neige, ce qui n'était pas propice à la pratique du vélo.

Deuxièmement, mon anniversaire est en juin. Je me suis donc dit que je recevrais très probablement un nouveau vélo pour mon anniversaire, ce qui me garantirait un très beau temps pour faire du vélo.

Le matin de Noël, tous nos cadeaux ont été ouverts, alors je n'attendais rien. Puis ils m'ont envoyé au garage pour une fausse mais vraisemblable course, et c'était là avec un gros nœud. C'était un beau bleu métallisé avec un phare et un petit support métallique sur l'aile arrière pour transporter tout ce dont j'avais besoin. Après tous les après-midi consacrés par mon père au gonflage des pneus, je pense que c'était un cadeau qu'il appréciait presque autant que moi.

12

MON AMIE CLARE

Clare et moi avons récemment parlé de quand et comment nous nous sommes rencontrés. Au début, nos souvenirs différaient, mais après avoir entendu et réfléchi à la chronologie des cours de l'école de danse, j'ai réalisé que sa version était correcte. Je pensais que nous nous étions rencontrés à l'école de danse, mais elle m'a rappelé notre rencontre sur nos vélos, un jour où elle rendait visite à une autre amie, Nancy. C'était avant que je ne sois inscrite à l'école de danse.

C'était un jour habituel de congé scolaire pour moi: je me levais, je m'habillais, je prenais un petit-déjeuner rapide et je sortais sur mon vélo pour voir quels amis je trouverais à rouler et à jouer ce jour-là. Notre quartier était rempli de jeunes familles, il y avait donc généralement beaucoup d'enfants dans les environs. Lorsque j'ai tourné le coin de ma rue dans la rue de Nancy, Hofstra Drive, j'ai pu voir Nancy au bout de son allée en train de parler à une fille sur son vélo. Comme ce lotissement de maisons a été construit sur des terres agricoles, il n'y avait pas d'arbres adultes, seulement des petits arbustes plantés par le constructeur. Nous avions des vues dégagées qui s'étendaient sur toute la longueur de chaque pâté de maisons. Cela a ajouté à la sécurité de notre promenade à vélo, car nous pouvions voir une voiture sortir de son allée bien à temps pour que nous nous arrêtions. En approchant, Nancy m'a fait signe et je me suis arrêté pour lui dire bonjour. Elle m'a présenté à Clare et nous avons décidé de faire du vélo ensemble. C'était le début de notre amitié. Bien que nous soyons restées amies avec Nancy, Clare et moi sommes rapidement devenues "meilleures amies". Clare et Nancy avaient 10 ans et moi 12.

Nos mères sont devenues amies aussi et nous faisions librement des allers-retours à vélo ou à pied entre nos maisons pendant les jours où nous jouions ensemble. Elle se souvient être venue chez moi la première fois et avoir rencontré ma mère et mon père. J'ai découvert au fil des ans à quel point mes amis aimaient parler à ma mère. Je ne sais pas si c'était ses histoires ou le fait qu'elle leur montrait de l'intérêt en leur posant des questions sur eux-mêmes, probablement un peu des deux. Mes parents étaient excentriques. Ma mère était du genre Lucille Ball, un peu flamboyante, et mon père aimait taquiner et chanter pour tout le monde. En raison des horaires de travail changeant de mon père, il était souvent à la maison pendant la journée, ce qui était inhabituel pour les pères au début des années 1960. Lorsque mes amis venaient chez moi, ils étaient surpris de le voir à la maison.

Un jour, ma mère et la mère de Clare ont eu une conversation, et le résultat heureux de celle-ci a été que ma mère a appris l'existence du studio de danse où Clare prenait des cours chaque semaine. Lorsque nous vivions à Bayside, NY, j'étais inscrite à une école de danse et je prenais des cours de ballet une fois par semaine. Je n'avais que six ans, mais j'aimais vraiment ça. Après notre déménagement à Greenlawn, je n'ai pas dansé pendant quelques années. Ce n'était probablement pas dans le budget puisque mes parents venaient d'acheter une nouvelle maison et une nouvelle voiture. Après avoir parlé de l'école de danse à la mère de Clare et avoir vu toutes mes danses improvisées dans la maison, ma mère m'a demandé,

"Veux-tu reprendre des cours de danse?"

"Absolument oui!" J'ai dit en dansant.

Mon père prenait notre seule voiture pour aller travailler et, en tant que détective, ses horaires de travail différaient d'une semaine à l'autre, si bien que nous ne pouvions pas compter sur la voiture. Les parents de Clare avaient deux voitures, ils étaient donc disponibles et acceptaient de conduire lorsque cela était nécessaire. Grâce à cela, mes parents ont pu m'inscrire en classe avec Clare. Après quelques mois dans la grande classe, Clare et moi avons commencé à prendre des leçons semi-privées et nous avons vraiment aimé cela. Parfois, nos fous rires devenaient incontrôlables, mais Miss Roberts, notre professeur, était patiente avec nous.

Le nom du studio de danse était Andre and Bonnie's of Huntington. Les propriétaires, M. et Mme Andre, et leur partenaire Bonnie, dirigeaient l'école et donnaient également les cours. M. Andre était français avec son bel accent et Mme Andre était américaine. Mon amie Clare et moi les trouvions exquis et, en tant que jeunes filles, ils nous faisaient penser à des stars de cinéma. Il était beau, elle était belle, et ils étaient tous deux doux et gentils. Ils marchaient comme s'ils étaient toujours en train de danser ; ils avaient une posture très droite et étaient très légers sur leurs pieds.

Le bâtiment était une charmante maison à deux étages, avec une grande annexe à l'avant de la maison pour le studio. Le bâtiment est maintenant un bureau d'architecte. La maison est toujours charmante et bien entretenue, et le bureau occupe la même superficie que le studio, mais il a été modernisé avec une nouvelle façade en briques de bon goût.

À l'intérieur, le studio était spacieux et très professionnel, avec des miroirs du sol au plafond qui capturaient les reflets des danseurs lorsqu'ils pirouettaient sur les sols en chêne très polis. Au bout de la pièce se trouvait un balcon avec des sièges graduels comme dans un stade, d'où le public ne manquait pas un seul grand jeté.

Les André organisaient deux fois par an un spectacle pour les parents et amis de leurs élèves. Les spectacles étaient variés et passionnants, avec de nombreux genres de musique et de danse différents. L'une des enseignantes, Miss Sandy, avait été chorégraphe pour les Radio City Rockettes au cours de sa carrière. J'ai adoré être l'une des danseuses d'un spectacle chorégraphié par Miss Sandy et qui comprenait de nombreux éléments étonnants d'une routine des Rockettes. Il y avait une ligne de coup de pied bien synchronisée et un final qui faisait applaudir le public.

Eileen troisième à partir de la gauche, rangée du bas - spectacle "Rockette" d'André

Clare ne pouvait pas participer à ce spectacle avec moi car il s'agissait d'un spectacle en soirée pour adultes. M. et Mme André se produiraient aussi et seuls les élèves de 16 ans ou plus seraient inclus. J'avais 16 ans, mais Clare n'en avait que 14. Cela aurait été tellement amusant de l'avoir avec moi, et je savais à quel point elle était déçue. Le jour du spectacle, sa mère l'a quand même amenée au spectacle pour qu'elle me voie, et j'étais si heureuse de les avoir dans le public.

Il devait y avoir un autre spectacle où Clare et sa mère, Jean, seraient là pour moi.

En 1963, j'avais 14 ans et j'étais en deuxième année à l'académie Our Lady of Mercy lorsque Sœur Mary Denis m'a approché après le cours de musique, puis après l'entraînement de notre glee club, pour me dire qu'elle aimerait que je participe au prochain spectacle annuel de talents. Elle savait que j'étudiais la danse depuis de nombreuses années et elle cherchait des élèves pour se joindre à elle et soutenir ses efforts pour en faire un spectacle complet et varié.

"Oh, non!" J'ai répondu, "Je ne pourrais jamais monter sur scène devant tout le monde."

Elle m'a regardé, pas très gentiment, et a dit,

"Eileen, tes parents ont payé et soutenu ton amour de la danse ; ne penses-tu pas que tu leur dois la joie de te voir performer?".

Oh là là. C'était l'approche de la persuasion par la culpabilité. Je ne pourrais jamais résister à ça. D'ailleurs, elle avait raison. Ce serait une joie pour mes parents de me voir. Alors, de ma plus petite voix, j'ai dit docilement,

"Ok."

Sans un autre regard dans sa direction, je suis parti dans le couloir, semblant fuir cette décision tandis que mon esprit se bousculait pour savoir comment me préparer et avoir le courage de me produire. Je m'étais déjà produite dans mon studio de danse avec un groupe de danseurs, mais je n'avais jamais fait de spectacle en solo.

La préparation du spectacle de mon école secondaire a commencé par le choix de la musique, puis par la chorégraphie de la danse de mon spectacle solo. J'ai choisi la Valse des fleurs de Casse-Noisette de Tchaïkovski et j'ai commencé à chorégraphier en écoutant la musique encore et encore tout en visualisant les pas et les combinaisons que j'utiliserais. Les trois représentations étaient prévues les jeudi, vendredi et samedi soirs. Comme mon père travaillait le jeudi soir, mes parents ont décidé d'assister au spectacle le vendredi soir. J'étais si heureuse que mon amie Clare et sa mère soient dans le public pour me voir le jeudi soir.

Le souvenir que j'ai de ce spectacle est aussi clair aujourd'hui qu'il l'était ce soir-là. Un tel souvenir fait appel à tous les sens et reste à jamais gravé dans ma mémoire. Debout dans les coulisses, j'ai regardé l'artiste précédente s'incliner sous les acclamations et les applaudissements de l'auditorium bondé, qui ne comptait que des places debout. Jusqu'à cette dernière minute, je pense que je refusais d'admettre que j'allais être seule sur scène.

Lorsqu'elle a quitté la scène, les rideaux se sont fermés et je me suis rapidement dirigé vers le centre de la scène pour me préparer à ma danse. Agenouillée et penchée sur le sol, j'étais un bouton de fleur pas encore ouvert. De l'autre côté de ces rideaux, j'entendais les murmures et les rires du public qui profitait de sa soirée. Puis le son métallique du rail des rideaux qui s'ouvrent alors que le public devient silencieux dans l'attente. La musique a commencé et j'ai commencé à exécuter la danse que j'avais chorégraphiée et pratiquée pendant deux mois, à la maison et dans mon studio de danse. Dans mon esprit, j'ai fait abstraction du public et j'ai imaginé que je dansais seule dans mon salon. Lorsque j'ai terminé ma performance, les applaudissements et les acclamations du public m'ont ramené à la réalité. Oh, le sentiment de soulagement lorsque j'ai fait la révérence et que les rideaux se sont fermés.

En fin de compte, j'étais reconnaissante à Sœur Mary Denis et à ses encouragements, car cette performance a donné un coup de fouet bien nécessaire à mon estime de soi. À la fin de cette année scolaire, une photo de moi sur scène est apparue dans l'annuaire avec la légende "Meilleur danseur". Elle validait le souvenir de mon premier et dernier spectacle solo et était la seule photo de moi de cette soirée. Quand je pense à toutes les vidéos, selfies et photos prises lors d'événements pour enfants ou autres aujourd'hui, il semble incroyable qu'aucune autre photo n'ait été prise, mais au moins j'avais celle-là à partager avec mes parents.

Le seul et unique spectacle solo d'Eileen, Waltz of the Flowers - novembre 1963

Le spectacle du jeudi soir a été un grand succès et à l'école le vendredi, j'ai reçu des compliments sur ma danse de la part des autres élèves et de mes professeurs. C'était une journée spéciale jusqu'à ce qu'après le déjeuner, alors que nous étions tous dans nos classes, nous avons entendu les parasites du système de sonorisation et une longue pause avant que la directrice n'arrive pour dire qu'elle avait une terrible nouvelle à partager. Notre président, John F. Kennedy, avait été abattu et nous devions tous prier à haute voix pour lui. Nous étions 500 élèves dans mon école secondaire et chacune de nos voix pouvait être entendue à l'unisson dans les couloirs et sur le système de sonorisation. Peu de temps après, nous avons reçu l'horrible nouvelle de la mort de notre président. Le son des prières a été remplacé par des pleurs et une tristesse accablante. Je ne me souviens pas du tout du reste de la journée. La nouvelle était dévastatrice. Bien sûr, les deux autres concours de talents ont été annulés et mes parents n'ont jamais pu voir ma performance. J'avais rassemblé le courage nécessaire pour aller jusqu'au bout du spectacle, mais les deux personnes que je voulais le plus voir n'ont jamais vu le spectacle.

Cette pensée a cependant été rapidement oubliée lorsque ma famille et notre nation ont pleuré la mort soudaine et violente de notre président.

Danser et faire du vélo étaient des passe-temps favoris pour moi et mon amie d'enfance Clare. Nous adorions nos vélos et nous nous aventurions tôt le matin, rentrions pour déjeuner et repartions pour l'après-midi. Aujourd'hui encore, chaque fois que Clare nous rend visite, nous faisons le tour de notre ancien quartier et nous nous émerveillons de la chance que nous avons eue de grandir dans un quartier aussi agréable. Même si nous allions dans des écoles différentes, nous étions (et sommes toujours) les meilleures amies du monde. Je me souviens que nous avions la liberté de rouler à vélo d'une rue à l'autre et de nous rendre à la cour de récréation de l'école primaire locale. Il y avait de hautes collines dans notre lotissement, et nous faisions sans cesse des courses pour les monter et les descendre. Et quand nous ne faisions pas la course, nous faisions des spectacles. Comme nous étions tous les deux à l'école de danse, nous faisions nos arabesques en bas des collines, sans les mains. Nous étions athlétiques, mais aussi très chanceux, car nous ne tombions jamais et personne ne portait de casque à l'époque. Nos balades quotidiennes démontraient que "la pratique rend parfait".

Récemment, j'ai demandé à Clare quand elle se souvenait que je lui avais dit que j'étais adoptée. Elle m'a répondu qu'un jour, dans ma chambre, sous le regard attentif de mes nombreuses poupées, je le lui ai dit.

Elle a dû évoquer à nouveau les poupées dans ce souvenir parce qu'elle les a toujours trouvées effrayantes, la façon dont elles restaient là, sur les étagères, à regarder vers le bas. Chaque fois que nous faisions une soirée pyjama, une fois que je m'étais endormie, elle se levait et les tournait toutes vers le mur.

Quand nous avons déménagé à Greenlawn, on nous a dit, à mon frère et moi, de ne dire à personne que nous étions adoptés. J'ai pu garder mon secret jusqu'à ce que Clare et moi devenions amis et que je sache qu'elle était quelqu'un à qui je pouvais faire confiance pour la vérité. Nous avions probablement 11 et 13 ans à l'époque. Elle dit qu'au début, elle ne me croyait pas. Puis elle a dit,

"Oh, c'est pour ça que tu es si différente de ta famille."

Je me souviens avoir été soulagée de pouvoir partager une partie aussi importante de mon identité avec ma meilleure amie et de constater que ce n'était pas un problème.

La plupart des adoptions au cours de ces années de "baby scoop" (1945-1972) étaient marquées par le secret, la honte et le mensonge. On mentait souvent aux jeunes mères célibataires en leur promettant des soins, mais on ne leur disait pas toujours que le "paiement" de ces soins serait l'abandon de leur bébé. On disait aux adoptés que leur mère biologique était heureuse de passer à autre chose et de savoir que leur bébé serait placé dans un bon foyer. Des études ont démontré que c'était faux et qu'en fait, la plupart des mères biologiques pleurent la perte de leur bébé, souvent pour la vie. Certains parents adoptifs se faisaient passer pour la famille biologique de l'enfant et demandaient l'aide de leur famille élargie et de leurs amis pour maintenir la supercherie. Cela se retournait contre les familles lorsqu'un membre de leurs "proches" confidents décidait de révéler la vérité à l'enfant, lui faisant découvrir que toute sa vie était basée sur la contre-vérité la plus fondamentale depuis sa naissance.

Nos parents croyaient en la vérité et la transparence concernant notre adoption et ne nous ont demandé le secret que lorsqu'ils savaient par expérience que cela nous protégerait, Brian et moi, de ceux qui ne comprenaient pas l'adoption.

Après ma révélation à Clare, nous n'y pensions plus, mais nous nous émerveillions de voir qu'elle ressemblait à ma mère et que je ressemblais à la sienne. Lorsque nous sortions tous les quatre ensemble, nous faisions semblant (et nos mères jouaient le jeu) que sa mère était la mienne et que la mienne était la sienne.

Ma mère et la mère de Clare aimaient toutes deux la musique classique. Il y avait toujours de la musique à la maison ; des airs de spectacle, des ballades irlandaises tristes ainsi que des gigues et du beau classique. Le lycée de Huntington avait une série de concerts, et ils ont décidé que nous quatre devions en être membres. Clare et moi aimions nous habiller comme si nous allions au Lincoln Center au lieu du lycée local, mais nous nous sentions tellement adultes et appréciions la beauté de tout cela. Bien sûr, nous étions jeunes et nous avions des crises de fou rire pendant le spectacle, ce qui incitait nos mères à nous lancer des regards furieux. Nous nous souvenons toutes les deux d'une fois où un morceau particulier devenait si calme qu'il était en train de s'évanouir quand soudain les cymbales se sont entrechoquées et Clare et moi nous sommes regardées l'une l'autre en nous levant et en volant de nos sièges. Nous étions empilées, riant de façon incontrôlable et essayant d'avaler le son de nos rires. Heureusement, la musique allait crescendo et nos mères essayaient de nous aider à nous maîtriser, mais elles ne pouvaient guère se contrôler non plus après nous avoir vues.

Nous avons eu une excellente enfance lorsque nous vivions à Greenlawn jusqu'à ce que Clare et moi ayons tous deux connu de graves problèmes familiaux. Le divorce de sa mère et de son père et le décès de mon père se sont produits à un an d'intervalle. En conséquence, Clare et moi avons dû nous éloigner l'un de l'autre, ainsi que de notre quartier et de nos maisons de Greenlawn que nous aimions tant. Je suis resté à Long Island et elle a déménagé à Hempstead, une ville située à environ 30 minutes de Greenlawn. Deux ans plus tard, elle et sa mère ont déménagé à Manhattan, mais nous sommes toujours restées proches de cœur. Sa mère Jean, que j'aimais comme une autre mère, est décédée alors que Clare n'avait que 19 ans. Clare n'était pas encore sur la route avec sa carrière de danseuse, et je travaillais à Manhattan à l'époque, donc nous avons passé beaucoup de temps ensemble, surtout pendant les derniers jours de sa mère.

Clare est ensuite devenue danseuse professionnelle et, en tant que capitaine de danse de Shirley MacLaine, elle a voyagé et dansé dans le monde entier. C'était une carrière passionnante et nous avons facilement maintenu notre amitié au fil des ans, même si nos vies étaient si différentes. Chaque fois qu'elle était chez elle dans son appartement de Manhattan, elle se rendait à Huntington pour nous voir, moi et ma famille. Eric et Elise se souviennent encore d'être allés la voir en ville lorsqu'ils étaient très jeunes. Tout le monde aime quand tante Clare vient nous rendre visite, surtout moi qui suis une amie de confiance depuis presque 60 ans.

Eileen et Clare

13
ÉCOLE PRIMAIRE ET SECONDAIRE

Ma grand-mère, que Brian et moi appelions Nana, était la mère de ma mère Mary, et notre seul grand-parent vivant. Elle a vécu à l'hôtel St. George à Brooklyn Heights pendant de nombreuses années. Dans les années 1950, l'hôtel était en difficulté et accueillait les personnes âgées comme résidents. C'était autrefois le plus grand hôtel de la ville de New York. Mes parents ont organisé leur réception de mariage dans cet hôtel en 1937, il faisait donc déjà partie de leur histoire.

Lorsque ma grand-mère vivait là-bas, elle nous rendait occasionnellement visite à Bayside. Mon père allait la chercher après le travail et l'amenait chez nous pour un jour ou deux. Elle nous apportait les savons de l'hôtel, et j'adorais ces savons parce qu'ils étaient petits et tenaient si bien dans ma main.

Environ deux mois après notre emménagement dans notre maison de Greenlawn, ma mère a reçu un appel téléphonique du directeur de l'hôtel concernant ma grand-mère. Lui et certains membres du personnel remarquaient des comportements qui l'amenaient à penser qu'elle n'était plus capable de vivre là seule. Mes parents n'ont pas hésité et l'ont fait venir vivre avec nous.

Après avoir vu le médecin, on lui a diagnostiqué une démence; Ils appelaient ça "le durcissement des artères". Elle n'est restée avec nous qu'un an environ avant que mes parents ne sachent qu'ils ne pouvaient plus s'occuper d'elle en toute sécurité à la maison. Elle continuait à quitter la maison à toute heure et à errer dans les rues. Nous avions beau essayer de nous assurer qu'elle ne quittait pas la maison, parfois tard dans la nuit, nous ne réussissions pas toujours. Heureusement, les voisins connaissaient ma grand-mère et nous appelaient s'ils la voyaient.

À quelques reprises, elle m'a appelé dans sa chambre pour que je regarde avec elle par la fenêtre de la chambre.

"Eileen, viens ici. Tu vois la maison blanche là-bas? Ma mère y vit et je vais lui rendre visite cet après-midi."

À huit ans, je l'ai crue et plus tard, j'ai raconté à ma mère ce que Nana avait dit.

"Non, Eileen. Elle se souvient de l'époque où elle était jeune et proche de sa mère."

Quand elle s'est éloignée de notre maison, nous avons découvert qu'elle se dirigeait invariablement vers cette maison blanche. Elle cherchait, et probablement se languissait, de sa mère. Notre Nana était originaire d'Irlande et est venue aux Etats-Unis comme une jeune femme de 18 ans. C'était probablement la dernière fois qu'elle a vu sa mère et maintenant elle souhaitait la revoir.

Après que ma mère ait trouvé notre maison à Greenlawn, qui se trouve dans le canton de Huntington, elle m'a raconté une histoire intéressante. Nous étions en voiture à Huntington pour faire quelques courses quand elle a dit,

"Ma mère est arrivée d'Irlande aux États-Unis à l'âge de dix-huit ans et a travaillé comme femme de chambre pour un médecin et sa famille sur High Street, à quelques pas de la ville de Huntington."

"Vraiment? C'est pour ça que tu voulais t'installer ici?"

"Non", dit-elle, "il se trouve que c'est là où les nouveaux logements abordables sont construits en ce moment. Je n'ai jamais pensé que je vivrais à Huntington."

Elle a ensuite raconté une histoire que sa mère lui a racontée sur son travail pour cette famille.

Ma grand-mère lui a raconté qu'elle avait été envoyée en ville pour prendre des provisions qui devaient l'attendre dans un magasin particulier. Elle est arrivée au magasin, a payé les paquets et était sur le chemin du retour vers la maison lorsqu'elle a senti la plus horrible des odeurs émanant de l'un des sacs. Elle s'arrête près d'un banc et commence à retirer quelques articles du sac lorsqu'elle découvre la source de l'odeur. C'était un morceau de fromage qui posait problème et, pensant qu'il était pourri, elle l'a jeté dans le "caniveau". De retour à la maison, elle est entrée par la porte de la cuisine et a donné les deux paquets à son employeur qui les a rapidement regardés et a dit,

"Ils ont oublié de nous donner le fromage."

Ma grand-mère a répondu,

"Oh non, le fromage était là mais ça sentait mauvais alors je l'ai jeté en rentrant."

Son employeur, très mécontent d'entendre cela, lui a expliqué que le fromage qu'elle avait jeté était du Limburger et qu'il était censé avoir cette odeur.

Ma mère trouvait que c'était une histoire tellement drôle et elle aimait la raconter, surtout parce qu'elle aimait le fromage Limburger.

Je ne connaissais pas très bien ma grand-mère. Elle nous rendait rarement visite et je ne me souviens pas qu'elle ait assisté à des fêtes chez nous. Plus tard, quand j'étais plus âgée, ma mère m'a expliqué qu'elle et sa mère n'avaient jamais été proches et que sa mère préférait sa jeune sœur. Ma grand-mère passait toutes les vacances avec ma tante et sa famille plutôt qu'avec nous. Ma mère et ma grand-mère avaient une relation conflictuelle et après la mort de mon grand-père, lorsque ma mère avait neuf ans, les choses n'ont fait qu'empirer. Ma mère était le bouc émissaire et on la rendait responsable de tout.

L'histoire la plus choquante pour moi est celle du jour où mon père est allé avec ma mère chez ma grand-mère pour lui demander la permission de se marier et où elle lui a répondu,

"Vous épousez la mauvaise sœur."

Il a répondu,

"Oh non, je me marie avec la meilleure sœur."

Dans les jours qui ont précédé le mariage, ma grand-mère a dit à ma mère qu'elle ne serait pas au mariage.

"Jusqu'à ce que je descende l'allée et que je la voie assise sur le banc de devant, je ne savais pas qu'elle serait là. Je ne l'attendais pas et j'ai été surpris de voir qu'elle avait changé d'avis."

Il y avait eu beaucoup d'autres moments difficiles en grandissant avec une mère peu aimante, mais ma mère et mon père étaient heureux de leur vie et de leurs choix, alors elle ne s'attardait pas sur le passé.

Puis, bien des années plus tard, lorsque ma grand-mère a eu besoin d'un endroit pour vivre, mes parents n'ont pas hésité à l'accueillir. Mon oncle et ma tante, les bénéficiaires de tout l'amour et de toute la bonne volonté de ma grand-mère, n'y ont même pas pensé.

Étonnamment, cela n'a pas affecté la relation entre ma mère et sa jeune sœur. Elle a été protectrice et aimante envers elle tout au long de leur vie.

Ma mère n'a jamais voulu admettre sa mère dans une maison de retraite, mais réalisant qu'elle devenait un danger pour elle-même, elle savait que c'était le choix le plus sûr. Mes parents ont fait des recherches et ont trouvé une maison réputée très proche de chez nous. Nous avons pu lui rendre visite souvent et nous assurer qu'elle était bien soignée. Peu de temps après l'arrivée de ma grand-mère à la maison de retraite, on lui a diagnostiqué une leucémie, et elle est décédée dans les six mois. Elle était le seul grand-parent que mon frère et moi connaissions et nous avions très peu de souvenirs d'elle, sauf lorsqu'elle vivait avec nous. Plus tard, lorsque j'étais adulte, ma mère m'a révélé qu'elle n'avait jamais été favorable à l'adoption d'enfants. C'est peut-être pour cela que nous ne l'avons pas beaucoup vue au fil des ans, mais nous savons que les problèmes entre ma mère et ma grand-mère ont commencé bien avant cela.

À l'âge de dix-huit ans, elle a quitté sa famille en Irlande et a trouvé un emploi à Huntington, Long Island, où elle a commencé sa nouvelle vie en Amérique et y a vécu jusqu'à son mariage et son déménagement à Brooklyn, New York. Elle y a élevé sa famille et travaillé jusqu'à ce qu'elle doive revenir à Huntington à l'âge de 75 ans pour vivre sous notre responsabilité jusqu'à sa mort à 76 ans. C'est une circonstance tout à fait imprévue qu'elle se soit retrouvée là où elle a commencé dans ce pays, mais il est réconfortant de penser qu'elle est morte paisiblement et pas seule dans une chambre d'hôtel.

Ma mère, Mary Clancy Coyne, avec sa mère - 1940

Brian et moi avons dû garder un autre secret en plus d'être adoptés quand nous sommes déménagés à Greenlawn.

Nous ne pouvions dire à personne que mon père travaillait pour la ville. J'espérais que personne ne me le demanderait jamais, mais si on me demandait ce que mon père faisait dans la vie, on me disait que je devais dire que je ne savais pas. Une fois, un ami du quartier me l'a demandé. Quand j'ai dit que je ne savais pas, elle m'a regardé avec un air un peu abasourdi.

Il était très important pour ma mère que mon frère et moi allions à l'école catholique. Notre paroisse était St. Hugh's à Huntington Station, New York, mais il n'y avait pas de place pour nous dans cette école. Elle a donc cherché une autre école catholique. Elle s'est rendue à l'école St Patrick à Huntington, New York et a demandé à ce que nous y soyons inscrits. Brian était en huitième année et moi en quatrième année. Je ne me souviens pas du transport en bus de cette première année scolaire, mais après que Brian ait obtenu son diplôme de huitième année, j'ai dû voyager sans lui. L'école n'était pas située dans mon district scolaire d'origine, ce qui a nécessité quelques manœuvres de la part de la compagnie de bus pour m'amener à l'école. Une année, j'ai pris deux bus pour aller à l'école et deux bus pour revenir de l'école. Chaque trajet prenait une heure.

Le premier bus m'emmenait de chez moi à Greenlawn et me déposait sur le bord de la route à Centerport, un trajet d'environ 30 minutes. De l'aire de stationnement en terre battue où je me trouvais sur cette route, je pouvais voir une station-service de l'autre côté de la rue et, derrière moi, le port de Centerport. Il n'y avait rien d'autre sur ce tronçon de route. J'attendais là pendant environ 10 minutes que le deuxième bus vienne me chercher et m'emmène jusqu'à l'école. Je n'avais que 11 ans, et j'étais seule dans cette "zone de débarquement" par tous les temps. Ce n'était vraiment pas une situation sûre. Quelqu'un a dû intervenir en ma faveur car cet arrangement de bus n'a pas duré longtemps.

Lorsque je me suis inscrit à St. Patrick, j'étais censé être en troisième année, mais dans le Queens, chaque année avait une session A ou B. Comme j'avais déjà terminé la troisième année A, ils m'ont fait passer en quatrième année plutôt que de retourner en troisième année. C'était très malheureux pour moi, car j'étais un très bon élève jusque-là. Je ne pense pas exagérer quand je dis que cela a eu un impact sur toute mon éducation et sur ma confiance en moi jusqu'à la douzième année. Il m'a fallu attendre la sixième année pour rattraper mon retard en participant à des cours d'aide extrascolaire et à des cours d'été. J'ai travaillé fort, j'ai réussi les examens d'entrée au lycée catholique en huitième année et j'ai été acceptée dans une école catholique privée, Our Lady of Mercy Academy, à Syosset. Pourtant, j'étais très jeune et immature. J'avais seize ans en dernière année de lycée, alors que la plupart de mes camarades de classe avaient 18 ans. J'ai eu 17 ans six jours seulement avant la remise de mon diplôme de fin d'études secondaires.

Ma mère était très fière de moi pour avoir persévéré et avoir été acceptée dans ce lycée compétitif après toutes mes difficultés à l'école primaire. Ce lycée était un lycée académique, préparatoire à l'université.

Ma mère m'a dit que notre voisin d'à côté, qui avait une fille dans ma classe, s'est toujours senti supérieur à nous. Ils étaient au courant des difficultés de notre famille et de mes premières difficultés scolaires. Le jour où les lettres d'acceptation ont été déposées dans nos boîtes aux lettres, ma mère est sortie en courant pour voir si j'avais été acceptée. Elle a ouvert la lettre et a dû sauter de joie! La voisine était également devant sa boîte aux lettres pour recevoir la lettre de sa fille, elle l'a ouverte et a lu qu'elle n'avait pas été acceptée. Elle n'arrêtait pas de dire à ma mère qu'il devait y avoir une erreur. Elle disait,

"Comment Eileen a-t-elle pu entrer dans l'école et pas ma fille?"

Je n'avais aucune idée de cette rivalité, je pense que ma mère ne voulait probablement pas me donner une pression supplémentaire concernant les tests, mais je suis heureuse d'avoir pu rendre ma mère fière.

14
MON PAPA

Les années sur Duquesne Drive où mon père était en bonne santé ont été les meilleures pour moi. Comme il était souvent à la maison le matin, il s'assurait que j'étais prête pour l'école et il me faisait signe de la porte d'entrée lorsque je partais en bus. Il plaisantait toujours avec moi. Je pouvais être idiote avec lui et il me faisait sentir importante. Je suis allée à l'école heureuse. Ma mère disait toujours qu'il me gâtait, et c'était le cas, avec amour et affection. Elle me gâtait aussi, mais d'une manière différente. Elle trouvait que mon père n'était pas assez strict, alors elle disait ,

"Quelqu'un doit faire la discipline par ici!"

Quand j'avais quatorze ans, mon père est retombé malade. C'est à la fin de ma deuxième année à l'Académie Our Lady of Mercy qu'il a commencé à avoir des symptômes. Au début, Brian et moi n'étions pas conscients de ses difficultés, et c'est mon cousin Phil qui a remarqué et nous a tous alertés de sa santé déclinante.

Mon père était un excellent nageur et il aimait l'eau et les bateaux. Quand il a rencontré ma mère, il possédait un bateau et ils sortaient avec des amis dès qu'ils le pouvaient. Mais c'était un plaisir de courte durée, car ma mère avait le mal de mer chaque fois qu'ils sortaient. Lorsqu'elle m'a parlé de leurs premières sorties et de son aversion pour le bateau, je n'ai pu m'empêcher de penser au fait qu'elle avait perdu son père par noyade alors qu'elle n'avait que neuf ans. Peut-être avait-elle le mal de mer, mais peut-être aussi était-elle terrifiée par l'eau au point d'en être malade. Finalement, elle a dû renoncer à ces voyages, et comme leur relation devenait sérieuse, il a décidé de vendre son bateau.

Owen, ses sœurs, ses beaux-frères et ma mère tournés vers l'arrière - probablement avec le mal de mer.

Ma mère et mon père sur le bateau au quai

La sœur de mon père, Anna, que nous voyions souvent, avait un fils, Phil. Il avait environ huit ans de plus que moi. Ma tante Anna et Phil vivaient seuls. Il n'avait pas de père dans sa vie. Je me souviens qu'enfant, j'ai demandé à ma mère quel était le père de mon cousin Phil, mais la question est restée sans réponse et le regard de ma mère m'a fait comprendre que je devais me taire. Enfant, j'avais beaucoup de questions et elles n'étaient pas toujours appréciées.

"Arrête de poser autant de questions!" J'entendais encore et encore. Quand j'étais adolescent et que je posais des questions à mon frère, sa réponse était ,

"Quoi, tu écris un livre? Eh bien, laisse ce chapitre de côté et appelle ça un mystère!"

Ma mère et mon frère étaient dans le même état d'esprit.

Mon père, je l'ai compris plus tard, était la figure paternelle de Phil. Mon père leur rendait souvent visite à Howard Beach en rentrant du travail à Brooklyn. D'autres fois, nous allions les voir le week-end en famille. Mon frère et moi adorions y aller. Ma tante Anna était comme une version féminine de mon père. Elle était heureuse, drôle et gentille. Ils se ressemblaient même.

Tante Anna avec Eileen le jour de sa communion, 1956

Lorsque nous vivions à Greenlawn, mon cousin Phil était marié et vivait pas très loin de nous, à Long Island. Phil aimait les bateaux et la pêche, tout comme mon père. Il aimait mon père et aimait l'emmener sur son bateau pour une journée de pêche. Après une journée sur l'eau, mon père rentrait à la maison avec des coups de soleil et heureux.

Après l'un de ces voyages, Phil a appelé ma mère pour lui dire qu'il pensait que quelque chose n'allait pas chez mon père. Il a expliqué qu'il s'endormait sur le bateau et qu'il semblait instable sur ses pieds. Il était inquiet pour lui.

Ma mère a trouvé des médecins à Huntington pour consulter sur son état, mais après avoir vu plusieurs médecins locaux, elle a décidé de retourner dans le Queens pour y voir les spécialistes. En juin 1964, il a été admis à l'hôpital général du Queens. La tumeur cérébrale qui était restée en sommeil pendant douze ans avait recommencé à se développer. Il ne peut plus recevoir de radiations et la chirurgie est impossible en raison de la localisation de la tumeur sur la glande pituitaire. C'est un été long et triste.

Ma deuxième année au lycée Our Lady of Mercy a été très exigeante. Les cours obligatoires représentaient 9 périodes par jour. Je ne suivais pas une seule langue étrangère, mais deux: le français et le latin. Ajoutez à cela les cours d'anglais, de géométrie, d'histoire du monde, de sciences et de religion (l'étude du Nouveau et de l'Ancien Testament), et le résultat est là: j'ai eu du mal pendant toute l'année scolaire. Je n'ai même pas mentionné l'éducation physique, l'art et la musique. C'étaient les classes de secours.

Les deux matières que je n'ai pas réussies étaient la géométrie et l'histoire du monde. Mes notes ont été très proches de la réussite, mais j'ai dû suivre des cours d'été pour ces deux matières cet été-là. Ma mère et mon père m'ont déposé à mon premier jour de cours d'été. C'est la dernière fois que j'ai vu mon père debout.

Depuis le trottoir devant l'école, je les ai vus partir en voiture vers l'hôpital général du Queens.

Tous les après-midi après les cours d'été, ma mère venait me chercher et nous allions dans le Queens pour rendre visite à mon père. Ma mère et moi allions le voir un petit moment, puis elle me ramenait à la voiture et m'enfermait. Je restais dans la voiture fermée devant l'hôpital général du Queens et je faisais mes devoirs jusqu'à ce qu'elle revienne à la voiture et que nous rentrions à la maison. Une fois, je n'ai pas pu faire mes devoirs, et en classe le lendemain, le professeur n'a pas cru à mon excuse de rendre visite à mon père à l'hôpital. Je ne peux pas blâmer le professeur. Probablement que la plupart des jeunes de 15 ans qui n'avaient pas fait leurs devoirs auraient inventé n'importe quelle excuse. Pourtant, je me souviens avoir été très en colère contre ce professeur qui ne m'a pas cru. Plus tard, j'ai réalisé que ma colère était déplacée. J'étais tellement en colère parce que mon père était malade.

Je ne sais pas comment c'était possible, mais je ne pensais pas qu'il allait mourir. Brian était plus réaliste, mais je ne me souviens pas lui avoir parlé à ce moment-là. Il était toujours dehors avec ses amis. Sa façon de faire face à tout ce que nous vivions était d'être absent. Nous n'étions pas proches à cette époque.

Un soir, j'ai surpris ma mère et son amie en pleine conversation dans notre cuisine. Ma mère disait qu'elle ne voulait pas me dire la nouvelle du pronostic de mon père et son amie insistait pour qu'elle me le dise.

"Elle a 15 ans et elle doit savoir ce qui va se passer."

J'ai été très reconnaissante à cette amie d'avoir conseillé ma mère, car j'ai pu essayer de me préparer. Mon père avait alors été transféré à l'hôpital de Huntington et nous étions avec lui tous les jours. Il était dans le coma la plupart du temps et ne semblait pas nous entendre, mais il en sortait de temps en temps et nous parlait.

Mon frère vivait très mal la maladie de notre père. Il avait 20 ans et se sentait coupable d'avoir causé à mon père tristesse et embarras au cours des cinq années précédentes. Mon père a toujours cru que mon frère trouverait sa voie, et il est resté calme face à tous les incidents. Mon frère l'aimait beaucoup et était très désolé de son comportement. Il a eu l'occasion de s'excuser et de faire amende honorable avec lui avant de mourir. Mon père lui a dit,

"Je te pardonne, Brian. Je t'aime, tu es mon fils."

Mon père était un catholique très fervent et avait même à la maison un autel avec une statue du Sacré-Cœur de Jésus qu'il priait tous les jours. J'ai eu des moments très doux avec lui avant sa mort et il m'a donné l'instruction de toujours porter mon chapelet sur moi. Je ne suis plus une catholique pratiquante, mais je porte dans mon sac à main le même chapelet que j'avais avec moi ce jour-là en 1964.

L'anniversaire de la mort de sa mère est le 20 août. Il était très proche d'elle et, selon ses frères et sœurs, il était favorisé par elle parce qu'il l'avait aidée à s'occuper de ses jeunes frères et sœurs après la mort de son père. Lors d'une de mes visites, la veille de sa mort, il a ouvert les yeux, a regardé droit devant lui les portes du placard de l'hôpital, a tendu la main et m'a dit,

"Eileen, ouvre la porte et laisse entrer la dame."

Il est mort le lendemain, le 21 août 1964, et cela nous réconforte de penser que sa mère est venue le chercher. Il avait 54 ans. J'étais perdue sans lui.

Après sa mort, j'ai fait un rêve récurrent. Dans ce rêve, je marchais dans les rues de mon quartier, et je ne trouvais pas ma maison. Je continuais à frapper aux portes et à demander si quelqu'un savait où j'habitais. Personne ne me connaissait. Puis j'ai vu ma maison et j'ai couru jusqu'à la porte, mais des inconnus ont répondu, ont dit qu'ils ne me connaissaient pas et ont fermé la porte. Mon père était ma maison, et il était parti.

Nous avons traversé la veillée funèbre de trois jours et trois nuits (inhumaine), puis les funérailles et l'enterrement. Après l'enterrement, j'étais assise sur le perron avec mon frère et ma meilleure amie, Clare. Nous avons entendu des bruits forts et des gens qui criaient. Ensuite, nous avons cru voir des colombes blanches voler au-dessus de nos têtes, mais après un autre regard, nous avons vu que ce n'était que du papier et des débris. Une tornade s'est abattue sur notre quartier, à deux rues de chez moi. Personne n'était à la maison et personne n'a été blessé dans la maison qui a été touchée par la tornade. Je sais que cela semble fou, mais mon frère, Clare, et moi aimons penser que mon papa nous disait au revoir!

15
LE MÉDIUM

La définition d'un médium est différente de celle d'un voyant. Un médium est capable de communiquer avec les morts. Un médium communique également avec le monde spirituel mais prédit l'avenir.

Je n'ai jamais eu l'occasion de consulter un médium ou un voyant au sujet de mes proches décédés ou pour obtenir des informations sur mon avenir. J'ai des amis et des membres de ma famille qui vont régulièrement voir un médium, et je leur réponds,

"S'il vous plaît, ne partagez pas avec moi ce que le médium a pu prédire sur ma vie et ma famille."

Je préfère que ma vie se déroule au jour le jour et ne pas anticiper une prédiction dont je pourrais ou non être heureuse.

J'ai donc été très surprise et bouleversée lorsque mon père Owen, décédé en 1964, a trouvé le moyen de me dire bonjour en 2018 par l'intermédiaire d'un médium. La sœur de mon gendre, Danielle, étudie pour devenir médium. Dans le cadre de ses études, elle demande à ses amis et à sa famille de lui permettre de leur donner une séance et de voir ce qui se passe. Ma fille

Elise s'est donc portée volontaire avec plaisir. Au cours de la session, un seul homme s'est présenté. Danielle a rapporté à Elise qu'elle voyait un homme marchant sur un trottoir près d'une route très fréquentée. Il avait un groupe d'enfants heureux et rieurs avec lui et il y avait quelque chose à propos de bonbons.

J'ai de nombreux souvenirs heureux de ma vie à Bayside avec mon frère et mes parents sur le très fréquenté boulevard Francis Lewis, mais la vision de Danielle m'en a rappelé un particulièrement mémorable.

J'ai toujours aimé les bonbons et les milkshakes. C'est mon père qui me les a fait découvrir à la confiserie du coin, dans le Queens, sur le boulevard Francis Lewis. La confiserie était également une fontaine à sodas et un restaurant avec des tabourets, une cantine typique des années 50. C'était notre endroit du quartier et nous étions connus du propriétaire qui savait que j'aimais le peu de crème glacée qui restait au fond du milkshake après qu'il soit passé au mixeur. Il la préparait spécialement pour moi, et je mangeais cette petite cuillerée de glace avec une longue cuillère. Une fois par semaine, quand j'avais six ou sept ans, mon père m'accompagnait à la confiserie située à deux rues de chez nous. Mais il ne se contentait pas de m'emmener. En chemin, nous nous arrêtions à toutes les maisons où se trouvaient des enfants avec lesquels je jouais habituellement, et un par un, ils se joignaient à notre défilé jusqu'à la confiserie. Seulement un bonbon de 5 cents par enfant, et nous étions tous heureux avec ça. Sauf peut-être moi qui suppliait toujours pour en avoir un de plus.

Quand Elise m'a raconté ce qui s'était passé quelques jours plus tard, j'étais stupéfait. Et un nouveau croyant. Je n'étais pas là ce jour-là et, plus incroyable encore, Elise n'a jamais connu cette histoire entre mon père et moi.

Même si mon père est décédé lorsque j'avais 15 ans, j'ai toujours eu l'impression qu'il ne m'avait jamais quittée. Je me souviens avoir dit à ma belle-mère que quelque chose de bien arrive toujours dans ma vie autour de la date de son décès. C'est donc 54 ans plus tard que Danielle a pu me faire savoir que nous sommes toujours liés.

Je ne le comprends pas, mais cela me procure une telle joie que je n'en doute pas.

Plusieurs mois plus tard, j'ai revu Danielle lors d'une fête de famille. Je lui ai dit à quel point j'étais surprise et heureuse du résultat de sa séance avec Elise, et à quel point cela était significatif pour moi. Nous avons parlé de son travail de médium, et j'ai fait remarquer qu'il devait être épuisant de recevoir des messages de ceux qui sont décédés. Elle m'a expliqué que cela ne se produit généralement que lorsqu'elle est physiquement avec la personne décédée qui souhaite communiquer. Puis elle a dit,

"Attends, il me montre un chapeau. Tu te souviens de quelque chose à propos d'un chapeau?"

"Là où j'accroche mon chapeau, c'est chez moi."

C'était l'un des dictons préférés de mon père. Me demandant d'où pouvait provenir ce cliché, j'ai trouvé une chanson qui a été introduite en 1946 dans une comédie musicale. La musique est de Harold Arlen et les paroles de Johnny Mercer. Elle s'appelle "Any Place I Hang My Hat is Home". Elle traite du sentiment de paix que l'on éprouve lorsqu'on rentre chez soi et que l'on raccroche son chapeau, au sens propre comme au figuré. Mon père et moi marchions souvent ensemble dans les rues de la ville, soit dans notre quartier du Queens près de l'IGA, soit à Brooklyn près du commissariat où il travaillait comme détective. Au cours de ces promenades, je le voyais incliner son chapeau aux passants en signe de respect ou de salutation.

J'ai des souvenirs heureux de courir à la porte pour l'accueillir quand il arrivait à la maison. La première chose qu'il faisait était de mettre son chapeau et son arme de service sur l'étagère supérieure du placard. Puis il était prêt à rentrer chez lui avec sa famille.

"Oui Danielle, te montrer un chapeau était une façon parfaite pour lui d'attirer mon attention!" Le lien profond entre mon père et moi, bien que non biologique, était ancré dans l'amour, la confiance et le respect mutuel. Tout le monde, qu'il s'agisse d'un enfant adopté ou d'un enfant naturel, ne jouit pas forcément de ce type de relation avec un parent, mais lorsque c'est le cas, cela peut être le résultat d'une éducation attentive et non d'une relation biologique.

16
DÉMÉNAGEMENT À DIX HILLS

Ma mère était dévastée après la mort de mon père. Vous savez qu'on dit qu'il faut reporter toute décision importante d'un an après la perte d'un être cher? Elle n'a pas fait ça. Elle m'a dit,

"Quand je descends les escaliers le matin, je le vois assis dans le fauteuil. Quand j'entends la porte d'entrée, je pense qu'il rentre du travail. Les souvenirs sont trop lourds à porter pour moi. Je vais trouver une autre maison pour nous."

Bien que j'aie trouvé du réconfort dans ces souvenirs et que j'aurais été heureuse de rester dans cette maison, je n'avais pas besoin de la maison pour conserver ces souvenirs affectueux. Je voulais aussi qu'elle ait une distraction et ce projet nous a donné à tous deux une raison de nous lever chaque jour et de planifier notre avenir. Il nous a donné un objectif commun et nous a permis de rester proches. Peu importe ce que la vie lui réservait, elle n'attendait pas que quelqu'un d'autre règle un problème ou la rende heureuse ; elle allait de l'avant et tirait le meilleur parti de tout.

Elle a trouvé une belle maison neuve à environ 10 minutes au sud de l'endroit où nous vivions. J'ai quand même pu prendre un bus pour me rendre à mon lycée, c'était juste un trajet plus long de 10 minutes, ce qui ne me dérangeait pas. C'était un petit bus avec un autre élève d'une classe derrière moi, et nous nous aidions mutuellement à étudier pour les examens sur le chemin de l'école.

Tout le monde se demandait comment ma mère avait pu se permettre de déménager et elle me répondait que cela ne regardait personne. Ce que j'ai appris, c'est que mes parents avaient décidé, après les deux premières maladies mortelles de mon père, de souscrire une assurance habitation, en plus de l'assurance vie. Ainsi, lorsque mon père est décédé, la maison était entièrement payée.

Pourtant, il y avait des dépenses et ma mère avait besoin d'un soutien supplémentaire, non seulement financier mais aussi émotionnel. Elle avait une amie nommée Ada, une amie de longue date de l'époque où elle et mon père vivaient à Brooklyn. Elle avait environ 8 ans de plus que ma mère et était veuve sans enfant. Elle est née en Angleterre et a travaillé comme chef cuisinier pour l'une des familles royales avant de s'installer aux États-Unis. Elle avait un bel accent britannique que nous essayions tous d'imiter. Elle nous divertissait avec ses coups de pied de style rockette et préparait un soufflé que, à sa grande détresse, mon frère et moi ne voulions pas manger. Nous aimions tous Ada et ses visites d'une à deux semaines étaient l'un des moments forts de nos années de croissance.

"Comment es-tu devenue amie avec Ada?" J'ai demandé à ma mère.

J'ai pu lire dans ses yeux à quel point cette question l'a rapidement renvoyée à de bons souvenirs de Brooklyn, lorsqu'elle était une jeune épouse et une mère.

"Quand nous vivions dans l'immeuble à Brooklyn, nous sommes devenus amis." Puis elle s'est expliquée davantage.

"Ada nous invitait, Brian et moi, à prendre le thé dans son

appartement situé un étage au-dessus du nôtre. Brian adorait rendre visite et chaque fois que nous sortions de notre appartement, il regardait la cage d'escalier et disait avec sa petite voix de quatre ans: "Ada, on peut monter prendre le thé?".

Pendant cette période, ma mère est tombée malade et n'a pas pu s'occuper de mon frère à plein temps. Ada a été le choix logique et a aimé s'occuper de lui jusqu'à ce que ma mère se rétablisse. C'est ainsi qu'a débuté leur longue amitié.

Après la mort de mon père, ma mère lui a demandé si elle voulait venir vivre avec nous. Elle a emménagé et nous a aidés à déménager de la maison de Greenlawn à notre nouvelle maison de Dix Hills. Dans les semaines qui ont précédé la date de notre emménagement, nous avons été heureux et réconfortés quand Ada a accepté d'emménager avec nous de façon permanente. C'était un grand changement pour elle de quitter son appartement de Brooklyn avec son environnement familier et ses commodités pour aider notre famille à traverser ces changements.

La date de notre déménagement était le 12 juin 1965, et mon frère Brian se mariait le 20 juin. Lui et sa femme n'avaient que 21 ans, et le mariage a duré moins d'un an, mais c'était une rupture mutuellement souhaitée. Ils ont tous deux réalisé que leurs motivations pour se marier ne favorisaient pas un bon départ pour un mariage solide. Il voulait s'éloigner après la mort de mon père, et elle voulait déménager parce qu'elle ne s'entendait pas avec ses parents. C'était vraiment deux enfants qui fuyaient la maison.

Une des premières nuits dans ma nouvelle maison à Dix Hills, j'ai fait un rêve. Mais était-ce un rêve? J'ai eu l'impression de recevoir une visite. J'ai été réveillé par mon père assis sur le bord de mon lit.

"Papa, que fais-tu ici?"

"Je suis venu voir la maison. Tu me feras visiter?"

J'ai sauté de joie hors de mon lit et j'ai pris sa main.

"Oui, je le ferai."

Puis il a dit,

"Il y a une chose cependant. Tu sais que je vais devoir repartir, et je ne suis pas venu pour te contrarier mais pour te faire savoir que je suis toujours avec toi même dans cette nouvelle maison. Promets-moi que tu ne seras pas fâchée et que tu seras contente que nous ayons eu ce temps ensemble."

J'ai accepté et, une fois la visite terminée, il m'a bordé et nous nous sommes dit au revoir. Un sentiment de grande satisfaction m'a envahi et quand je me suis réveillé le matin, j'étais en paix.

Du 12 au 19 juin, date de notre déménagement, j'étais encore à l'école, mais je me souviens que tout le monde a travaillé dur pour terminer le déménagement et s'installer dans notre nouvelle maison. Ma mère était particulièrement irritable et perturbée à l'époque et Ada s'efforçait de l'aider de toutes les manières possibles. Quand je regarde en arrière, je me demande pourquoi nous devions être si déterminés à ce que tout soit parfait avant le mariage. Il n'allait même pas avoir lieu chez nous.

Pendant toutes les tâches effectuées dans toutes les pièces: accrocher les rideaux, nettoyer les fenêtres, ranger les armoires, aucun d'entre nous ne s'est arrêté pour se connecter ou prendre des nouvelles des autres. Nous étions complètement inconscients de la profondeur du désespoir d'Ada. Elle avait sa propre chambre à côté de la mienne et aucun de nous ne se doutait de son malheur. Ce que je ne savais pas, c'est qu'Ada prenait des somnifères tous les soirs depuis de très nombreuses années. Plus tard, ma mère m'a dit qu'elle savait qu'Ada prenait des somnifères, mais qu'elle ne connaissait pas les effets qu'ils pouvaient avoir sur la santé mentale d'une personne.

Le soir du 19 juin 1965, la veille du mariage de mon frère, ma mère a découvert Ada dans son lit, sans réaction. Sur la table de nuit, elle a vu le flacon de pilules vide couché sur le côté. Elle a appelé le 911 en même temps qu'elle m'appelait. Dans ma chambre, par-dessus la musique de ma table tournante, j'ai entendu ma mère me crier dessus depuis la chambre d'Ada. J'ai couru vers elle, toutes les deux en chemise de nuit et avec des bigoudis.

"Dépêche-toi! Habille-toi. J'ai appelé le 911. Ils doivent emmener Ada à l'hôpital et nous suivrons."

Les ambulanciers sont arrivés en quelques minutes, et ma mère et moi avons fait en sorte d'être prêts à suivre l'ambulance dans notre voiture jusqu'à l'hôpital de Huntington. C'est ainsi que nous sommes passés de la préparation du mariage de mon frère le lendemain à la conduite derrière l'ambulance, aveuglés par ses feux et assourdis par ses sirènes, alors qu'elle filait vers l'hôpital en ignorant les feux de signalisation et en contournant la circulation.

Ada a été admise et ils ont pu la sauver. Ma mère et moi l'aimions tant et nous ne savions pas qu'elle souffrait. C'était un choc pour nous, mais nous n'avons pas eu le temps d'y réfléchir ou de comprendre ce qui s'était passé. Nous avons passé de nombreuses heures à l'hôpital et, une fois que nous avons su qu'elle était stable, nous l'avons laissée là et sommes rentrées à la maison pour dormir le plus possible avant le mariage du lendemain. Lorsque vous voyez une photo du mariage, personne ne peut savoir, en nous regardant, ma mère et moi, ce qui s'est passé la nuit précédente. Nous devions être sous le choc car nous n'en avons pas parlé. Nous avons simplement continué et le mariage s'est déroulé comme prévu.

Mon cousin Kevin, moi, Brian et Mickey.

Brian, notre mère Mary et Mickey

Après le mariage de Brian, ma mère et moi nous sommes retrouvées seules dans la nouvelle maison. Nous avons rendu visite à Ada à l'hôpital, mais après peu de temps, elle s'est rétablie physiquement et a déménagé en Angleterre pour être avec sa famille. Nous sommes restées en contact par lettre, mais finalement, le nombre de lettres a diminué, puis s'est arrêté.

Après la mort de mon père, la vente d'une maison et l'achat d'une autre, l'organisation du mariage de mon frère et la quasimort d'Ada dans sa nouvelle maison, ma mère a cédé à son chagrin et s'est couchée. Je ne l'ai pas réalisé à l'époque, mais j'ai compris plus tard qu'elle était déprimée. Elle s'occupait encore de moi. Elle s'assurait qu'il y avait de la nourriture à la maison et nous mangions ensemble, mais elle ne sortait pas et ne me conduisait nulle part. L'été a été long et solitaire pour nous, mais j'ai pu trouver un but.

Tout le long de la côte nord de Long Island, des manoirs de la "côte d'or" ont été construits des années 1890 aux années 1930. On rapporte que plus de 1 200 ont été construites à cette époque et qu'il en reste moins d'un tiers aujourd'hui. L'une d'entre elles, en particulier, a une grande signification pour moi.

Burrwood à Lloyd Harbor a été construite en 1899 pour Walter Jennings, directeur de la Standard Oil Company, président de la National Fuel Gas Company et neveu de John D. Rockefeller. Après sa mort, son fils a hérité de la maison et de 32 acres et demi de terrain, qu'il a finalement vendus à l'Industrial Home for the Blind. Ils ont occupé la maison de 1951 jusqu'à ce qu'elle soit vendue pour être développée et que le manoir original soit démoli en 1994. Depuis la véranda de l'imposant manoir, on pouvait voir les eaux scintillantes de Cold Spring Harbor et descendre jusqu'à la plage en traversant de magnifiques jardins, dont l'un portait le nom d'Helen Keller.

Il y avait environ 50 résidents permanents, aveugles ou sourds-aveugles. Tout au long de la semaine, de nombreuses personnes aveugles non résidentes visitaient le foyer pour participer à des activités artisanales, des conférences et des concerts de musique. Il s'agissait d'une communauté positive et florissante, dans laquelle les résidents appréciaient leur vie. Burrwood a bénéficié de l'aide de nombreux bénévoles, notamment ceux affiliés à l'organisation du Club Lion.

En juin 1965, j'avais 16 ans et je ressentais les effets d'une série de tristes événements familiaux qui me laissaient déprimé, sans direction et avec trop de temps pour réfléchir. Le point positif à cette époque était que j'avais passé mon permis de conduire et que j'avais accès à la voiture de ma mère, ce qui me permettait de ne pas être coincée à la maison, où je n'avais aucune distraction pour échapper à ma mélancolie. Les jours de beau temps, je me rendais chez mon amie Jane et ensemble, nous prenions un simple déjeuner et allions jusqu'à la chaussée de Lloyd Harbor. Un côté de la chaussée était bordé de gros rochers au bord de l'eau et nous nous asseyions là pour manger notre déjeuner et regarder les bateaux à voile ou à moteur passer. Jane et moi partagions nos histoires d'angoisse d'adolescente et nous avions beaucoup d'écoute , mais nous ne semblions pas résoudre de problèmes.

J'étais catholique pratiquante à l'époque et j'ai décidé que je pourrais peut-être obtenir des conseils de quelqu'un du clergé pour me remettre de la tristesse générale que je ressentais chaque jour.

Lors de nos nombreux trajets en voiture vers Lloyd Harbor, Jane et moi voyions le Séminaire sur West Neck Road et faisions des commentaires sur sa beauté. Sans le dire à Jane, j'ai décidé un jour d'appeler et de demander s'ils offraient des services de conseil. Je ne suis pas allée à ma paroisse parce que ma mère et moi y étions connues et je ne voulais pas qu'elle soit gênée ou alarmée par ma demande d'aide. J'avais besoin de rester anonyme, même si je n'avais rien de bouleversant ou de dramatique à dire. J'ai pu prendre rendez-vous avec un prêtre du séminaire et, au cours de notre entretien, il m'a encouragé à trouver un endroit où donner de mon temps pour aider les autres. Il m'a suggéré plusieurs endroits, mais le foyer industriel pour aveugles de Burrwood a retenu mon attention et j'ai décidé d'étudier cette possibilité. Jane et moi passions souvent devant Burrwood et nous nous émerveillions devant les portes en fer élaborées et majestueuses qui flanquaient l'entrée de l'ancien domaine. Le prêtre savait que Burrwood accueillait des bénévoles et m'a donné suffisamment d'informations pour m'assurer que je pouvais commencer confortablement le processus de bénévolat.

J'ai décidé d'appeler pour obtenir plus d'informations et, après un bref entretien téléphonique, le directeur m'a expliqué comment je pourrais aider les résidents, et nous avons fixé une date et une heure pour que je commence.

Les résidents aimaient se promener à l'extérieur par beau temps et, après s'être présentés, ils prenaient mon bras pour sortir du bâtiment. L'une de mes instructions très importantes était de toujours rester près des rampes en acier qui bordaient tous les chemins autour du bâtiment et dans les jardins et que le résident tenait pendant notre promenade. Cela lui donnait la tranquillité d'esprit de savoir que nous étions sur les chemins approuvés de la propriété.

Au cours de ces promenades, ils engageaient la conversation avec moi. Ils s'intéressaient beaucoup à la jeune femme de 16 ans que j'étais et voulaient en savoir plus sur ma vie scolaire et mes projets d'avenir. C'était comme passer du temps avec des grands-parents qui s'intéressaient à moi et partageaient ensuite des histoires sur leur jeunesse et leur vie au début des années 1900. Ils ont parlé avec fierté de leur famille et aussi de leur vie au foyer et de ses événements et activités enrichissants.

L'une de mes activités préférées consistait à faire la lecture aux résidents lorsqu'ils recevaient une lettre d'un ami ou d'un être cher. Souvent, ils me demandaient de la lire plusieurs fois et j'aimais voir le sourire sur leur visage lorsqu'ils savouraient les dernières nouvelles de chez eux. S'ils étaient prêts à répondre à la lettre, je devenais leur scribe.

Mon temps et ma vue étaient un cadeau de ma part aux résidents, mais leur cadeau à moi était une expérience qui a enrichi ma vie, m'a donné un but et m'a aidé à traverser des périodes difficiles. Bien que je n'y sois restée que l'été, l'impact de cette expérience ne m'a jamais quittée.

Je passe encore périodiquement devant ces grilles en me rendant à Cold Spring Harbor, mais depuis 1994, c'est un lotissement privé de grandes maisons sans accès public. Pour me rafraîchir la mémoire, je regarde des photos en ligne et je me souviens avoir traversé le jardin Helen Keller et m'être tenu debout sur la véranda qui surplombe l'eau.

À la fin de l'été 1965, j'étais en dernière année à l'Académie Our Lady of Mercy et ma mère m'a encouragé à trouver une université. Comme j'étais effrayée à l'idée de quitter la maison pour aller à l'université, j'ai choisi de m'inscrire dans une école de secrétariat pas très loin de chez moi. Bien qu'il y ait de nombreuses universités locales que j'aurais pu fréquenter, je cherchais une formation qui me permettrait d'entrer dans la vie active le plus rapidement possible. Peu après ma sortie de cette école, toutes les écoles de secrétariat sont devenues des écoles de commerce de deux ans.

Ma mère (partiel), moi, et Brian - Diplôme de l'Académie Our Lady of Mercy juillet 1966

À l'école de secrétariat en septembre 1965, j'ai rencontré mon amie Alida. Elle avait une voiture et voulait quelqu'un avec qui conduire et partager les frais d'essence. Même si j'avais déjà ma propre voiture, l'école se trouvait dans le comté voisin et mon permis junior ne me permettait pas de conduire hors de mon comté avant mes 18 ans. J'ai accepté de l'accompagner et ce fut le début d'une amitié de 60 ans. Nous habitions près l'une de l'autre et nous nous sommes tout de suite entendues. Nous avions des choses en commun et n'arrivions pas à croire certaines similitudes: elle et son frère sont adoptés, et son frère s'appelle aussi Brian. Cependant, elle et son frère Brian sont frère et sœur de sang, tous deux abandonnés par leur mère biologique. Leur mère adoptive est canadienne française et a grandi au Canada. C'est idiot, je sais, mais j'avais l'habitude d'imaginer que sa mère était en réalité ma mère biologique, mais qu'elle ne pouvait pas me le dire.

Ce n'était qu'un programme d'un an, et c'était mon choix, mais peu après le début de l'année scolaire, je disais à Alida ou à quiconque voulait bien m'écouter,

"J'aurais dû aller à l'université."

J'ai dit et ressenti cela si souvent et j'ai suivi quelques cours à l'université avant d'avoir Eric et Elise, mais ce n'est qu'à 37 ans, alors que mes enfants avaient 10 et 8 ans, que j'ai finalement repris mes études pour de bon.

Après avoir terminé mes études de secrétariat, j'ai commencé à travailler à plein temps à 18 ans, mais il fallait d'abord passer des entretiens. En 1967, les écoles de secrétariat exigeaient de leurs élèves qu'ils portent un tailleur jupe, des gants blancs et un chapeau. Dans le monde des affaires de l'époque, les femmes n'étaient pas autorisées à porter des pantalons. Je n'oublierai jamais mon premier entretien après avoir obtenu mon diplôme. J'avais eu 18 ans en juin et nous étions en juillet.

C'était si embarrassant, mais j'étais trop nerveuse et sans la moindre confiance en moi pour m'en soucier.

C'était dans le bureau d'un avocat. Je suis entré et il y avait deux secrétaires à leur bureau côte à côte, face à la porte. Je me suis approché de l'une d'entre elles et leur ai dit mon nom et que j'étais là pour un entretien. Bien sûr, en bonne élève que j'étais, je portais mon bonnet et mes gants, même si j'étais hors de vue de mes professeurs et que j'aurais pu les laisser à la maison. Je pense que j'avais simplement confiance dans le fait que nos professeurs nous guidaient correctement. C'était peut-être correct pour Manhattan, mais certainement pas pour la banlieue de Deer Park, Long Island, New York. Eh bien, les pauvres secrétaires n'ont pas pu se contenir. Elles riaient si fort qu'elles n'arrêtaient pas de se cacher sous leur bureau comme si elles avaient fait tomber quelque chose. Je devais être un spectacle très drôle.

J'étais si nerveuse lors de l'entretien avec l'avocat ; j'étais à peine capable de parler, et encore moins de prendre des notes en sténo et de les relire. C'était un homme très gentil mais il n'y avait pas de place pour moi là-bas. J'avais peu de confiance en moi avant cet entretien, alors après cette expérience, j'ai choisi la solution de facilité et suis entrée dans une très grande entreprise aéronautique en tant que commis dactylographe (sans sténographie). J'étais plutôt protégée et manifestement jeune, et cet endroit m'a aidé à prendre confiance en moi et à chercher de nouvelles opportunités.

17
PETITE FAMILLE

En grandissant, ma famille nucléaire était petite: mon père, ma mère et mon frère. Ma mère avait une sœur, ma tante Catherine, son mari, mon oncle Pat, et leur fils Kevin, qui, aussi loin que je me souvienne, nous rendaient souvent visite,. Nous voyions aussi les frères et sœurs de mon père, mais ces oncles et tantes faisaient de moins en moins partie de nos vies à mesure que je grandissais. Après la mort de mon père, nous n'avons plus eu de contact avec beaucoup d'entre eux, à l'exception de son frère, l'oncle Will, de sa femme, tante Rita, et de sa sœur, tante Anna. L'oncle Will et la tante Rita sont venus à mon mariage, sept ans après le décès de mon père, et mon oncle Will a dansé avec moi à la place de mon père.

A part tante Catherine et oncle Pat, ma mère ne cherchait pas à faire venir d'autres membres de la famille pour nous rendre visite très souvent. C'était peut-être la norme à l'époque. La plupart des gens travaillaient dur et n'avaient donc ni le temps ni l'argent pour recevoir d'autres personnes. J'étais très heureuse lorsque j'apprenais que ma tante et mon oncle venaient nous rendre visite pour le week-end. Cela rendait la vie plus intéressante, et ils me traitaient toujours de manière spéciale. Il y avait une boulangerie à Brooklyn appelée Ebinger's. Je courais pour ouvrir la porte lorsqu'ils arrivaient, et tout ce que je voyais, c'était une pile de boîtes de pâtisserie attachées par une ficelle avec ma tante qui dépassait sur le côté. Ils achetaient le gâteau ou la tarte préférée de chacun. La mienne était la tarte à la crème au chocolat. Nous aimions vraiment notre gâteau.

Depuis qu'Ada nous a quittés, ma mère et moi étions seuls à la maison de Dix Hills, et sa dépression est devenue apparente. Ma mère, étant proche de sa sœur qui vivait à Brooklyn avec son mari Pat, leur a demandé d'emménager avec nous. Mon oncle Pat avait eu une attaque cérébrale plusieurs années auparavant et ma tante était son principal soignant. Ma mère a pensé que ce serait bien pour elle et sa sœur d'être ensemble pour avoir de la compagnie et du soutien. C'était un moment heureux pour toutes les deux et cela a sorti ma mère de sa dépression.

Ils sont restés avec nous pendant deux ans lorsque ma mère a décidé de se remarier. Ce fut une grande surprise pour tout le monde et ma tante et mon oncle étaient très malheureux de devoir déménager à nouveau. Nous voulions trouver un endroit près de chez nous pour qu'ils puissent y vivre, mais ils ont décidé de revenir à Brooklyn dans leur quartier familier.

Elle a épousé Patrick Martin (nous l'appelions tous Paddy) qu'elle a connu alors qu'elle n'avait que dix ans, en 1923 à Brooklyn. À cette époque, ma grand-mère était veuve depuis peu, et à l'arrivée de Paddy aux États-Unis, il fut l'un des premiers pensionnaires d'Irlande à louer une chambre dans leur appartement. Il a pu entrer aux Etats-Unis parce qu'il avait déjà son emploi d'officier de police dans le Bronx, et a commencé à travailler immédiatement. Paddy n'est resté que peu de temps dans leur appartement avant de pouvoir s'installer dans son propre appartement. Il avait neuf ans de plus que ma mère.

Quand ils se sont mariés, ma mère avait 55 ans et lui 64. Il a emménagé avec nous, et j'ai de très bons souvenirs de lui. C'était un homme très bon et gentil. Mon père était détective à Brooklyn et mon beau-père était officier de police dans le Bronx. Sa femme est morte la même année que mon père et je pense que lui et ma mère se sentaient très seuls. Ils avaient un cousin commun qui a appelé chacun d'eux pendant plus d'un an pour les encourager à se voir. C'était l'entremetteur.

Beaucoup de gens se demandaient comment je me sentais de vivre avec une autre figure paternelle après avoir su à quel point mon père me manquait et m'aimait, mais je n'ai jamais vu Paddy comme un remplaçant. Je n'avais pas besoin d'un remplaçant. Mon père m'avait déjà donné des leçons qui m'aideraient même en son absence. Paddy n'a jamais essayé d'assumer un rôle de père, mais m'a fait savoir qu'il était là si j'avais besoin de quelque chose. Il était facile à aimer et notre relation a grandi au fil des ans.

Quand ma mère m'a dit qu'ils allaient se marier, je l'ai regardée et j'ai su qu'elle se sentait seule et qu'elle apprécierait sa compagnie. J'étais heureuse qu'elle ait quelqu'un avec qui être au jour le jour et qu'ils puissent voyager ensemble. Bien qu'elles aient des personnalités très différentes, elles avaient beaucoup de points communs, notamment de par leurs origines urbaines. Ma mère était quelque peu flamboyante et Paddy s'asseyait dans son fauteuil et la regardait voler dans la maison en parlant et en travaillant sur des projets domestiques. Nous avions l'habitude de dire qu'il avait l'air de la regarder à la télévision. C'était un homme peu loquace. Une fois, quand j'avais 19 ans, je parlais alors que nous étions dehors sur notre patio et une mite s'est envolée dans ma bouche et j'ai commencé à tousser et à m'étouffer pendant une minute ou plus. Tout ce qu'il a dit quand il a vu que j'allais bien, c'est ,

"Une bouche fermée n'attrape pas les mouches."

Ensuite, je n'ai pas pu m'empêcher de rire. Il n'a pas dit grand-chose, mais quand il l'a fait, c'était mémorable.

Paddy a eu quatre enfants, un garçon et trois filles. Ils étaient tous plus âgés que moi, mais ils n'avaient qu'une vingtaine d'années et c'était très amusant de les côtoyer. Nous leur rendions visite dans le Bronx où ils vivaient et ils nous préparaient des dîners incroyables. Deux des filles de Paddy ont épousés des hommes de familles italiennes et ont adopté la cuisine italienne, à mon grand plaisir.

Lorsque ma mère a épousé Paddy, je travaillais encore dans l'entreprise aéronautique locale. J'y travaillais depuis deux ans lorsque ma mère et Paddy m'ont annoncé qu'ils allaient faire un voyage en Irlande pour rendre visite à la famille de Paddy. Il avait une sœur et un neveu avec une jeune famille vivant dans la ferme où Paddy avait grandi. Ils m'ont invité, ainsi que la fille de Paddy, Mary, et son mari Ron, à les rejoindre. Nous sommes partis à la fin du mois de mai, et j'ai fêté mon 20e anniversaire en Irlande le 6 juin 1969. C'était un voyage de trois semaines. J'ai économisé mon argent et j'ai quitté mon emploi avec suffisamment d'argent pour partir en voyage et avoir un mois de congé à mon retour. Lorsque l'on a parlé de ce voyage, j'avais envisagé de changer d'emploi et c'était donc le moment idéal pour que je puisse dire oui à ce projet.

À mon retour d'Irlande, j'ai décidé que j'aimerais travailler à Manhattan et faire la navette avec le Long Island Railroad. Mon amie Clare vivait à Manhattan avec sa mère Jeanne, et elles m'ont dit qu'elles m'aideraient à apprendre à me déplacer dans la ville en utilisant les métros et les bus. Clare m'a emmenée dans plusieurs services de placement que j'avais trouvés, puis elle m'a accompagnée aux entretiens.

Un entretien débouche sur un emploi de secrétaire dans une société de courtage familiale située dans le Financial District, sur

Wall Street. Klara et son fils George dirigeaient l'entreprise car le mari de Klara, le père de George, était décédé peu de temps auparavant. C'était très triste pour eux, et je pouvais compatir, ayant perdu mon père juste cinq ans auparavant. Klara et ma mère avaient le même âge. La sœur de George, Debbie, qui n'avait que neuf ans lorsque j'ai commencé à travailler là-bas, était une petite fille douce et intelligente. C'était un petit cabinet et ils me traitaient comme un membre de la famille plutôt que comme un employé. Mon expérience de la vie en dehors de l'environnement protégé de mon enfance en banlieue était limitée, alors travailler à Manhattan a été une courbe d'apprentissage énorme pour moi. Au départ, le bureau était situé au centre-ville, dans le quartier financier, mais en moins d'un an, nous avons déménagé à l'angle de la 59e rue et de la Lexington Avenue, puis de la 55e rue et de la Cinquième Avenue.

Dans mon précédent emploi et à l'école, j'étais toujours avec des collègues et nous déjeunions et faisions des pauses ensemble. Dans mon nouvel emploi, j'étais seule à l'heure du déjeuner. Il m'a fallu un certain temps pour m'y habituer car la camaraderie des collègues me manquait. À l'époque, en 1969, il y avait un restaurant Child's, du nom de ses fondateurs, Samuel et William Childs. Cette chaîne de restaurants, l'une des premières chaînes nationales de restauration, a été fondée en 1907. J'y allais pour déjeuner, je mangeais rapidement au comptoir (je me souviens de leur purée de pommes de terre et de leur sauce), puis je m'asseyais dans l'église historique Trinity Church sur Trinity Place. C'était paisible et cela a facilité ma transition.

J'ai appris à connaître le quartier financier par moi-même, à l'heure du déjeuner, et aussi parce qu'une partie de mon travail consistait à livrer des documents à d'autres entreprises du quartier. À l'époque où je travaillais au centre-ville, on construisait les tours jumelles du World Trade Center. C'était une période très excitante pour y travailler.

Nous avons emménagé dans nos nouveaux bureaux, au 34e

étage d'un immeuble flambant neuf situé à l'angle de la 59e rue et de l'avenue Lexington. Il s'agissait d'un bâtiment ultramoderne avec un grand hall en marbre et des banques d'ascenseurs dédiées à des étages spécifiques. En ouvrant la porte de notre bureau, nous avons vu un mur de fenêtres allant du sol au plafond et offrant une vue spectaculaire sur Manhattan. Il m'a fallu un certain temps avant de pouvoir m'approcher de ces fenêtres et regarder 34 étages plus bas.

Maintenant, à l'heure du déjeuner, j'allais flâner dans Bloomingdale's et d'autres magasins de luxe. Bloomingdale's était une nouvelle expérience pour moi. Il y avait un parfum particulier dont ils faisaient la promotion à l'époque, il s'appelait Paco Rabanne, et quand on entrait dans le magasin, l'odeur était enivrante. Si je pouvais découvrir ce parfum aujourd'hui, je fermerais les yeux et je me sentirais à nouveau comme si j'avais 20 ans.

18
7 H 07 DU MATIN

Le train de "7:07" du Long Island Railroad qui partait de la gare de Huntington pour se rendre à Penn Station, New York, était mon train du matin pour aller travailler. Lorsque j'ai dit à mon amie Jane, que je connaissais depuis le CM2 à l'école St Patrick de Huntington, que je voulais travailler à Manhattan, elle a accepté de se joindre à moi dans cette aventure pour sortir de la banlieue. Nous avons toutes deux trouvé un emploi à Manhattan et, dès la première semaine de septembre 1969, nous avons commencé à prendre le "7:07" tous les matins.

Lorsque nous avons commencé à faire la navette, nous nous sommes rendus dans le "wagon-café" où nous avons commencé à rencontrer d'autres usagers désireux de déguster une tasse de café et de passer le temps avec d'autres personnes pendant le trajet d'une heure vers Manhattan. Un long bar s'étendait sur toute la longueur de ce wagon, avec un étroit comptoir du côté opposé où l'on pouvait prendre son café et regarder par la fenêtre. Certains wagons café/bar avaient un bar plus court afin de pouvoir accueillir quelques banquettes et de petites tables rondes avec un poteau au milieu pour s'y accrocher lorsque le train fait une embardée ou freine. Les wagons-cafés n'existent plus sur le Long Island Railroad, mais ils datent d'une époque où certaines personnes aimaient socialiser sur le chemin du travail. Pas tout le monde bien sûr ; la plupart des gens voulaient dormir ou lire le journal dans leur siège dans l'une des autres voitures. Dans les trains de retour du soir, la voiture-café devenait la voiture-bar. Mes heures de travail se terminaient à 16 heures, je pouvais donc prendre le train du matin pour rentrer chez moi et la voiture-bar avec des amis ne faisait pas partie de mon expérience du trajet du soir.

La première personne que je me souviens avoir rencontrée dans la voiture-café du matin était Jim. C'était une personne extravertie qui travaillait dans la vente et se liait d'amitié avec tout le monde. Un matin, il nous montrait une photo de sa petite amie et j'ai réalisé que j'avais été à l'école de danse avec elle pendant de nombreuses années, lorsque j'avais entre 11 et 18 ans. C'était une belle connexion et j'ai pensé au plaisir que nous aurions à parler de cette période de nos vies.

Après avoir pris le "7:07" pendant environ trois semaines, Jane et moi sommes arrivés à la gare exactement à la même heure. Alors que nous marchions de nos voitures vers le quai, j'ai vu un jeune homme qui me semblait familier. Je savais que nous nous étions déjà rencontrés, mais je ne me souvenais pas de son nom. J'ai tenté de deviner et j'ai dit: "Salut Bob". Jane m'a rapidement corrigé et a dit "Salut Frank". Bon, j'ai essayé. C'était donc mon futur mari, Frank Claude Resta, et après toutes ces années, il me rappelle encore que je l'ai appelé Bob! Il s'est joint à notre groupe croissant de voitures-café chaque matin. C'était en octobre 1969. Nous avions tous les deux 20 ans. Notre groupe de wagons-cafés est passé à 14 personnes. Finalement, quatre couples de ce groupe se sont mariés, et nous étions l'un d'eux. Nous sommes restés amis dans le train jusqu'en février 1970, date à laquelle nous avons commencé à sortir ensemble, et c'est

Jim, notre vendeur extraverti et aimant s'amuser, qui nous a réunis.

"Quand allez-vous commencer à sortir ensemble?" nous a-t-il dit un matin dans le train.

Claude et moi nous sommes regardés l'un l'autre.

"Faisons un double rendez-vous!" Jim a suggéré.

Donc on était tous d'accord, mais quand la soirée est arrivée, Jim et sa copine ont annulé à la dernière minute. Sournois Jim. Nous aurions dû le savoir. Ce n'était cependant pas un problème pour nous de nous aventurer seuls à ce rendez-vous, puisque nous étions déjà de bons amis. Nous avons passé un bon moment et nous nous sommes fiancés en février 1971 et mariés en septembre 1971. Tu te souviens que j'ai dit que je savais que je l'avais déjà rencontré?

Quand nous avions 16 ans, nous sommes allés tous les deux à un bal de l'église à Huntington avec des amis. J'étais aussi avec Jane à l'époque. Jane et moi voulions quitter la danse de l'église et aller à une fête en ville, et elle a vu un garçon qu'elle connaissait à la danse, et il avait une voiture. Elle lui a demandé de nous conduire à la fête et Claude était avec lui. C'était donc notre première rencontre officielle. Après être arrivés à la fête, nous ne nous sommes plus revus ; nous sommes tous restés avec nos propres amis.

À dix-huit et dix-neuf ans, nous fréquentions les mêmes clubs de danse et les mêmes bars autour de Huntington et nous nous voyions en passant. Mais cela n'a duré que quelques années, car Claude s'est engagé dans le corps des Marines après l'université et venait de terminer le camp d'entraînement lorsque je l'ai rencontré en 1969. Il était alors dans la réserve et n'est pas allé outre-mer. Ce n'est que lorsque nous nous sommes rencontrés dans le train que nous avons vraiment parlé et appris à nous connaître.

Comme nous nous sommes rencontrés en septembre et que

nous avons commencé à nous fréquenter au mois de février suivant, nous n'étions pas en saison de navigation et je ne savais pas qu'il était un plaisancier. Tôt un samedi matin de mai, j'ai été surprise et ravie quand il m'a appelée pour me demander si j'étais disponible pour aller sur le bateau avec lui et quelques amis communs. Le bateau appartenait à son père, mais il était toujours heureux de le partager avec nous. Cela fonctionnait très bien, car son père sortait le bateau pour pêcher très tôt le matin. Le week-end, nous commencions plus tard et prenions le bateau pour aller faire du ski nautique.

Nous avons passé de nombreux week-ends sur le bateau avec des amis: ski nautique et natation. Le bateau était un Penn Yan en bois de 19' avec un moteur hors-bord Evinrude de 75 cv, démarrage par traction. Heureusement qu'il avait la force de son entraînement dans le corps des Marines pour faire démarrer ce moteur. La coque extérieure était de type bordages à clin, ce qui signifie qu'elle était construite avec des planches de bois qui se chevauchaient. Cette conception lui donnait un aspect gracieux lorsqu'il glissait sur l'eau. C'était un beau spectacle que de voir un bateau lapstrake fraîchement peint glissant sur l'eau. À l'intérieur, on pouvait voir les nervures en bois de la coque. Il avait une proue très courte et un pare-brise. Il y avait deux sièges à l'avant et une banquette en bois à l'arrière, directement en face du moteur.

Une fois, nous sommes sortis et avons emmené ses deux jeunes sœurs, Martine et Corinne. C'étaient des petites filles de 14 et 13 ans. Claude pilotait le bateau, et je me tenais à côté de lui, près du pare-brise. Lorsque je me suis retourné vers Martine et Corinne, elles étaient assises sur la banquette à l'arrière du bateau. Le moteur était très fort et nous ne pouvions pas les entendre parler. Elles chuchotaient entre elles en "tête à tête" et me regardaient de haut en bas, décidant si j'étais fait pour leur frère.

Le bateau était gardé sur une remorque sur le côté de la maison familiale de Claude à Halesite, un petit quartier près du port. Claude l'accrochait à l'attelage de la voiture et nous descendions le pâté de maisons jusqu'à la rampe et mettions le bateau à l'eau. Je restais sur le quai, tenant le bateau avec la ligne sur le taquet jusqu'à ce que Claude gare la voiture. La première fois que je me suis rendu chez lui pour aller sur le bateau, j'ai rencontré sa mère, Simone, et son père, Francesco (appelé Frank). Ils étaient très accueillants et heureux de nous voir nous amuser et profiter du bateau. Je les ai vus souvent cet été-là et, après une journée de bateau, j'étais généralement invitée à les rejoindre pour dîner. Quelle meilleure façon pour eux de faire connaissance avec la personne que leur fils fréquentait et pour moi de découvrir sa famille. Je les ai aimés tout de suite et je pense que c'était réciproque.

"À table!"

Nous étions tous appelés à la table de la salle à manger pour trouver nos sièges et nous préparer à manger. Dans leur maison très française, la nourriture doit être servie et mangée chaude, sans excuses, alors nous étions tous assis dans l'attente que le père de Claude apporte la nourriture sur la table. Papa (comme je l'ai appelé plus tard) plaçait le grand pot à ragoût français devant lui et, lorsque chacun d'entre nous lui tendait son plat, il le remplissait exactement comme il faut. Lorsqu'un rôti était servi, papa le découpait sur la table. Puis, à ma grande joie, lors d'un des dîners, il coupait l'extrémité croustillante du rôti et disait,

"Voilà, Eileen, c'est la meilleure partie!"

C'est devenu un geste courant pour moi jusqu'à ce que d'autres personnes à la table commencent à se plaindre qu'elles voulaient "la meilleure partie aussi!".

Le cocktail préféré de papa était un Negroni. Il s'agit d'un martini italien généralement servi avec un zeste d'orange, mais papa préférait un zeste de citron. Le Negroni n'était servi que lors de fêtes ou d'occasions spéciales et papa était le seul à l'apprécier. Cependant, une fois, alors que j'étais en visite pour le dîner, papa a dit,

"Tiens Eileen, essaie cette boisson."

Il a eu un petit rire en me le tendant. C'est un cocktail amer et il ne s'attendait pas à ce que je l'aime. Eh bien, je l'ai aimé et depuis ce jour, c'est ma boisson de prédilection. Il aimait partager ce qu'il appréciait, et si vous l'appréciiez aussi, cela ne faisait qu'ajouter à sa joie. Au cours des sept dernières années, le Negroni est devenu un cocktail très populaire et on le trouve facilement dans de nombreux restaurants. Je me souviens d'un dîner avec papa et sa famille, et lorsqu'il a demandé un Negroni au serveur, il a vu le regard vide et a dit,

"C'est bon, je vais aller parler au barman."

Papa était un père de substitution pour beaucoup. Ma belle-mère Simone a fait remarquer un jour que ses quatre enfants avaient épousé une personne dont le père était décédé. Il est devenu un père pour nous tous, et il était à la hauteur de la tâche. C'était un autre homme, qui, comme mon père, aimait les enfants, même ceux adultes.

Simone, la mère de Claude, semblait ne jamais être à court d'idées de repas à servir à sa famille. Elle a grandi dans le restaurant français de sa famille à Paris et, après s'être installée aux États-Unis, a préparé quotidiennement des spécialités françaises traditionnelles pour son mari Francesco, Claude et ses sœurs Anne-Marie, Martine et Corinne. Claude s'asseyait au bout de leur belle table de campagne française, sculptée à la main, et mangeait avec un tel enthousiasme qu'il ne manquait pas un morceau de la sauce qu'il absorbait avec du pain frais. Elle gloussait de le voir apprécier le repas et le taquinait sur les chances de trouver un jour une femme qui cuisine.

Même si elle travaillait à l'extérieur de la maison comme

professeur de français et d'anglais, sa mère cuisinait tous les soirs comme si c'était le dîner du dimanche. Cela doit être le résultat d'une planification et d'une préparation minutieuses apprises lors de son séjour au restaurant. Les sœurs de Claude ont dit que lorsqu'elles étaient jeunes, avant d'avoir l'expérience de manger chez des amis, elles pensaient que tout le monde mangeait comme elles tous les soirs. Elles ont vite compris que ce n'était pas le cas.

Leur mère, ma douce belle-mère, a été la première personne que j'ai connue à étudier la nutrition et les compléments alimentaires. C'était au début des années 70, à l'époque où de nombreux magasins de vitamines ouvraient leurs portes et où Jane Fonda, Jackie Sorensen (danse aérobique), Jack LaLanne et d'autres faisaient la promotion de l'engouement pour le fitness. Les dîners n'étaient donc pas seulement délicieux, ils étaient également nutritifs, car plus elle apprenait, plus elle appliquait ce qu'elle savait à ses menus.

J'ai toujours été intéressée par la nourriture et j'ai apprécié le peu de cuisine que je faisais à la maison avant mon mariage. Mon bureau était rempli de recettes découpées dans des journaux et des magazines. Ma mère n'aimait pas cuisiner, mais les repas qu'elle mettait sur la table, comme je le constate à l'âge adulte, étaient simples et nutritifs. Nos aliments étaient rôtis, grillés ou bouillis. À vingt ans, j'ai voulu me tourner vers d'autres cuisines et les repas familiaux de Claude ont été pour moi le début de cette aventure.

"Tu ferais mieux d'épouser une Française si tu veux avoir de la bonne nourriture."

Cette remarque n'est-elle pas choquante en 2020? En 1970, on s'attendait encore à ce que la femme dans le mariage fasse la cuisine. La partie française de cette déclaration montre simplement que la cuisine française est considérée comme supérieure. Lorsque Claude a appris que j'étais Canadienne française, il a ri et avait hâte de dire à sa mère qu'il avait trouvé une fille française.

Ma belle-mère était en fait très moderne dans sa façon de concevoir les femmes et elle a élevé des filles indépendantes et fortes ; elle aimait simplement créer des repas raffinés pour les gens qu'elle aimait. Mon beau-père était également un bon cuisinier et ils se retrouvaient souvent ensemble dans la cuisine, la mère de Claude étant le chef exécutif et son père le sous-chef.

Le féminisme commençait tout juste à s'infiltrer dans ma conscience à vingt ans. Aujourd'hui, mon expérience personnelle est que ma fille n'aime pas cuisiner autant que son mari, et que mon fils m'appelle pour de vieilles recettes de famille. Nous avons parcouru un long chemin depuis ces premiers stéréotypes.

Les cousins du père de Claude possédaient un restaurant à Richmond Hill, dans le Queens. Nous le connaissions seulement comme un restaurant familial, mais en 1990, en regardant Goodfellas, imaginez notre surprise lorsque la caméra a fait un panoramique sur l'auvent rouge au-dessus du trottoir et le nom Salerno's.

Quand nous sommes sortis ensemble pendant environ huit mois, nous sommes allés dîner là-bas. Nous y sommes allés avec ses parents et ses sœurs, Martine et Corinne. Leur sœur Anne-Marie était mariée et vivait à environ trois heures de route avec son mari, elle n'était donc pas avec nous. L'expérience d'être entouré de tant de membres de la famille aimants était excitante, et aller au restaurant était comme aller dans une maison de famille. Les cousins attendaient notre arrivée à la porte, et il y a eu beaucoup d'accolades et d'exclamations de joie lorsque les cousins se sont salués.

L'intérieur du restaurant ressemblait à une scène d'un film de type "parrain". Les murs sont recouverts de papier peint rouge et noir en brocart. Les fenêtres sont recouvertes de lourds rideaux rouges et les peintures sur les murs représentent des scènes traditionnelles de plusieurs villes d'Italie où de nombreux membres de la famille sont nés et ont vécu avant de venir aux États-Unis.

La tante Angelina du père de Claude, la sœur de sa mère Anna, était âgée de 90 ans à l'époque et vivait au-dessus du restaurant avec son fils (un des cousins germains de papa). Elle adorait voir papa et sa famille, et en particulier Corinne dont la forte ressemblance avec sa sœur Anna lui procurait une grande joie. Elle prenait les mains de Corinne et la faisait asseoir en face d'elle pour pouvoir étudier son visage et la couvrir de câlins et de baisers. (Tante Angelina a vécu jusqu'à 105 ans.) Corinne est née après le décès de sa grand-mère Anna et ne l'a donc jamais rencontrée, mais elle aimait pouvoir rappeler de doux souvenirs à sa tante.

Il était rare de voir papa et maman si détendus et heureux, mais c'est ce qui arrive quand on est entouré de la famille qui partage des souvenirs et des plats de son enfance. Les cousins ont sorti leurs meilleurs vins, puis, plat après plat, tous les groupes d'aliments possibles, toutes leurs spécialités les plus fraîches. Les menus n'étaient pas nécessaires.

Cette nuit-là, sur le chemin du retour en voiture, je me suis assis sur le siège arrière avec Corinne et Martine. Elles se sont toutes deux endormies en s'appuyant sur mes épaules et je me souviens avoir ressenti un tel contentement. Je n'ai jamais oublié ce sentiment et cela m'a rappelé des souvenirs de mon père, qui disait souvent,

"Là où j'accroche mon chapeau, c'est chez moi." Cela a toujours signifié pour moi qu'il n'avait besoin que de sa famille pour savoir qu'il était chez lui. Lorsque j'ai fait l'expérience de leur amour familial ce soir-là, j'ai eu l'impression d'être chez moi.

19
CARS

Les voitures sont un de mes centres d'intérêt depuis que je suis très jeune. Lorsque mon frère a obtenu son permis à 16 ans, nous vivions à Greenlawn. Mes parents lui prêtaient la voiture et parfois il m'emmenait avec lui quand il allait en ville. À cette époque, notre voiture familiale était une Plymouth Fury 1957. La ville n'était qu'à 5-10 minutes, mais nous prenions la route de Pulaski, le trajet le plus long. Mon frère a eu 16 ans en 1960 et nous étions tous enthousiasmés par les voitures.

En regardant cette Plymouth Fury, qui était la première voiture achetée par mes parents après la Plymouth de 1949, il était clair que le design automobile était entré dans une nouvelle ère. En fait, l'âge d'or du design automobile américain s'étendait de 1948 à 1973. Notre Plymouth de 1949, bien que très appréciée, avait un aspect très pratique, était d'une seule couleur et n'était pas du tout aérodynamique. En revanche, notre Plymouth de 1957 était bicolore, verte, avec des enjoliveurs plats et brillants, et de très grands ailerons avec des feux arrière qui montaient verticalement sur les ailerons. En la regardant de côté, on avait l'impression qu'elle décollait, l'inclinaison des phares et du pare-brise ajoutant à cette vision. C'était un spectacle à voir et je me souviens que, la première fois que mon père a quitté notre maison dans cette voiture pour se rendre au travail, ma mère et moi sommes restées à la porte d'entrée de notre maison et l'avons admirée jusqu'à ce qu'il tourne dans le virage. C'était un moment important. Avec le recul, nous vivions à une époque où une plus grande partie de la masse pouvait s'offrir des voitures au style et au luxe qui n'étaient auparavant accessibles qu'aux très riches.

Mon frère Brian aimait les voitures et lorsque je me promenais en ville avec lui, il me testait sur la marque, le modèle et l'année des voitures que nous voyions sur la route. Mon frère et moi descendions Pulaski Road dans la Plymouth Fury en nous sentant très cool, surtout moi qui n'avais que 12 ans, en jouant à "Nommez cette voiture". Aujourd'hui encore, j'essaie toujours de reconnaître et de nommer des voitures, mais ce n'est plus très amusant, car la plupart sont des VUS et se ressemblent beaucoup. Chaque fois que Claude et moi voyons une voiture ancienne sur la route ou garée en ville, nous nous souvenons et essayons de deviner l'année.

Le jeu "Nommez cette voiture" m'a valu quelques ennuis, mais ils n'étaient pas mérités, comme vous allez le voir. En 1958, l'été suivant ma quatrième année, j'ai dû suivre des cours d'été à l'école St. Patrick de Huntington pour compenser leur décision de me faire sauter la troisième année lorsque je suis arrivé à Huntington. Bien qu'il s'agisse de ma seule expérience de cours d'été à l'école primaire, il m'a fallu attendre la sixième année pour rattraper mes lacunes, mais je les ai rattrapées.

Les autres élèves des cours d'été étaient partis et j'attendais sur le perron de l'école avec le prêtre. Je ne me souviens pas s'il était le professeur ou s'il était simplement chargé d'attendre avec les élèves dont les parents n'étaient pas encore arrivés. Alors que nous étions là, surplombant une rue principale animée, j'ai commencé à nommer la marque, le modèle et l'année des voitures. Le prêtre n'a pas dit grand-chose, mais je m'amusais. Peut-être que je me sentais mal à propos des cours d'été et que je voulais lui montrer qu'il y avait quelque chose dans lequel j'étais bonne. Aider les élèves à développer leur confiance en eux ou mettre en valeur leurs points forts ne faisait pas partie des priorités des éducateurs des écoles catholiques de l'époque. C'était plutôt le contraire. La plupart des élèves étaient interpellés et mis dans l'embarras presque quotidiennement.

Le lendemain, quand je suis rentré de l'école, ma mère m'a interrogé sur le fait que j'avais nommé des voitures avec le prêtre la veille. Il lui a dit que je me la pétais et que je devais apprendre l'humilité. Ça m'aide de penser que je l'ai intimidé. Il y a toujours une leçon à tirer, et j'ai appris à me taire à l'école. L'autre leçon, c'est que chez moi, tout ce que disait un prêtre ou une religieuse était considéré comme une vérité inattaquable, donc je n'avais pas à me défendre.

En 1964, après la mort de mon père et notre déménagement à Dix Hills, ma mère a acheté une Pontiac Bonneville 1964 de couleur sarcelle. C'était une énorme voiture bateau avec un moteur huit cylindres qui était très réactif. Mon surnom, donné par mon frère Brian lorsque j'ai appris à conduire à seize ans, était "pied de plomb". Vous pouviez me voir foncer dans le village de Huntington en essayant de passer tous les feux de signalisation (qui étaient synchronisés pour passer au rouge et au vert en même temps) alors que je me rendais chez mon ami à l'autre bout de la ville. À l'époque, je n'ai pas pensé à l'arme que c'était. Heureusement, c'était il y a si longtemps que nous n'avions pas le trafic que nous avons aujourd'hui, et nous n'avions probablement pas non plus autant de feux de circulation dans le village.

J'étais la première de mes amis à avoir accès à une voiture, alors j'allais chercher mes amis et les emmenais là où ils voulaient aller. J'adorais conduire vite. Je me sentais libre et indépendante. Chacun donnait les pièces qu'il avait pour payer l'essence. À l'époque, 50 cents faisaient un bon bout de chemin.

Apprendre à conduire a amélioré ma vie de façon incommensurable et j'ai ralenti. Ma mère était heureuse de partager sa voiture avec moi. Elle était très généreuse, et pas seulement avec moi mais avec tout le monde. À mon avis, elle est la personne pour laquelle l'expression "Elle vous donnerait la chemise de son dos" a été inventée.

Quand j'ai eu 17 ans, elle a dit qu'elle pensait que je devrais avoir ma propre voiture. Je ne pouvais pas imaginer comment j'arriverais à gérer financièrement cela, mais elle trouvait toujours un moyen d'accomplir ce dont elle rêvait. Nous sommes allés chercher une voiture d'occasion et nous avons trouvé deux Chevy II Novas. L'une était une berline verte à toit rigide et l'autre un cabriolet bleu. La verte était moins chère que la bleue, mais une berline n'est jamais aussi excitante qu'une décapotable, surtout pour une adolescente. Nous avons quitté le terrain de voitures d'occasion indécis et sommes rentrés chez nous. Le lendemain matin, ma mère et moi sommes sorties de nos chambres, situées l'une en face de l'autre, et avons dit simultanément,

"Je pense que tu devrais prendre celui-là."

Elle a dit la décapotable bleue et moi la verte, en cherchant à être pratique.

Elle a dit qu'elle pensait que je devais avoir la meilleure et qu'elle me donnerait l'argent pour l'acheter. Je crois que c'était 800 $, et je devais payer l'assurance et toutes les autres dépenses liées à la possession d'une voiture. J'avais deux emplois à temps partiel pendant mes études de secrétariat, ce qui me permettait de payer l'assurance et d'avoir un peu d'argent de poche. J'aimais les voitures et je conduisais maintenant une Chevy II Nova 1963, bleue, décapotable, dans toute la ville. On pouvait me voir la laver et la polir tous les samedis dans mon allée. J'adorais cette voiture.

20

DEUXIÈME GUERRE MONDIALE

La mère et le père de Claude se sont rencontrés à Paris en juillet 1944, juste après le Jour J. Son père Francesco travaillait comme mécanicien diesel dans une gare de triage pour l'armée américaine. Selon l'histoire racontée par sa mère Simone, son père est entré dans le restaurant à l'heure du déjeuner, et sa mère, Marie Dujany a dit,

"Regardez ce jeune soldat, il a l'air d'avoir faim." Et c'est ainsi que tout a commencé.

Peu de temps avant sa rencontre avec Francesco, son père est décédé et Simone, fille unique, et sa mère géraient seules le restaurant. Au fur et à mesure que leur relation s'est développée, Francesco est devenu un membre de leur famille et les a aidées quand elles en avaient besoin au restaurant.

Ils n'ont pas eu une longue fréquentation. Ils ont partagé l'amour de la famille et de la nourriture, ce qui a été le fondement de leur vie commune.

Ma belle-mère, Simone, nous a raconté l'histoire de leur mariage, ou de deux mariages en fait. En France, un couple doit d'abord se marier lors d'une cérémonie civile, puis il est autorisé à se marier à l'église. La cérémonie civile a eu lieu le 25 septembre 1945. Après la cérémonie, mon beau-père s'attendait à rentrer chez lui avec sa fiancée, mais Marie Dujany, devenue sa belle-mère, lui a fait un signe du doigt en disant.

"Non, non, pas avant la cérémonie à l'église demain."

Il est donc rentré seul chez lui ce soir-là, et ils ont eu la cérémonie à l'église le lendemain, le 26 septembre 1945. Ils ont célébré leur anniversaire au fil des ans le 26 septembre. Après nos fiançailles, Claude et moi avons, sans le savoir, choisi la date de leur cérémonie civile, le 25 septembre, pour notre mariage. C'était 26 ans après leur mariage civil à Paris.

Mariage de Simone Dujany et Francesco Resta 26 septembre 1945

Peu de temps après leur mariage, papa a dû quitter Paris avec l'armée américaine avant sa nouvelle épouse. Une fois rentré aux États-Unis, il a pu la faire venir. Elle m'a raconté comment elle était venue aux États-Unis sur un bateau de "mariée de guerre". Elle était si nerveuse à propos du voyage, mais il y avait beaucoup d'autres jeunes femmes qui faisaient le voyage avec elle et elles ont pu se soutenir mutuellement. Elle m'a dit que sa plus grande peur était de ne pas le reconnaître sans son uniforme. Elle n'avait aucun problème de langue à craindre. Elle parlait couramment l'anglais et plus tard dans sa vie, elle a enseigné l'anglais et le français dans les lycées des communes de Huntington, NY.

Elle est arrivée à Brooklyn et ses craintes de ne pas le reconnaître ne se sont pas matérialisées. Papa vivait déjà avec sa famille et c'est là qu'elle l'a rejoint. Il était issu d'une grande famille de huit enfants, et ma belle-mère était fille unique. Certains des frères et sœurs de papa vivaient encore à la maison avec ses parents lorsqu'elle est arrivée. Ils étaient très méfiants à l'égard de la jeune Française et, au début, ne la traitaient pas toujours avec respect. J'ai entendu dire qu'il y avait un préjugé contre les jeunes femmes françaises qui tombaient amoureuses d'un soldat et rentraient ensuite avec lui aux Etats-Unis.

Elle m'a raconté quelques histoires sur la vie chez ses beaux-parents après son arrivée à Brooklyn. Chaque membre de la famille avait des tâches à accomplir, et elle était chargée de nettoyer la salle de bains. Elle disait qu'elle finissait le travail, et qu'ensuite une ou deux des sœurs y allaient et la nettoyaient à nouveau.

Elle voulait aussi apprendre à faire certaines des recettes que sa belle-mère faisait pour la famille et que Francesco aimait, mais au lieu de l'inclure dans la cuisine, sa belle-mère commençait et finissait la préparation des repas pendant qu'elle n'était pas à la maison.

Le commentaire le plus blessant et le plus choquant que sa belle-mère ait fait, c'est lorsque le premier enfant de Francesco et Simone est né à Brooklyn. Ils ont eu leur fille, Anne-Marie, en 1947 et quand sa belle-mère a vu Anne-Marie, elle a dit,

"C'est une bonne chose qu'elle ressemble à Francesco."

Plus tard, la famille du père de Claude a fini par accepter, aimer et connaître Simone comme la personne gentille et généreuse qu'elle était. Elle n'était pas rancunière et faisait passer sa famille en premier. Alors que les parents de Claude sont ici aux États-Unis, la mère de Simone est à Paris et gère le restaurant sans aucun membre de la famille pour l'aider. Elle avait des employés mais toute la responsabilité de l'entreprise reposait sur elle. Il était très difficile pour la mère et la fille d'être séparées, alors en juin 1948, Simone, Francesco et leur fille de 16 mois, Anne-Marie, décidèrent de retourner à Paris pour six semaines de vacances.

21
SIX SEMAINES DE VACANCES

Quand je pense que Simone et sa mère ont été séparées pendant si longtemps, cela a dû être une période très douloureuse pour elles deux. De nombreuses lettres ont été échangées, accompagnées de photos, mais elles désiraient ardemment être à nouveau ensemble. Bien que ce soit censé être des vacances de six semaines, la famille pense qu'il y avait peut-être un plan pour les faire rester à Paris. Qui pourrait les en blâmer? Après tout, Marie Dujany n'avait qu'une sœur et un beau-frère à Paris, et les parents de Francesco étaient entourés non seulement de leurs enfants mais aussi de leur famille élargie.

Simone était si heureuse d'être réunie avec sa mère et que celle-ci puisse connaître en personne la joie d'être grand-mère.

Pendant ces six semaines, la mère de Simone a eu de nombreuses conversations avec son gendre. Elle espérait qu'il aimerait la vie à Paris, et elle était déterminée à aider cet amour à prendre racine et à grandir avant leur retour prévu à New York.

"Que faites-vous comme travail aux Etats-Unis?" lui a-t-elle demandé."J'ai un emploi de machiniste dans une entreprise de Brooklyn."

"Est-ce un travail que vous aimez?"

"Pas spécialement", a-t-il répondu.

"Il pourrait y avoir une opportunité pour vous ici à Paris", a-t-elle dit.

"Vous avez vu l'appartement qui se trouve dans la cour derrière le restaurant. Vous, Simone et le bébé pourriez y vivre sans payer de loyer."

Elle pouvait voir qu'il réfléchissait mais ne disait rien. Elle ne pouvait pas lire son visage pour savoir ce qu'il pensait. Peut-être avait-il besoin d'être davantage persuadé, alors elle continua avec d'autres raisons pour lesquelles Paris pourrait être un choix qu'il aimerait.

"Saviez-vous que nous avons une maison dans la campagne française où nous allons périodiquement en vacances, ainsi que chaque année au mois d'août quand l'entreprise ferme?"

"Je vous achèterai à Simone et à vous une voiture, un deux-chevaux, pour que vous ayez la liberté d'explorer les environs de Paris quand vous le souhaitez. Et comme il n'est pas aussi facile de se déplacer dans Paris en voiture qu'en Vespa, je ferai en sorte que vous en ayez une aussi."

Francesco n'a toujours pas répondu. Il semble qu'elle ait oublié de lui dire ce qui est peut-être le plus important dans cette offre.

"Oh! Et vous aurez un emploi au restaurant. J'aimerais particulièrement vous voir comme barman. Vous seriez le bienvenu dans l'entreprise et nos clients apprécieraient votre compagnie."

Francesco Resta derrière un bar à Paris - 1948

Claude Resta derrière le bar à Paris - 1999

À ce stade, qui refuserait cette offre généreuse et excitante? La réponse a donc été retentissante,
"Oui."
Je suis sûre que mon beau-père serait resté à Paris même sans

tous ces attraits. Il était heureux là-bas, et surtout heureux de voir Simone si heureuse à la maison avec sa mère.

Mon beau-père était une personne très sociable, tout comme Claude, et je suis sûre qu'il était très bon pour les affaires. Claude est né là en 1949, et très jeune, il travaillait à la caisse du restaurant, prenant le paiement des clients et rendant la monnaie. C'est probablement là que son amour pour tout ce qui est financier a commencé.

Papa ne parlait pas couramment le français lorsqu'il a déménagé là-bas. Il connaissait un peu l'italien pour avoir grandi dans sa famille et son quartier italiens. Je lui demandais comment il avait fait pour apprendre le français suffisamment bien pour non seulement servir comme barman mais aussi pour converser avec les clients, ce qu'il faisait bien. Il m'a dit qu'il était allé dans une école qui utilisait la méthode Berlitz pour enseigner le français, une approche naturelle qui immergeait l'étudiant dans la nouvelle langue. Pendant des semaines, il a assisté à des cours où l'on ne pouvait entendre et parler que le français. À un moment donné, il était très découragé et pensait qu'il ne comprendrait jamais. Puis un jour, il a dit qu'il était allé en classe et avait tout compris.

La vie à Paris fut pour eux sept années particulièrement heureuses jusqu'à ce que, malheureusement et à un trop jeune âge, la grand-mère de Claude, Marie Dujany, décède. Claude avait sept ans et Anne-Marie neuf. Leur mère et leur père ne voulaient pas gérer le restaurant sans elle. Ils ont donc décidé de vendre le restaurant et de retourner aux États-Unis. Le père a toujours sa grande famille là-bas et la mère est d'accord pour qu'ils partent et soient avec la famille.

Ils ne sont pas retournés à Brooklyn mais à Huntington, New York, qui se trouve à environ une heure de Brooklyn. Le frère de papa, Vinnie, et sa femme, Nancy, vivaient à Huntington à l'époque et ils se sont installés chez eux jusqu'à ce qu'ils trouvent leur maison à proximité.

Claude se souvient avoir vécu avec son oncle et sa tante et leurs enfants, ses cousins germains. Ce n'était que pour l'été et ils ont emménagé dans leur nouvelle maison à temps pour la rentrée scolaire de septembre. C'était en 1956.

22
VISITE FAMILIALE À PARIS

En 1999, Claude, moi et notre fille Elise avons fait un voyage à Paris avec papa, la sœur de Claude, Corinne et sa fille Justine, sa sœur Martine, Anthony et leur fille Emilie. Notre fils Eric n'a pas pu se joindre à nous. Ma chère belle-mère, Simone, était décédée en 1995, elle n'était donc pas avec nous. Papa n'était pas revenu à Paris depuis qu'il était reparti aux Etats-Unis avec Simone, Anne-Marie et Claude en 1956.

Simone retourna à Paris pour rendre visite à des amis et à son oncle et sa tante à quelques reprises et, en 1965 et 1971, elle y alla avec Martine et Corinne. Anne-Marie était également avec elles lors d'un de ces voyages, qui avait un but important. Anne-Marie allait bientôt se marier et sa robe de mariée devait être une magnifique création française.

Nous sommes arrivés à l'hôtel, très tôt le matin et en décalage horaire. Dès que nous avons apporté nos bagages dans nos chambres, papa a dit: "Laissez les valises et suivez-moi."

Sur ce, il est sorti en trombe de nos chambres, est descendu, a traversé le hall de l'hôtel, et est sorti dans la rue avec nous tous qui courions à moitié pour le suivre.

"Où allons-nous?", avons-nous demandé.

"Pour trouver le restaurant", a-t-il répondu.

Nous ne nous attendions pas à ce que ce soit son plan immédiat pour notre arrivée à Paris. S'arc-boutant contre le vent et la pluie et nous laissant les parapluies, il nous a entraînés dans une longue marche à travers Paris pour trouver le restaurant qui a été une partie si importante et heureuse de sa vie. Enfin, il allait pouvoir revivre et partager ses souvenirs de cette période parisienne. Nous avons été ravis de partager cette sorte de réunion avec lui.

Nous savions par maman que lors de ses visites à Paris, elle était allée à l'emplacement du restaurant et avait découvert qu'il était devenu un magasin de vélos. Nous ne savions pas ce que nous allions trouver ce jour-là. À notre grande surprise, c'était à nouveau un restaurant. Il s'appelait La Marmitte et se trouvait dans le même espace que leur restaurant d'il y a quarante ans.

Nous étions là, tous les huit, debout sous nos parapluies devant la grande fenêtre, en train de discuter avec papa. Le restaurant n'était pas encore ouvert pour la journée. Au bout de dix minutes environ, le propriétaire et un employé du restaurant se sont présentés à la porte pour demander s'ils pouvaient nous aider. Nous devions être un spectacle étrange à travers la fenêtre, un groupe d'Américains très excités, trempés par la pluie, parlant tous en même temps pendant que nous examinions chaque partie de l'extérieur du bâtiment. Papa s'est souvenu de son français, même s'il ne l'avait pas parlé depuis de nombreuses années. Il a rapidement expliqué son histoire. Nous pouvions voir qu'ils étaient touchés de penser qu'ils occupaient un espace qui lui avait appartenu et dans lequel il avait travaillé dans les années 40. Ils nous ont invités à entrer, à l'abri de la pluie, puis papa a commencé à évoquer ses souvenirs, tout en français.

Restaurant La Marmitte, Paris, France - 1999

La disposition du restaurant était exactement la même qu'avant. Le bar à droite, le poêle à bois/charbon au milieu, et la cuisine en bas. Papa racontait qu'ils manquaient de bois et de charbon pendant la guerre et qu'il avait apporté du kérosène pour chauffer le restaurant. Il disait qu'il avait failli faire exploser l'établissement et que sa belle-mère l'avait presque mis à la porte.

Il a poursuivi en leur disant qu'il vivait avec maman, Anne-Marie, Claude et sa belle-mère dans un appartement situé de l'autre côté de la cour.

Le propriétaire a dit,

"C'est mon appartement. Voulez-vous le voir?"

Elle a appelé son ami qui était à l'appartement pour lui dire que nous allions tous venir. C'était très émouvant pour nous tous. J'avais entendu tant d'histoires de papa et maman sur leur séjour en France, mais aussi de Claude qui avait sept ans quand ils ont quitté la France. Il se souvenait que la cour où il jouait était si grande. En réalité, elle n'était pas grande du tout.

N'avons-nous pas tous une surprise lorsque nous retournons dans un lieu de notre jeunesse pour constater qu'il est beaucoup plus petit que dans nos souvenirs? Je me suis tenu à l'extérieur de l'entrée de l'appartement, derrière la famille, pendant que papa et Claude racontaient leurs souvenirs. C'était un voyage magnifique et émouvant pour eux. Ils étaient les deux seuls à avoir des souvenirs de cet endroit.

"Ma mère avait l'habitude de me nourrir par cette fenêtre", dit Claude.

C'était si touchant de le voir revivre ces jours heureux d'enfance. Mes larmes coulaient pour toute la famille à l'idée que ce voyage n'ait pas eu lieu du vivant de ma belle-mère.

Eileen, Martine, Corinne, Francesco, Justine, Claude, Emilie, Elise devant le bar à La Marmitte, Paris, France 1999

23
FIANÇAILLES

Peu après que Claude et moi ayons commencé à sortir ensemble en 1970, j'ai décidé qu'il était temps pour moi d'acheter une nouvelle voiture. La Chevy II Nova était encore assez fiable, mais pas toujours. La peinture se décolorait et s'écaillait et elle avait souvent besoin de réparations. Je gagnais un bon salaire grâce à mon travail en ville et comme je vivais à la maison, mes dépenses étaient faibles. Je contribuais au ménage, mais pas autant que le loyer mensuel d'un appartement. Je voulais une voiture de sport et Claude et moi avons commencé à chercher, les fins de semaine, la bonne voiture d'occasion. Nous en avons regardé et essayé quelques-unes, mais une Chevrolet Camaro et une Pontiac Trans Am sont les deux seules dont je me souvienne. L'une d'elles est tombée en panne lors de l'essai routier. C'est là que j'ai commencé à penser à acheter une voiture neuve plutôt qu'une voiture d'occasion.

Une voiture de sport Triumph a attiré mon attention sur la route, et j'ai décidé d'aller la voir chez un concessionnaire. C'était une Triumph Spitfire dont je suis tombé amoureuse dans la salle d'exposition. Le vendeur m'a dit qu'il lui en restait une et qu'il voulait la vendre pour faire de la place pour les nouveaux modèles, et c'était la seule qui restait à Long Island dans la couleur que je voulais. C'était du bleu Valence avec un intérieur tan. Elle était magnifique.

Eileen dans son Spitfire été 1971

J'avais prévu d'obtenir un prêt de la banque, mais ma mère voulait me prêter l'argent et je la paierais à la place de la banque. C'était 2 000 $, une grosse somme. Je n'avais pas de paiement de voiture avec ma Nova, donc c'était une dépense supplémentaire, mais je savais que je pouvais me le permettre.

Encore une fois, j'étais amoureux d'une voiture. Mais il y avait un gros problème. Je n'avais jamais conduit de boîte de vitesses manuelle, seulement une automatique. Claude a dit,

"Ce n'est pas un problème, je vais t'apprendre."

Il conduisait une très grande Oldsmobile '98 de 1960 pour aller au train tous les jours. C'était ma voiture pendant qu'il me donnait des leçons sur ma voiture après le travail et les weekends, et il ramenait mon Spitfire à la maison tous les soirs. Après environ deux semaines de pratique, je lui ai dit,

"Je pense que je suis prête."

Il a dit: "Je ne suis pas sûr."

J'ai dit: "J'en suis sûr."

Sur ce, il m'a fait un grand sourire et a accepté. Il espérait juste avoir un peu plus de temps avec ma superbe voiture.

En février 1971, Claude et moi nous sommes fiancés. Nous avions tous deux 21 ans et allions avoir 22 ans en mars et en juin.

Nos fiançailles ont eu lieu un an après le début de notre relation, même si nous prenions le train ensemble depuis un an et quatre mois. Nous avons organisé une rencontre entre Claude et ma mère pour qu'il puisse lui demander la permission de m'épouser. Elle a été ravie de nous donner sa bénédiction. Elle nous a dit qu'elle voyait combien nous étions heureux et nous a souhaité une vie de bonheur.

Quand nous avons annoncé nos fiançailles à la famille de Claude, sa mère Simone a dit ,

"Nous attendons vos fiançailles, n'en faites pas un long engagement, pourquoi attendre?"

Claude voulait que je choisisse ma bague de fiançailles. Il n'avait pas de bijoutier en particulier en tête, alors ma mère était heureuse de partager l'histoire du bijoutier qu'elle avait recommandé.

En 1938, lorsque mon père Owen Coyne était un policier en patrouille dans les rues de Brooklyn, il y avait de nombreux vendeurs de rue qui vendaient leurs marchandises. Il était courant à l'époque que certains d'entre eux n'aient pas de licence pour vendre dans la rue, et lorsqu'ils le voyaient arriver, lui ou l'un de ses collègues policiers, ils remballaient rapidement et s'enfuyaient. Il y avait un bijoutier qui respectait et appréciait mon père. Il disait,

"Un jour, j'aurai mon propre magasin et je serai heureux de vous y voir pour tous vos besoins en matière de bijoux."

Il a atteint son objectif et a ouvert son magasin dans le "quartier des diamantaires" de New York. Au fil des ans, mon père et ma mère se rendaient dans son magasin et savaient qu'ils pouvaient lui faire confiance et qu'il leur donnerait un prix équitable.

Nous avons choisi un jour pour aller en ville et choisir ma bague. Ma mère a demandé si elle pouvait venir avec nous, et nous étions très heureux de l'avoir à nos côtés. Ma mère savait que le magasin appartenait toujours à la même famille et se trouvait à la même adresse. Lorsque nous sommes arrivés au magasin, nous avons rencontré le fils du propriétaire initial. Ma mère lui a dit brièvement qu'elle connaissait son père sans s'étendre sur les tout premiers jours de l'entreprise. Elle nous a présentés, Claude et moi, et lui a dit qu'elle était très heureuse d'amener sa fille au magasin pour un achat aussi important.

Nous avons planifié notre mariage pour le 25 septembre 1971, seulement 7 mois après nos fiançailles. Ce serait inhabituel aujourd'hui. Aujourd'hui, des fiançailles de deux ans sont la norme.

Peu après nos fiançailles, ma mère a annoncé,

"Paddy et moi allons déménager en Floride en octobre."

"Quoi? Pourquoi si tôt?" J'ai demandé

Je savais qu'ils cherchaient des endroits en Floride et j'y ai fait deux voyages au cours des six derniers mois, mais je ne m'attendais pas à ce que cela se produise si rapidement. Je pensais aussi qu'ils seraient peut-être des "snowbirds" et qu'ils ne vivraient en Floride que pour échapper aux hivers froids de New York, puis qu'ils rentreraient à la maison pour l'été. Mais ils ont trouvé une maison près de Ft. Lauderdale en Floride et y déménagent à plein temps en octobre.

C'était très difficile à accepter pour moi et j'étais surprise, en colère, je me sentais triste et abandonnée. J'étais complètement préoccupée par mes fiançailles, mon mariage à venir et la recherche d'un appartement, sans me rendre compte que ma mère allait partir trois semaines après mon mariage. J'avais pris pour acquis qu'elle serait là au moment où je commencerais ma vie de femme mariée.

Nous avons décidé de vivre à Flushing, dans l'État de New York, après notre mariage, car nous travaillions encore tous les deux à Manhattan. Au lieu de prendre le train de Long Island, nous avons pu prendre le métro pour nous rendre au travail, ce qui nous a permis de gagner du temps et de l'argent. De plus, comme nous n'avions besoin que d'une seule voiture, nous avons vendu la Spitfire. Dans les rues plein de nid de poule de Flushing, la voiture n'aurait pas survécu. La possession de cette voiture n'a pas duré longtemps, mais nous avons fait de nombreux voyages pendant cette période. Lorsque je l'ai vendue, j'ai pu payer ma mère en totalité et je pense que le moment n'aurait pas pu être mieux choisi car, généreuse comme toujours, elle a utilisé cet argent pour payer notre mariage.

Notre mariage était parfait pour nous. Mon beau-père, Patrick Martin, m'a conduite à l'autel, mon frère était placier et les sœurs de Claude, Martine et Corinne, étaient demoiselles d'honneur juniors. Ma mère était très fière, et mon père nous manquait à toutes les deux ce jour-là. Elle m'a dit que j'avais toujours été sa princesse et qu'il était avec nous ce jour-là. Je l'ai ressenti aussi. Elle a fait en sorte que tout soit parfait. Elle m'a donné un bracelet en diamants à porter, que mon père lui avait offert lorsqu'ils étaient ensemble pour la première fois. Je me suis sentie proche d'elle et de mon père en portant ce bracelet. Le mariage a eu lieu au Marcpière, un restaurant à Melville, NY. Nous avions quatre-vingt-dix invités. C'était un endroit charmant, décoré de façon royale avec des rideaux de velours et un vestibule avec des fleurs fraîches et une porte en arc. La nourriture n'était pas celle du lieu de mariage, car ce n'était pas exclusivement un lieu de mariage, mais un restaurant local populaire. La nourriture servie à notre mariage était celle que nous aurions commandée sur le menu en tant que client d'un restaurant.

J'étais la seule mariée présente. Le restaurant était fermé au public spécifiquement pour notre mariage.

Claude, Eileen, Mary, Paddy et Brian

Mon épouse Clare et mon frère Brian.

Nous avons passé notre lune de miel à St. Thomas et à Porto Rico. Nous sommes retournés à St. Thomas, mais juste pour passer en route vers St. John ou pour faire une escale sur un bateau de croisière. Nous avons cherché à retrouver l'hôtel où nous avions séjourné pendant notre lune de miel, mais il n'existait plus. Même les bâtiments avaient disparu. Il s'appelait le Lime Tree Hotel et il était tout neuf lorsque nous y sommes allés en 1971. Toutes les serviettes étaient de couleur citron vert et l'hôtel était directement sur la plage. Nous nous souvenons toujours des chaises longues sur la plage avec les petits drapeaux que nous mettions en place lorsque nous voulions une boisson. C'est plus courant aujourd'hui, mais à l'époque, je ne suis pas sûr que c'était le cas ou peut-être simplement parce que nous étions des voyageurs inexpérimentés. Le restaurant Lime Tree se dressait sur des pilotis au-dessus de l'eau. Chaque soir, nous dînions de fruits de mer frais et regardions le spectaculaire coucher de soleil des Caraïbes.

Nous avons aussi aimé Porto Rico, mais ce n'était pas aussi mémorable car c'était beaucoup plus commercial. Nous avons tout de même apprécié les casinos et la danse jusque tard dans la nuit. Nous avons eu le calme de Saint-Thomas pendant quatre jours, puis l'excitation de Porto Rico pendant quatre autres jours.

Après notre lune de miel à Saint-Thomas et à Porto Rico, nous sommes rentrés dans notre petit appartement de Flushing, à New York. Claude a trouvé l'appartement environ deux mois avant notre mariage. C'était un tout petit espace dans une maison privée sur un pâté de maisons identiques. Lorsque vous passiez la porte d'entrée, vous pouviez soit monter les escaliers jusqu'au deuxième niveau, soit passer directement par notre porte et entrer dans l'appartement. Il était très abordable, dans un bon quartier proche des transports en commun, et en excellent état avec de beaux parquets partout.

Au départ, cela semblait être un bon plan, mais nous n'avons vécu dans l'appartement que pendant environ un an avant de retourner à Huntington. Nous nous sommes retrouvés à conduire jusqu'à Huntington tous les week-ends et à passer la nuit chez le père et la mère de Claude pour pouvoir voir nos amis.

Comme ma mère avait déménagé en Floride, elle n'était pas

là pour que nous puissions rester avec elle. J'étais très triste et déçue de ne pas avoir ma mère près de moi cette première année, mais j'ai accueilli la famille de Claude comme la mienne. Au cours de cette première année de mariage, Claude et moi avons pris l'avion pour rendre visite à ma mère et à Paddy pour Noël et ils sont venus pour mon anniversaire en juin, mais je manquais des visites impromptues et des événements qui nous auraient rapprochés ma mère et moi. Au cours de ces premières années, la famille de Claude m'a apporté une stabilité émotionnelle, mais certains jours, je me rendais compte que je n'avais aucune famille locale à voir ou à visiter. Je me souviens encore de ce sentiment de solitude.

C'est en septembre, un an après notre mariage, que nous avons trouvé une maison à louer à Centerport, un hameau du canton de Huntington. Cela tombait bien, car papa nous avait vendu son bateau et nous avions maintenant un jardin pour le garder. Nous avons vécu là tout l'hiver et nous étions très contents. Lorsque le printemps est arrivé, nous étions heureux de pouvoir sortir dans notre cour et nous avons commencé à préparer le bateau pour l'eau.

Nous avons décidé qu'il allait poncer et peindre l'extérieur de la coque et que j'allais décaper le bois à l'intérieur de la coque du bateau. Armé d'un spray chimique pour enlever l'ancienne teinture et d'un couteau à mastic, je me suis mis au travail. C'était fastidieux mais je pouvais voir les progrès et je savais que le bois aurait une belle finition une fois le travail terminé. C'était un travail d'amour pour nous deux, et nous étions fiers de la restauration que nous avions accomplie. Un jour, nous étions arrêtés à un feu dans notre Ford Mustang 1967 tirant la Penn Yan sur la remorque derrière nous, quand l'homme dans la voiture à côté de nous, a crié,

"Beau bateau!" On s'est sentis comme de fiers parents.

19' Penn Yan

La maison que nous avons louée était située à proximité d'une petite rampe de mise à l'eau réservée aux résidents de la communauté. C'était la communauté "President's Street", chaque rue portant le nom d'un président. Nous vivions dans la rue Buchanan.

En semaine, nous rentrions du travail vers 18 heures, nous attelions la remorque à la voiture et nous nous rendions à la rampe de mise à l'eau. À 18 h 30, nous étions sur l'eau avec nos sandwichs et nos bières à regarder un magnifique coucher de soleil. Nous aimions l'extrême contraste de venir des métros chauds de la ville pour dériver dans la baie de Centerport jusqu'à la nuit.

24
NOTRE PREMIÈRE MAISON

Lorsque ma mère a épousé Paddy, ils avaient tous deux de l'argent à investir, et elle n'a pas perdu de temps avant de partager sa dernière idée avec Paddy.

"Achetons une maison comme investissement et louons-la."

C'était encore ma mère avec son plan d'affaires.

Ils ont trouvé deux maisons dans le quartier de South Huntington et elles étaient en bon état. Ils n'auraient pas à y faire grand-chose pour les rendre prêtes à accueillir un locataire. L'une de ces maisons est un ranch en forme de L avec deux chambres et une salle de bain, et un appartement d'une chambre rattaché à la maison. La maison principale, qui était la maison d'origine, était une structure simple de forme rectangulaire avec un patio en briques à l'avant et à l'arrière. À un moment donné, l'un des propriétaires a construit un appartement à l'une des extrémités de la maison, qui formait le L.

Lorsque le locataire de la plus grande partie de la maison a annoncé son départ, ma mère nous a proposé de la louer avec une option d'achat. C'était une merveilleuse opportunité pour nous et nous avons emménagé en 1973.

La maison se trouvait sur un terrain vallonné de 1,1 acre rempli de vieux et grands arbres majestueux. La baie vitrée du salon donnait sur la plus grande étendue de ce terrain car la maison était en retrait vers une extrémité de la propriété. C'était une vue imprenable et je me souviens que nous regardions dehors et appréciions les quatre saisons. C'était comme être dans notre propre parc ; une fête pour nos sens. Chaque année des sept années passées dans cette maison, nous avons apprécié de faire de la luge dans notre cour avant parfaitement inclinée, de voir les bourgeons se former au printemps tout en entendant le chant des oiseaux, de sentir les fleurs et de goûter les fraises fraîches chaque été tout en trouvant du réconfort à l'ombre des grands arbres, et après avoir apprécié les magnifiques couleurs des feuilles d'automne qui pleuvaient sur la pelouse, de ratisser et de mettre en sac plus de cent sacs de feuilles.

Le secteur était zoné un acre minimum donc c'était très privé en termes de voisins. La maison d'en face s'étendait sur deux acres, et la maison voisine sur quatre acres et n'était qu'une maison d'été à l'époque. Ces voisins vivaient à Brooklyn à plein temps et venir dans cette propriété était pour eux une sortie à la "campagne".

Après avoir vécu quelques mois dans cette maison, nous avons décidé de l'acheter à ma mère et à Paddy. Ils étaient très contents. Le locataire de l'appartement attenant voulait continuer à nous louer et nous avons réalisé que ce serait bien pour nous d'avoir un revenu locatif pour aider à payer l'hypothèque et les dépenses.

Ma mère et Paddy avaient accumulé une certaine valeur dans la maison, mais au lieu de la garder, ils nous l'ont donnée comme acompte. Cela nous a vraiment mis sur la voie du succès. Grâce à cette générosité, nous avons pu facilement nous offrir la maison et y fonder notre famille.

Nous avions toujours le Penn Yan lorsque nous avons déménagé dans notre maison de South Huntington sur Beverly Road ; cependant, un grand changement dans notre expérience de la navigation de plaisance s'est produit pendant que nous vivions là, un changement merveilleux.

Le père de Claude était membre d'un club nautique à Huntington Harbor appelé The Harbor Boating Club. Il en est devenu membre en 1972, et c'était une grande partie de sa vie récréative et sociale. Ce club, créé en 1949, était strictement un club de pêche, et non un club de loisirs. Papa adorait pêcher et avait de nombreux amis dans le club. Depuis 1949, le club est devenu plus social, et les familles des pêcheurs se sont jointes aux activités de navigation et de pêche. Il y avait également plusieurs réunions sociales tout au long de l'année dans le pavillon du club.

Ce club nautique était différent des autres à Huntington Harbor parce que les membres, au nombre de 100, formaient des comités pour effectuer tous les travaux nécessaires et l'entretien du pavillon, de la cloison, des quais et de la propriété. Le travail est bien réparti, chacun faisant sa part, mesurée en heures de service. Comme ce sont les membres qui font le travail, les cotisations et les droits de passage sont peu élevés. Les droits d'entrée représentent un cinquième du coût des clubs nautiques voisins qui font appel à des entrepreneurs extérieurs pour effectuer tous leurs travaux. Notre clubhouse est une belle maison ancienne située sur une colline qui surplombe l'embouchure du port. C'est un endroit exceptionnellement beau.

Le père de Claude nous a contactés et nous a recommandé de rejoindre le club. Il y avait une ouverture pour un nouveau membre, ce qui était une chance pour nous car ce club était très demandé et avait habituellement une liste d'attente de ceux qui souhaitaient s'y joindre. C'était une grande opportunité pour nous et nous avons rapidement dit oui.

Il y avait des frais d'initiation sous la forme d'une caution qui nous serait rendue avec des intérêts si nous quittions le club dans le futur. En 2020, nous sommes toujours membres et numéro un en ancienneté. En plus de ces frais, nous devions payer des cotisations annuelles pour l'année et un coût par pied associé à un emplacement pour notre Penn Yan 19'.

Heureusement, nous travaillions encore tous les deux à temps plein et nous disposions d'un revenu de loyer pour nous aider à payer notre hypothèque, ce qui nous a permis de devenir membre. C'était en 1974.

Cet été-là, chaque fois que nous marchions sur le quai depuis notre jetée jusqu'à la cloison et au parking, nous avions les yeux rivés sur un autre bateau, un Seabird de 24 pieds que nous aimions beaucoup. À la fin de l'été, à notre grande joie, il y avait une pancarte "à vendre". Claude a appelé le numéro et le propriétaire a proposé de nous emmener faire un tour. C'était le bateau parfait pour nous. Nous l'avons acheté en 1975 et avons profité de nombreuses années de navigation en famille.

Seabird de 24 pieds

Eric, Elise, Kellianne, Brian

Après la naissance de notre fils Eric en 1976, je n'ai pas repris le travail. Deux ans plus tard, notre fille Elise est née. La perte de mon revenu après la naissance des enfants n'était pas un problème puisque nous avions le revenu du loyer pour aider à payer nos factures. J'aurais aimé travailler, même à temps partiel, mais je ne pouvais pas gagner assez pour couvrir les frais de baby-sitting. Il était beaucoup plus économique pour moi d'être à la maison, et je suis heureuse d'avoir été à la maison avec les enfants.

Alors qu'Eric et Elise grandissaient, nous avons réalisé que notre maison devenait trop petite. Elle n'avait que deux chambres et une salle de bain. Nous aimions beaucoup cette maison, mais elle était trop petite et peu propice à la rencontre d'autres familles. Ce n'était pas une maison de quartier. Je pouvais rester à la maison toute la journée et ne voir personne. L'intimité dont nous jouissions en tant que couple sans enfant ne nous a pas servi après la naissance d'Eric et d'Elise. La maison se trouvait à l'angle de deux routes très fréquentées et il n'était pas question de se promener avec les poussettes. Pour chaque sortie, je devais mettre les enfants dans la voiture et me rendre dans un parc. Claude et moi avons donc décidé qu'il nous fallait non seulement une maison plus grande, mais aussi un quartier plus favorable aux familles.

25

NOTRE DEUXIÈME MAISON

Notre rêve à l'époque, en 1979, était de vivre plus près de l'eau à Huntington. Notre première maison se trouvait à South Huntington, à environ 15 minutes de route du port de Huntington. Lorsque je voulais emmener les enfants en excursion, c'était au parc Heck- sher à Huntington pour faire le tour de l'étang, voir les canards et jouer sur le terrain de jeux. D'autres fois, je les emmenais au "Village", comme nous appelions la ville de Huntington. Ils adoraient le magasin d'aliments naturels où ils choisissaient leur collation saine préférée. De plus, la famille de Claude vivait dans le quartier de Halesite, à un pâté de maisons de l'eau, de la rampe de mise à l'eau et de la marina de la ville.

Nous avons fait le tour de Huntington avec les agents immobiliers tous les week-ends pendant six mois. Ils connaissaient notre emplacement préféré, mais il nous est apparu clairement que les maisons devenaient plus chères à mesure que nous nous rapprochions du village de Huntington et du port. La même maison à 15 minutes au sud de Huntington village coûterait beaucoup moins cher. Nous en avons vu quelques-unes que nous aurions pu acheter, mais il y avait trop de choses qui n'allaient pas dans chacun d'eux. Certaines avaient des plafonds qui avaient subi une fuite et n'avaient pas été réparés, des comptoirs de cuisine avec des trous, pas de cour, ou sur une rue principale très fréquentée. Nous avons finalement dû accepter la réalité que nous devions chercher plus près de notre quartier actuel, qui se trouve à 15 minutes de route de Huntington Village.

Heureux de cette prise de conscience, l'agent immobilier nous a emmenés à Evans Court, un cul-de-sac qui ne compte que dix maisons. Elles étaient toutes du même modèle, mais comme elles ont été construites en 1956, les propriétaires les ont fait aménager et personnaliser, ce n'est donc pas la première chose que nous avons remarquée.

Lorsque nous avons quitté la route d'intersection pour nous engager dans le cul-de-sac, il y avait une canopée de magnifiques érables majestueux le long de la rue jusqu'au bout. En tournant dans la rue, nous avons immédiatement senti la pente descendante de la route. C'était une chaude journée d'été, et nous avions l'impression d'entrer dans une forêt fraîche et ombragée avec ces érables qui nous accueillaient.

La propriétaire nous a fait entrer et nous avons senti qu'elle était fière de sa maison. Elle a quitté la maison et l'agent immobilier a commencé la visite avec nous. Il était évident que la propriétaire prenait soin de cette maison. Certaines pièces avaient été mises à jour et rénovées. Tout n'était pas à notre goût, mais nous la considérions comme "prête à être emménagée". C'était certainement la meilleure maison que nous avions vue jusqu'à présent. La propriété était magnifique, et parce que nous venions d'une maison avec une propriété comme un parc, nous avons été très impressionnés et excités de voir le grand demi-acre avec de beaux arbres et arbustes. Un autre gros avantage était qu'Eric et Elise pourraient faire du vélo dans ce cul de sac tranquille et sûr. Eric avait trois ans et Elise un an, et la maison se trouvait dans un bon district scolaire, l'école primaire étant située dans le quartier voisin ; ils n'auraient pas à prendre le bus. L'hésitation que nous avons eue au départ à propos de cette maison était qu'elle était en deux parties. J'ai vécu dans une maison à deux étages pendant sept ans et nous étions tous deux d'accord pour préférer une maison de style ranch à un étage. Nous sommes rentrés chez nous, et ce soir-là, nous avons réalisé qu'après toutes nos recherches, même si c'était une maison à étage, celle-ci nous convenait parfaitement.

L'une des raisons pour lesquelles nous voulions déménager de notre première maison était d'être dans un quartier et d'avoir d'autres familles à proximité avec des enfants avec lesquels Eric et Elise pourraient jouer. Deux mois après notre emménagement, de nouveaux voisins ont emménagé de l'autre côté de la rue. Ils avaient un garçon et une fille de l'âge de nos enfants, et nous sommes tous devenus de bons amis. C'était exactement ce que nous recherchions dans ce déménagement.

En devenant amis, nous avons appris que leur enfant aîné, John, avait été adopté. Puis nous avons découvert que John et moi avions le même anniversaire, alors je lui ai dit,

"Non seulement on a le même anniversaire, mais on est tous les deux adoptés. C'est pas cool?" Il était d'accord et c'est la dernière fois que nous en avons parlé.

Sa mère m'a raconté comment ils en sont arrivés à l'adopter. Son médecin lui avait dit qu'elle ne pouvait pas avoir d'enfants, alors elle et son mari ont immédiatement entamé les démarches pour adopter un bébé. Après avoir adopté John, elle est tombée enceinte et a eu quatre autres enfants. Inutile de dire qu'elle a trouvé un nouveau médecin.

John est l'aîné de ses frères et sœurs et ils vivent tous à proximité les uns des autres et de leurs parents. Nous avons eu la chance d'assister au mariage de John, qui a maintenant deux fils. La seule chose qu'il m'ait jamais dite au sujet de l'adoption, c'est lorsque lui et sa femme devaient accoucher de leur premier enfant. Il imaginait ce que ce serait d'avoir quelqu'un qui lui ressemblerait. Je connais ce sentiment et je pense que la plupart des adoptés regrettent de ne pas pouvoir regarder un membre de leur famille et de voir un peu d'eux-mêmes en retour. Quand ma fille était petite, beaucoup me disaient qu'elle me ressemblait. Au début, je ne savais pas quoi dire ; c'était une nouvelle expérience.

En 1980, quand nous avons emménagé, nous avons découvert que nous faisions partie de l'association civique de Haldale. Elle était composée des dix maisons de notre quartier. Nous allions aux réunions et aux fêtes, à tour de rôle dans chacune de nos maisons, et c'était merveilleux de faire partie de cette communauté. Lors d'une de nos premières réunions, Claude a été nommé président et moi secrétaire. La blague était que Claude était allé aux toilettes et qu'il en était revenu,

"Félicitations pour être le nouveau président."

Il y avait aussi un trésorier qui collectait les cotisations pour compenser une partie du coût des fêtes. Il n'y avait pas de responsabilités particulières, et au fil des ans, la tenue des dossiers et les cotisations ont disparu. Les fêtes, elles, n'ont pas disparu. Même aujourd'hui, alors que de nombreuses maisons ont été vendues et achetées par de nouveaux propriétaires, l'association continue. Chaque nouveau propriétaire a adopté nos fêtes deux fois par an. L'une lors des dîners de Noël/Fêtes, et une fête de quartier le jour du Mémorial dans le cul de sac. Nous disposons également d'une messagerie électronique de groupe et l'utilisons pour communiquer les nouvelles que nous devons partager avec nos voisins.

L'association de quartier avait cependant un objectif initial très important. Lorsque les premiers propriétaires ont emménagé dans ces maisons, ils ont découvert que le constructeur avait pris de sérieux raccourcis. Les fosses d'aisance, qui auraient dû être creusées à au moins 30 pieds de profondeur pour atteindre le sable, ne faisaient que 12 pieds de profondeur. Chacun des propriétaires initiaux a eu un problème d'égout peu après avoir emménagé avec sa famille. De plus, les fenêtres à l'arrière des maisons n'étaient pas droites ou alignées correctement. Les propriétaires se sont donc regroupés et ont formé une association pour poursuivre le constructeur en justice. Ils ont gagné et le constructeur est revenu pour mettre les maisons en conformité. Même après la résolution des problèmes initiaux, tous les habitants du quartier ont accepté de continuer à organiser des réunions et des fêtes. Avec nos voisins, nous avons travaillé avec succès avec les responsables de la ville de Huntington chaque fois que nous avions besoin de résoudre un problème dans notre quartier.

Il y a encore deux propriétaires d'origine qui vivent dans le quartier. L'un d'eux vit dans un appartement dans la maison avec leur fille qui leur a acheté la maison, et une autre maison a également été achetée par la fille qui a grandi ici. Nos autres voisins, Doris et Carl, vivent en diagonale de l'autre côté de la rue. Ils connaissent bien nos enfants, et c'est par leur cour que mes enfants passaient pour se rendre à leur école primaire. Sans cet accès, leur chemin vers l'école aurait été plus long. J'aurais dû les conduire tous les jours ou alors ils auraient dû marcher sur une route très fréquentée et sans trottoir.

Une fois, je faisais des courses pendant qu'Eric et Elise étaient à l'école. Elise était en première année et elle était censée aller à une activité extrascolaire ce jour-là. Cela signifiait que j'avais une heure supplémentaire pour faire mes courses avant de devoir rentrer pour la récupérer à l'école. Elle a oublié d'aller à l'activité extrascolaire et a commencé à rentrer à pied. Malheureusement, personne à l'école ne lui a rappelé de rester après l'école ou n'a même remarqué qu'elle était rentrée chez elle. Heureusement, ma voisine Doris était à la maison quand Elise a traversé sa cour. Elise était très indépendante dès son plus jeune âge, et bien que je sois toujours à l'école pour la récupérer, au lieu de retourner à l'école pour m'attendre ce jour-là, elle a décidé de rentrer à pied comme nous le faisions tous les jours. Doris a vu que je n'étais pas encore rentrée, alors quand j'ai descendu ma rue pour rentrer, Elise était assise avec elle sur son perron, dégustant des biscuits et du lait et discutant gentiment. Heureusement pour nous, Doris était là. Personne ne veut quitter ce quartier ; c'est vraiment un quartier où l'on peut compter sur ses voisins.

Nous vivons toujours dans cette maison, dans cette rue, et nous aimons nous remémorer nos souvenirs des 40 dernières années, entre nous et avec nos enfants. Les matchs de hockey de rue d'Eric, les courses de vélo d'Elise, et maintenant nos petits-enfants se rappellent leurs souvenirs. Périodiquement, au cours de nos années ici, nous avons pensé à déménager, pensant encore une fois être plus près de l'eau, mais nous trouvons que nous sommes très heureux ici. Et comme mon amie Marilyn l'a dit un jour,

"Ne joue pas avec le bonheur."

Ma mère nous rendait visite depuis la Floride deux fois par an, à l'occasion de mon anniversaire en juin et de ma fête en septembre. Paddy l'accompagnait souvent lors de ces visites. En 1987, à l'âge de 83 ans, Paddy est décédé après une année de maladie. Ma mère a pris toutes les dispositions pour sa veillée funèbre et son enterrement à New York. Ma famille et les enfants et petits-enfants de Paddy étaient avec nous pour tous les services.

Claude et moi sommes allés en Floride avec Eric et Elise pendant la semaine de Thanksgiving jusqu'à ce que je ne puisse plus les retirer de l'école pendant les trois jours précédant Thanksgiving. J'ai également commencé à travailler comme assistante pédagogique et j'avais les mêmes horaires. Après cela, nous avons dû modifier notre programme de voyage et nous sommes allés en Floride pendant les vacances de printemps ou d'été. Nos visites en Floride avec les enfants sont devenues de moins en moins fréquentes à mesure qu'ils grandissaient et que leurs activités extrascolaires du week-end augmentaient. Nous nous parlions toutes les semaines, mais je savais qu'elle ratait de nombreuses étapes de la vie de ses petits-enfants. Malgré tout, nous avons maintenu une bonne relation avec des lettres, des photos et de nombreux appels téléphoniques. Lorsque "Nana" leur rendait visite, ils la connaissaient et l'aimaient. Elle était amusante et participait à tout ce que nous faisions.

Il y avait de l'excitation dans la maison quand nous anticipions une visite de Nana. Quand nous avions un ordinateur et une imprimante qui pouvait imprimer des bannières, les enfants imprimaient un énorme panneau de bienvenue pour l'accrocher sur le devant de la maison pour la saluer.

L'aéroport n'était pas très loin de l'endroit où Claude travaillait et ma mère faisait en sorte que ses vols arrivent et partent à la fin et au début de sa journée de travail. Vers 17 h 30, nous attendions son arrivée à la porte, le dîner mijotant sur la cuisinière, sa chambre prête et nous attendions tous sa dernière histoire. Elle en avait toujours une bonne. Nous la regardions sortir de la voiture et nous nous émerveillions de son dernier style de chapeau. Elle adorait les chapeaux et ne voyageait jamais sans.

C'était une coutume de sa jeunesse, lorsqu'elle était une jeune femme active vivant avec sa mère et sa sœur. Elle rentrait du travail lorsqu'elle a été abordée par un agent qui lui a présenté sa carte et lui a dit de contacter l'agence. Ils seraient intéressés à l'engager comme mannequin pour chapeaux. Elle est flattée et excitée, mais sa mère n'approuve pas une telle occupation pour sa fille.

Nous avons eu douze ans de visites de Nana, qui aimait voir Eric et Elise grandir et rencontrer leurs amis merveilleux qui venaient manger avec nous et jouer dans notre cour et dans notre rue tranquille. Ma mère aimait vraiment les gens et comme elle a appris à connaître les amis d'Eric et Elise, elle se souvenait de chaque conversation qu'elle avait avec eux et reprenait là où elle s'était arrêtée à chaque visite. Elle faisait des prédictions (seulement à moi) sur leurs futures professions: celui-ci sera médecin, celui-là ingénieur, celui-là menuisier, celui-là vendeur ; elle avait de grands espoirs pour eux tous car elle reconnaissait et appréciait leur intelligence et leurs talents.

Au cours de ces douze années, elle m'a vue passer de mère au foyer à travailleuse à temps partiel, puis à étudiante et enfin à enseignante. Lorsque j'ai décidé de poursuivre des études supérieures, elle n'a pas compris jusqu'à ce que je lui explique que je prévoyais de retourner travailler à temps plein et que je voulais que ce travail soit gratifiant. Au fur et à mesure que je progressais dans mes études et mon travail, elle a vu à quel point j'étais heureuse et m'a dit qu'elle était fière de moi. Cela signifie toujours beaucoup d'entendre cela de la part d'un parent.

26
L'ÉCOLE À 37 ANS

Lorsque j'ai obtenu mon diplôme d'études secondaires en 1966, tout ce que je voulais, c'était apprendre un métier, trouver un emploi et être "indépendante". En 1967, après un an d'école de secrétariat, j'ai pu commencer ma carrière professionnelle.

En 1980, lorsque nous avons déménagé de la maison de Beverly Road à Evans Court, j'étais une mère au foyer à plein temps.

J'ai toujours aimé travailler, alors quand Elise avait deux ans et demi et qu'Eric était en maternelle, j'ai pris un emploi à temps partiel dans une garderie de salon de quilles, où je m'occupais des bébés et des enfants d'âge préscolaire pendant que leurs mères jouaient au quilles. J'ai pu emmener Elise avec moi et c'était bien pour nous deux.

J'ai ensuite travaillé à temps partiel comme télévendeuse pour l'école de commerce Katherine Gibbs. On pourrait penser que le télémarketing est l'un des pires emplois, car la plupart des télévendeurs doivent faire des "appels non sollicités". Cet emploi de télévendeur était différent. Les étudiants potentiels de cette école remplissaient des cartes lors des salons de l'emploi, demandant plus d'informations sur les programmes de l'école. Mon travail consistait à les appeler pour faire le suivi et organiser leur venue pour un entretien. L'école a payé une ligne téléphonique à mon domicile et je travaillais "à distance" en 1981.

Une fois par semaine, je me rendais au bureau de l'école Katherine Gibbs pour rencontrer un superviseur jeune et sympathique afin d'examiner en personne mon travail de la semaine. J'ai pu amener Elise avec moi. Elle avait 2 ans et demi à l'époque, et les personnes du bureau l'ont adorée. À part le fait de me rendre une fois par semaine à l'école, je travaillais exclusivement à la maison du lundi au jeudi de 16 h 30 à 19 h. Claude rentrait du travail et la préparation du souper était terminée. Il était trop tôt pour manger, alors vers 18 heures, il le réchauffait, et je laissais le téléphone pendant dix minutes pour manger avec eux. Puis je retournais au bureau pour travailler. Claude préparait les enfants pour le coucher et je pouvais descendre les embrasser pour leur dire bonne nuit. C'était un travail formidable.

Il y a eu un autre emploi à temps partiel avant que je décide de retourner à l'école. Il s'agissait d'un emploi dans la vente, toujours au téléphone, mais dans le bureau d'une entreprise voisine. C'était un autre emploi qui me permettait de travailler tout en restant à la maison pour mes enfants avant et après l'école. C'était mon dernier emploi à temps partiel et j'ai réalisé que je ne voulais pas retourner à un travail de bureau à plein temps. Les enfants étaient en quatrième et deuxième année, et il était temps de penser à mon avenir. Il était temps pour moi de trouver une carrière que je pourrais aimer. Qu'est-ce que cela pourrait être? J'ai choisi d'enseigner, mais le nombre d'années d'études que cela nécessitait était décourageant.

Avec seulement une année d'études de premier cycle, l'objectif d'obtenir un diplôme de quatre ans, puis un diplôme d'études supérieures, semblait impossible à atteindre. Pourtant, j'ai toujours aimé l'école, alors j'ai fait le saut et j'ai commencé un voyage de dix ans. Si j'avais su à quel point ce serait ardu, je n'aurais peut-être pas eu le courage de commencer. J'avais 37 ans.

"Combien de temps te faudra-t-il pour obtenir ton diplôme?"

"Comment feras-tu ton travail tout en t'occupant de ta famille?"

"Quel âge auras-tu quand tu auras fini?"

"Pourras-tu au moins trouver un poste d'enseignante?"

Ce sont toutes des questions qui poussent à la réflexion, non seulement celles que l'on m'a posées, mais aussi celles que je me suis posées. Des questions qui auraient pu me faire reconsidérer mon objectif.

À l'époque, j'ai entendu à la radio une femme qui voulait retourner à l'école pour devenir avocate. Elle doutait d'elle-même et s'est exclamée à son amie,

"Il me faudra cinq ans pour devenir avocate et j'aurai alors 50 ans." Et son ami sage a dit,

"Et quel âge auras-tu dans cinq ans si tu ne fais pas d'études pour devenir avocat?"

Ça m'a paru logique.

Immédiatement, les choses ont commencé à se mettre en place.

Un dimanche après-midi, nous avons invité l'amie d'Elise, ses parents et ses frères et sœurs à se joindre à nous pour un barbecue dans le restaurant de mon beau-frère. Bien que nous connaissions Jim et Mary grâce à des événements organisés à l'école de nos filles, ce serait la première fois que nous aurions une conversation et que nous apprendrions à nous connaître.

Pendant le barbecue, Jim m'a demandé,

"Qu'est-ce que tu étudies à l'école?"

"Enseignement élémentaire et alphabétisation", ai-je répondu.

Sous l'impulsion de Jim, nous avons discuté de l'école que je fréquentais, de la manière dont j'allais gérer les heures requises et de mes objectifs. Il était également curieux de savoir ce qui m'avait poussé à choisir cette filière. J'ai appris par la suite que Jim était directeur des services du personnel scolaire dans un district scolaire voisin. Cet après-midi-là, au barbecue, la conversation semblait très informelle, mais je me suis vite rendu compte qu'il s'agissait d'un entretien.

Le lendemain matin, après avoir accompagné Eric et Elise à l'école, j'ai parlé un moment au téléphone avec un ami chez moi. C'était non seulement avant les téléphones portables et les textos, mais aussi avant toute forme d'appel en attente ou de technologie permettant de laisser un message sur un téléphone fixe. Si quelqu'un essayait de vous appeler et que la ligne était occupée, il devait rappeler. Vous ne pouviez même pas savoir que quelqu'un essayait de vous joindre. Peu après avoir raccroché, on a frappé à ma porte et Jim était là.

Il avait essayé de me joindre au téléphone pour me dire qu'il y avait un poste vacant d'aide-enseignant dans une école primaire de son district et que je pouvais passer un entretien dans une heure. Grâce à la persévérance de Jim ce jour-là, j'ai pu me rendre à l'entretien à l'heure et j'ai été embauché comme aide-enseignant dans une école primaire en 1988.

L'école seule m'avait semblé être une tâche ardue, et maintenant j'avais un travail en plus. Mais le soutien et les encouragements de la famille m'ont permis de continuer. D'une manière ou d'une autre, les horaires de la famille se sont alignés et se sont adaptés à mes heures de travail et d'école. L'organisation de notre famille était la clé, pas le temps de réfléchir à ce qui devait être fait dans tous les domaines de notre vie, il suffisait de se lancer et de le faire. Cuisiner, nettoyer, se rendre aux activités parascolaires, c'était un véritable tourbillon. Travailler à l'école a été une grande motivation car cela a cimenté mon désir de travailler avec des enfants dans un environnement scolaire. J'étais perpétuellement fatiguée mais heureuse.

La mère et le père de Claude étaient souvent mes meneuses de claques et nous aidaient de bien des façons. Lorsque je ne pouvais pas être à la maison, Claude et les enfants y allaient pour dîner. Non seulement ils me soutenaient d'un point de vue pratique, mais leurs encouragements et leur joie pour ce que j'essayais d'accomplir n'ont jamais faibli et m'ont souvent permis de continuer.

En 1991, lorsque j'ai obtenu mon diplôme de premier cycle, j'ai immédiatement entamé le programme d'études supérieures en alphabétisation qui me permettrait d'enseigner de la maternelle à la 12e année et en première année de collège en tant que spécialiste de la lecture.

Au cours de ma première année d'études supérieures, je travaillais encore en tant qu'assistante pédagogique. En tant qu'assistante, j'ai travaillé dans une école pendant deux ans, puis j'ai été réaffectée dans deux autres écoles au cours des deux années suivantes. Après avoir obtenu mon diplôme d'enseignement, mais avant d'avoir terminé ma maîtrise, j'ai postulé pour des postes d'enseignant dans le même district scolaire. Le premier directeur pour lequel j'ai travaillé en tant qu'aide-enseignant a vu mon nom sur la liste des candidats et a contacté le bureau du personnel pour lui faire savoir qu'il me connaissait et qu'il souhaitait que j'occupe un poste de première année dans son école. C'était mon rêve devenu réalité. La première année était le moment où les élèves apprenaient à lire, et j'allais bientôt avoir mon diplôme de lecture. Je suis à jamais redevable à ce directeur d'école de m'avoir donné cette opportunité. C'était le début de la carrière dont j'avais toujours rêvé. C'était en 1993 et j'avais 44 ans.

En 1996, après dix ans d'études de premier cycle, puis de deuxième cycle, j'ai terminé mes cours, mon stage et le parcours de trois ans menant à la titularisation. Dix ans à réaliser le rêve de toute une vie: devenir enseignant.

C'était la fin de mon cursus officiel, mais plutôt qu'une fin, ce n'était que le début de la joie que cette réalisation de mon objectif de carrière allait me procurer pendant tant d'années.

Après sept ans en tant qu'enseignante de première année, mon nouveau directeur m'a informée qu'un poste de professeur de lecture serait disponible dans notre école. J'ai eu la chance d'avoir deux directeurs d'école qui m'ont soutenu et se sont souciés de moi. Même si j'aimais beaucoup la salle de classe, j'étais très enthousiaste à l'idée de pouvoir me concentrer sur les arts du langage, ce que j'aimais le plus dans l'enseignement du CP (1ère année du primaire).

Nous sommes restés amis avec Jim et sa famille et je le voyais lorsqu'il visitait mon école pour ses visites administratives et au bâtiment de l'administration. S'il n'avait pas été là, je ne pense pas que j'aurais eu la carrière que j'ai appréciée et aimée pendant 22 ans.

Elise, Eileen, Claude et Eric - Remise des diplômes Maîtrise en éducation spécialisé en alphabetisation

27
"L'UN DE CES JOURS"

Le 19 octobre 1992, alors que je travaillais comme aide-enseignant dans une classe d'éducation spécialisée de cinquième année, j'avais terminé mon diplôme d'études et ma certification d'enseignant et je poursuivais mes études en vue d'obtenir une maîtrise en alphabétisation.

Nous venions de profiter de la visite de ma mère trois semaines plus tôt et je devais me rendre en Floride pour lui rendre visite en novembre. Depuis 1980, elle a eu de nombreux problèmes de santé graves, mais la maladie cardiaque a été la cause principale de sa dernière défaillance de santé. Lors de sa visite en septembre, nous avons pu constater que la moindre activité lui causait une détresse physique. Nous lui avons demandé de rester un peu ; il faisait beau et nous aurions apprécié sa compagnie. Mais elle ne l'a pas envisagé car sa sœur Catherine était en Floride et attendait son retour. Son équipe de médecins était là aussi et je sais que c'était une considération importante. Je l'ai laissée partir à contrecœur, satisfaites tous les deux de savoir que j'avais mes billets d'avion pour lui rendre visite en novembre. Alors que Claude conduisait ma mère à l'aéroport après cette visite, il a remarqué qu'elle était inhabituellement calme et, en la regardant, il lui a demandé,

"Maman, tu vas bien?"

Il a vu qu'elle rougissait, qu'elle était essoufflée et que sa tête était appuyée contre l'appui-tête.

"Oui, ça va aller. J'ai toujours ces malaises. Ça va passer."

Ils étaient à peu près à mi-chemin de l'aéroport et il m'a dit plus tard qu'il n'était pas à l'aise pour continuer, surtout qu'elle voyageait seule.

"Maman, je pense que je devrais te ramener à la maison avec moi. Tu sembles trop faible pour voyager."

Elle ne voulait pas en entendre parler. Elle lui a assuré qu'elle irait bien. Elle avait fait préparer le fauteuil roulant à l'aéroport pour qu'elle n'ait pas à marcher du tout. Elle se reposera et appellera dès qu'elle sera rentrée. Mon frère Brian est venu la chercher à l'aéroport.

Ma mère a toujours été le patron. Si elle décidait quelque chose, personne ne pouvait la persuader de changer d'avis et une fois les billets d'avion achetés et payés, il n'y avait pas de retour en arrière possible.

J'ai entendu le clic de l'interphone de la classe.

"Mme Resta?"

"Oui?"

"Voulez-vous venir au bureau?"

"Le titulaire de classe est sorti une minute, je ne peux pas laisser les élèves."

"Ok, merci."

J'avais un mauvais pressentiment. En quelques secondes, mon amie Penny, l'enseignante de la classe, est revenue. Je voyais qu'elle essayait d'être calme, mais je n'étais pas sûre jusqu'à ce qu'elle dise ,

"Venez avec moi et apportez vos affaires."

En sortant de la classe, j'ai cherché son visage et lui ai demandé,

"Que s'est-il passé?"

Sur ce, elle m'a pris dans ses bras et m'a dit ,

"Je suis vraiment désolé. Votre mère est décédée."

"Oh non", ai-je dit, "s'il vous plaît, pas maintenant."

Des sentiments accablants d'incrédulité, de perte et de tristesse m'ont envahi. Je savais qu'elle était fragile, mais je ne pensais pas que ce jour arriverait si vite. Elle s'était remise de tant de maladies graves au cours des dix dernières années que la guérison était devenue mon attente. C'est ce que je voulais croire. Nous venions de nous parler samedi et nous ne savions pas que ce serait la dernière fois. C'était une conversation joyeuse où l'on parlait de plans pour ma visite en novembre. Comment nous sommes-nous dit au revoir ce jour-là?

"Je t'aime. On se voit bientôt."

Penny m'a tenu le bras pendant que nous descendions l'escalier et j'ai vu Claude debout dans le couloir, juste à l'extérieur de l'aire de réception du bureau aux murs de verre. En nous approchant de Claude, j'ai vu des visages compatissants et attentionnés qui me regardaient de l'intérieur de la réception. Penny m'a serré dans ses bras une dernière fois et m'a passé dans les bras de Claude où nous avons pleuré ensemble. Je me souviens à peine avoir quitté le bâtiment.

Sur ce, il m'a guidé jusqu'à sa voiture, m'a installé et m'a ramené chez moi. J'avais beaucoup de questions mais il n'avait pas encore de réponses. Je devais attendre plus d'informations de la part de Brian et de ma tante. En quittant l'école, je voulais juste savoir si sa mort avait été paisible. Ma tante a plus tard partagé le récit suivant.

Le dimanche 18 octobre 1992, ma mère et ma tante ont passé la soirée du dimanche ensemble chez ma mère. Elles vivaient dans le même complexe et leurs condos avaient une passerelle extérieure, un passage vers la porte de chaque résident. Ma mère et ma tante pouvaient se tenir sur leur passerelle et voir les appartements de l'autre depuis leur porte d'entrée. Le dimanche, elles ont dîné ensemble, puis regardé un film. Ma tante est partie vers 23 heures et ma mère est restée sur sa passerelle pour la regarder rentrer chez elle. Elles se sont saluées lorsque ma tante a franchi sa porte. C'était la dernière fois qu'elles se voyaient, cependant, comme c'était leur habitude le soir, elles se parlaient au téléphone jusqu'à ce que l'une ou l'autre dise qu'elle était prête à aller dormir.

Le lendemain matin, lundi 19 octobre, ma tante a appelé plusieurs fois le téléphone de ma mère, pensant d'abord qu'elle avait dormi tard, mais après peu de temps, elle a compris que quelque chose n'allait pas. Elle avait une clé et a demandé à une amie de l'accompagner chez ma mère. Là, elles l'ont trouvée allongée sur le canapé de son salon. J'ai tellement de mal à imaginer ma pauvre tante découvrant que sa sœur, son amie, sa confidente pour la vie, partie.

Lors des dernières visites de ma mère à Huntington, j'ai remarqué qu'après avoir pris son thé et son petit-déjeuner le matin, elle semblait rougir et avoir le souffle court. Elle se levait de la table de la salle à manger et se dirigeait lentement vers le salon en s'agrippant aux meubles sur son chemin. Elle se jetait alors sur le canapé, comme elle le disait, et s'effondrait dessus en essayant de reprendre son souffle. Mon salon, ma salle à manger et ma cuisine étant reliés, nous parlions pendant que je nettoyais après le petit-déjeuner. Plus d'une fois, elle m'a dit,

"Tu sais, un de ces jours, un de ces malaises va me prendre."

J'aimerais pouvoir me rappeler comment j'ai réagi à ça, mais je ne peux pas. Suis-je allé sur le canapé pour la réconforter? J'ai nié la possibilité de ce qu'elle disait? Je lui ai juste demandé si je pouvais faire quelque chose pour l'aider? Je n'en ai aucune idée. La mémoire est une chose délicate. Je me souviens qu'en plaçant une pilule sous sa langue, elle m'a rassurée en me disant que son médicament la ferait revivre et qu'elle irait bien à nouveau. Je sais qu'elle minimisait ses problèmes pour que je ne m'inquiète pas. Et je voulais juste croire que oui, tout irait bien, pour toujours.

Quand ma tante est venue chez moi pour les funérailles, je lui ai demandé plus de détails. Je voulais être sûre qu'ils n'avaient pas découvert que ma mère était tombée et n'avait pas pu obtenir d'aide. Elle m'a rassurée en me disant qu'elle était paisiblement allongée sur le canapé. Ma mère avait correctement prédit comment elle allait mourir. Ma tante a gentiment décrit la scène lorsqu'elle est arrivée chez ma mère ce matin-là.

"Sur la table de la cuisine se trouvaient le journal, sa tasse à thé vide, un plat avec des restes de son petit-déjeuner et le récipient de son médicament quotidien. Elle avait pris ses pilules le matin même."

A partir de cette description, je savais ce qui allait suivre car j'avais vécu cette scène avec elle de nombreuses fois. Paisible oui mais j'espère si rapide qu'elle n'a pas eu le temps d'avoir peur.

Plus tard, elle a parlé de sa mort chaque fois que nous étions ensemble. Même si je ne voulais pas l'entendre, je savais que cela la réconfortait que je sache qu'elle avait fait des plans. Des plans pour rendre sa mort plus facile pour MOI: des arrangements avec le salon funéraire ici à Huntington, des instructions sur la robe qu'elle voulait porter (en me montrant où elle se trouvait dans son armoire chaque fois que je lui rendais visite), et des appels à moi pour que je veille sur ma tante et lui rende visite, ce que Claude et moi avons fait pendant les douze années où ma tante a survécu à ma mère. Ma mère avait 79 ans lorsqu'elle est décédée et ma tante a vécu jusqu'à l'âge de 89 ans. Nous avons respecté toutes les dernières volontés de ma mère: la veillée au salon funéraire qu'elle avait choisi, l'enterrement au cimetière avec mon père Owen, et un déjeuner chez moi que nous avons pu prendre à l'extérieur sur ma terrasse, car c'était une journée d'octobre particulièrement belle. Le prêtre nous a rejoint à la maison et nous avons tous partagé des souvenirs de Mary Agnes Margaret Clancy Coyne Martin. Il y avait de la tristesse, mais aussi des rires, car il était difficile de partager un souvenir d'elle sans cette touche d'humour.

J'ai deux favoris que j'ai partagés ce jour-là et ils sont tous deux liés à sa foi.

Lors d'un de ses vols à destination ou en provenance de la Floride, elle a été signalée par un autre passager à une hôtesse de l'air, qui a demandé à ma mère,

"Excusez-moi Madame, vous avez saupoudré quelque chose sur votre siège?"

"Oh oui!" répondit ma mère, "C'est de l'eau bénite de Lourdes que j'asperge pour que le vol soit sûr".

Elle a gloussé en nous racontant cette histoire, car elle a compris que les autres passagers avaient pu être alarmés.

Un autre incident s'est produit alors qu'elle faisait ses courses dans le grand supermarché Publix, un après-midi, et qu'un autre client s'est approché du directeur du magasin pour lui dire,

"Excusez-moi Monsieur, mais il y a une femme dans l'allée 4 et elle fait tic-tac!"

Le gérant a rapidement suivi la femme qui désignait ma mère.

"Madame, est-ce que j'entends un tic-tac?"

"Oh oui", a-t-elle répondu joyeusement. "C'est mon réveil. Je fais une neuvaine de neuf heures à Saint Jude et je ne veux pas manquer l'heure de la prière pendant que je suis ici. C'est l'heure 7."

J'aimerais savoir ce que le manager a répondu à ça.

Peu après les funérailles, ma tante est retournée en Floride et il était difficile de l'imaginer s'adapter à la vie sans sa sœur. Ma mère était la sœur sociale, celle qui faisait les plans, se faisait des amis et conduisait partout. Ma tante ne conduisait pas. Nous nous parlions souvent, elle et moi, et elle me disait comment elle s'en sortait. Claude et moi avons souvent essayé de la convaincre de déménager dans une communauté pour adultes près de chez nous, mais elle ne voulait pas quitter la Floride.

Les funérailles ont eu lieu en octobre et Claude et moi avions prévu de nous rendre en Floride au début du mois de décembre pour vider le condo de ma mère. Claude devait prendre un vol pour la Floride pendant la semaine et louer un U-Haul pour ramener certaines choses à la maison. Comme je devais travailler jusqu'au vendredi, j'allais prendre l'avion le vendredi après-midi, deux jours après lui, et avec mon frère, ma tante, ma nièce et son mari, et quelques amis proches, nous allions vider le condo. Nous savions que ce serait une tâche difficile et pleine d'émotions.

Eh bien, ce vendredi-là, il y a eu un blizzard et tous les vols ont été annulés. Il n'était pas possible de les reprogrammer pour le samedi, car ils étaient tellement retardés que j'aurais dû arriver en Floride le samedi soir et rentrer le dimanche pour travailler le lundi. J'étais dévasté.

Claude était déjà là et tout le monde l'aidait. Il serait en mesure de tout terminer et de prendre le chemin du retour le dimanche. Il y a eu de nombreux appels téléphoniques entre Claude et moi le vendredi et le samedi avant que j'accepte finalement la réalité que je devais abandonner toute idée d'y arriver. Claude m'a dit,

"Elle veille oujours sur toi."

On m'a épargné la tâche déchirante de fouiller et de disperser ses objets précieux. Elle aimait sa maison et certaines choses étaient destinées à Brian et à moi. Tout cela a été discuté au préalable et nous lui avons toujours assuré que nous respecterions ses souhaits.

Claude a mis deux jours pour rentrer de Floride en voiture, ce qui n'est pas un voyage facile à faire seul. Lorsque nous avons commencé à planifier la façon dont nous allions vider le condo, nous avons exploré d'autres options, car je m'inquiétais de le voir revenir seul en voiture. Il m'a rassurée en me disant que le trajet ne poserait pas de problème. Puis il a dit,

"Je veux le faire. Je veux être celui qui te ramène les affaires de ta mère à la maison."

C'était un geste d'amour qui illustre la personne généreuse qu'il est.

Ma mère Mary était forte mais vulnérable, élevée à la vieille école mais ouverte d'esprit, souvent stressée dans la vie mais toujours prête à rire. Nous n'étions pas toujours d'accord sur certaines choses, mais lorsque je suis devenue adulte et parent, ce dont je suis sûre, c'est qu'elle a toujours été là pour moi. Le confort de l'appeler et de recevoir ses encouragements et son approbation me manque.

28

TROIS ANS PLUS TARD

Seulement trois ans plus tard, en 1995, la mère de Claude, Simone, est décédée. En 1990, on lui avait diagnostiqué une maladie mortelle, qui ne nous laissait que cinq ans de plus avec elle. Nous avons tous été choqués et accablés de chagrin. Elle a courageusement combattu cette maladie avec papa à ses côtés. Elle avait besoin d'un traitement spécial, d'équipement et de voyages au Maryland pour un programme expérimental. Papa était son soignant et s'est dévoué pour l'aider à traverser toutes les étapes de sa maladie. Il s'est consacré à ses soins quotidiens, notamment en préparant les médicaments, en stérilisant les nombreux tubes par lesquels ils étaient administrés par un port qui nécessitait également une attention particulière, et en maintenant la machine à oxygène en état de marche sans faille. Il était son chauffeur pour les nombreux rendez-vous chez le médecin et les voyages dans le Maryland. Lors de son décès, nous avons réconforté papa en reconnaissant ses années de soins constants et aimants. Alors que nous le tenions dans nos bras, il a dit,

"J'aimerais pouvoir le faire pour toujours."

Après son décès, il est resté dans leur maison pendant deux ans, réconforté par ses souvenirs de plus de quarante ans de vie là-bas avec sa famille. Finalement, la famille a su qu'il était temps pour papa de déménager et Corinne a trouvé une maison à proximité pour sa famille, une maison avec un appartement attenant. Elle a approché papa avec l'idée qu'il était peut-être temps de vendre la maison et d'emménager dans l'appartement. Papa a accepté et c'était un arrangement idéal. Il aimait être là, à nouveau impliqué dans l'agitation de la vie familiale, et Corinne et ses enfants aimaient l'avoir.

Pourtant, nous avons tous pensé qu'il aurait besoin de la compagnie d'une personne de son âge. Une amie de la famille a parlé à Corinne d'une veuve qu'elle connaissait très bien et qui s'appelait Jean et qui vivait au coin de la rue où se trouvait papa. Elle était à peine plus jeune de quelques années et ils avaient beaucoup en commun. Ils ont tous deux grandi dans de grandes familles de la ville, la sienne venant du Queens, NY, et la sienne de Brooklyn, NY. Nous savions que papa ne ferait pas de projets tout seul, alors Corinne s'est arrangée pour aller déjeuner avec papa, son amie et Jean. Par la suite, Jean s'est jointe à nos dîners de famille et à nos célébrations et elle nous a invités à la rejoindre pour des occasions et des dîners, mais il a fallu un certain temps avant que papa ne fasse des plans pour sortir seul avec Jean. Finalement, quand il l'a fait, ils ont vécu de nombreuses aventures ensemble. Ils avaient chacun leur propre maison, mais ils partaient souvent en vacances ensemble dans l'appartement de Jean à Cape Cod. Ils aimaient faire des promenades en voiture et explorer de nouveaux endroits. Jean est devenue un membre de la famille et s'est jointe à nous pour les vacances, les mariages, les naissances, les baptêmes et les fêtes. Elle n'avait pas d'enfants et elle aimait passer du temps avec les nôtres. Papa et elle passaient aussi du temps avec sa famille, se rendant dans le Massachusetts et en Californie pour rendre visite aux frères et à la sœur de Jean. Elle s'est confiée à moi un jour pendant la recherche de ma famille biologique,

"Vous savez, j'ai envisagé l'adoption quand j'ai appris que je ne pouvais pas avoir d'enfants, mais je n'avais pas le soutien de ma famille et j'ai décidé de ne pas le faire."

Jean a été professeur pendant 35 ans et ses élèves sont devenus ses enfants. Nous aimons ses histoires. Pendant l'une de ses vacances, elle est allée en Hollande et a ramené des chaussures en bois pour toute sa classe. Le jour où elle les a données à ses élèves, elle les a emmenés dans une autre classe et le bruit des sabots qui claquent dans les couloirs de l'école était assourdissant. Les enseignants et les élèves couraient vers les portes de leurs classes pour voir quel était ce vacarme. Jean voyageait beaucoup chaque été et utilisait ses aventures pour créer de l'excitation dans son enseignement.

29
" COMMENT C'EST D'ÊTRE ADOPTÉ ?"

C'est une question qui m'a été posée à de nombreuses reprises, et j'ai accueilli ces questions parce que le fait d'être adoptée me faisait me sentir spéciale. Ce sont mes amis les plus proches qui me posaient des questions sur mes sentiments, et comme j'avais des sentiments positifs sur mon adoption, j'étais heureuse de répondre à toutes leurs questions. Mon frère Brian et moi avons toujours su que nous étions adoptés et nous avions l'état d'esprit d'être dans cette réalité ensemble dès le début. Quand nous étions très jeunes, ma mère et mon père nous racontaient des histoires douces et détaillées qui nous enseignaient l'adoption de la manière la plus subtile qui soit. Je me souviens avoir adoré ces histoires, mais je me demande à quel âge j'ai réalisé qu'elles nous concernaient, Brian et moi.

Le message de ces histoires était le même: une mère n'était pas en mesure de subvenir aux besoins de son nouveau bébé et l'aimait tellement qu'elle l'a donné à un couple qui le prendrait en charge et l'aimerait comme son propre enfant.

Ma mère m'a raconté qu'au début des années cinquante, lorsque nous vivions à Bayside, NY, elle a été victime de discrimination à l'égard des enfants adoptés. Une fois, lorsque mon frère n'a pas été invité à une fête d'anniversaire, ma mère a demandé pourquoi il était exclu.

"Nous ne voulons pas que notre enfant joue avec lui parce qu'il est adopté."

Ma mère n'aurait jamais toléré une telle insulte, surtout à l'égard de son enfant, et je suis sûre qu'il y a eu une sacrée colère. Elle se demande combien d'autres personnes ressentent la même chose mais le gardent pour elles.

Je n'ai pas fait l'expérience directe de la discrimination dans mon enfance, mais en grandissant, j'ai réalisé que beaucoup de gens ne comprenaient tout simplement pas ce que signifie adopter un enfant ou être un enfant adopté ; comprendre que l'amour est fort même si la mère n'a pas porté l'enfant. Des questions telles que "Ne voudrais-tu pas connaître ta "vraie" mère?" me déroutaient. Dans mon esprit, Mary était ma vraie mère et Owen était mon vrai père.

Un commentaire qui m'a vraiment surpris et déçu en tant qu'adulte était ,

"Si j'étais adoptée, j'aurais peur d'avoir des enfants, ne sachant pas ce qui peut être dans les gènes".

J'étais heureuse d'avoir déjà mes deux enfants et cette pensée ne m'avait jamais effleurée. De plus, qui sait vraiment ce qu'il y a dans leurs gènes?

J'étais curieux de connaître ma mère biologique? Absolument.

Est-ce que j'ai pensé à elle au fil des ans? Oui, en particulier le jour de mon anniversaire.

Mais ce n'étaient que des pensées passagères et je ne m'y attardais pas. Elles ont été repoussées et même niées.

Ma mère me disait que souvent, une mère biologique ne dit à personne qu'elle a eu un bébé. Si je parvenais à la trouver et à la contacter, cela pourrait la forcer à divulguer un secret à sa famille sur une période difficile de sa vie. C'était trop difficile à imaginer pour moi et je ne voulais pas assumer la responsabilité de ce possible bouleversement. Cependant, je me rends également compte qu'il était dans l'intérêt de ma mère de me faire peur avec ce scénario particulier, car elle ne voulait pas me perdre et être remplacée par une mère qui ne me connaissait même pas. Étant donné que les informations sur la naissance d'un enfant adopté sont enfermées dans des dossiers légalement "scellés", c'était une grande crainte pour les parents adoptifs.

De temps en temps, je demandais à ma mère de me redire ce qu'elle savait sur ma mère biologique. Je pense que j'espérais qu'elle se souvienne d'un nouveau détail pour nourrir mon imagination. Elle racontait ce que les religieuses de l'orphelinat lui avaient dit: ma mère biologique était jeune, célibataire et sans le soutien ou les ressources nécessaires pour m'élever. Il n'y avait pas de services sociaux gouvernementaux à l'époque et sa famille n'avait pas les moyens de l'aider.

Dans toutes ces discussions, mon père biologique n'a jamais été évoqué. Quand j'y repense, cela me rappelle une fois de plus à quel point la société était différente à l'époque. On n'attendait pas des hommes qu'ils soient responsables de l'enfant qu'ils avaient aidé à concevoir.

Ma mère me demandait parfois ce que je pensais ou ressentais à propos de ma mère biologique. Je savais que je pouvais être honnête et je lui disais que cela avait dû être une circonstance difficile et effrayante d'être enceinte et célibataire en 1949. Je me demandais à quoi elle ressemblait et si je lui ressemblais. Plus important encore, je ressentais de l'amour pour elle. Ma mère appréciait de connaître mes pensées. Je sais qu'elle a ressenti de la gratitude envers ma mère biologique dès le début et qu'elle n'était donc pas jalouse de mon amour, tant que je ne cherchais pas à la retrouver. Elle n'avait pas besoin de me le dire, je le savais tout simplement.

Dans les années 40, 50 et 60, les enfants adoptés recevaient généralement des réponses standardisées aux questions sur leur naissance.

On a dit à mon frère et à moi,

"Elle était seule et n'avait pas les moyens de te garder."

"Elle était déshonorée et vous auriez grandi dans l'ombre de cette honte."

"Elle a fait ce qu'elle pensait être le mieux pour toi."

"Vous avez une meilleure vie ici avec nous."

Les informations médicales et génétiques n'étaient pas partagées et n'étaient pas considérées comme importantes. À l'époque, nous, les enfants adoptés, étions considérés comme une ardoise vierge en termes d'information médicale ou génétique. Aujourd'hui, nous connaissons l'importance du lien biologique et génétique de chaque personne avec ses ancêtres. Néanmoins, c'est une bénédiction que tant de bébés aient été sauvés d'une enfance en institution grâce à des personnes qui voulaient un enfant et pouvaient offrir un bon foyer. La plupart des adoptés que je connais, y compris moi, sont reconnaissants et aiment les familles qui les ont élevés et aimés.

Les jeunes enfants veulent, pour la plupart, faire plaisir à leurs parents. Ils savent très bien quand leurs parents sont à l'aise avec leurs questions et quand ils sont mal à l'aise. En tant qu'enfant adopté, même avec des parents qui sont ouverts aux questions et semblent avoir les réponses, un enfant ressent les émotions de ses parents lorsqu'ils expliquent du mieux qu'ils peuvent les circonstances de sa naissance et de son arrivée dans la famille.

Dans "Vous n'avez pas l'air adopté", Anne Heffron écrit,

"Si vous pensez que votre voix est dangereuse dans sa capacité à blesser ceux que vous aimez, vous apprenez à la taire."

J'ai grandi en croyant que nous étions tous gagnants: la mère biologique pouvait poursuivre sa vie sans la honte d'une grossesse hors mariage, le bébé avait la possibilité d'avoir une vie meilleure dans une famille stable, et les parents adoptifs étaient heureux de pouvoir avoir le bébé dont ils rêvaient et d'avoir sauvé cet enfant d'une vie dans une institution.

Rétrospectivement, à l'âge adulte, l'adopté peut se rendre compte que ce n'était pas si simple.

Historiquement, les mères biologiques étaient déshonorées et n'avaient d'autre solution que d'abandonner leur bébé. L'Église catholique, par exemple, offrait un logement et des soins aux jeunes femmes enceintes. Cependant, la condition était qu'elles devaient abandonner leur bébé. Cette exigence n'était pas seulement celle de l'Église catholique, mais aussi celle de la société. De nombreux adoptés sont amenés à croire que leur mère biologique était heureuse de cette façon de sortir de son dilemme, et peut-être que certaines l'étaient, mais apprendre qu'elles n'avaient pas d'autre choix que d'abandonner leur bébé jette une autre lumière sur la question.

Comme mon frère et moi avons été élevés dans la croyance, lorsque les adoptés envisagent de contacter leur mère biologique, on leur dit généralement qu'ils bouleverseraient leur vie, qu'ils sont probablement passés à autre chose après la naissance et qu'ils ont des familles qui n'ont jamais su qu'une naissance avait eu lieu. Cela découragerait certainement un adopté de poursuivre une réunion. Ils ont perturbé la vie de cette personne à la naissance et maintenant ils le feraient à nouveau? Il est plus facile de poursuivre la vie familiale dans laquelle on a été amené et de ne pas s'en préoccuper.

Aujourd'hui, 95 % des adoptions aux États-Unis incluent une forme de contact entre les parents biologiques et les enfants. C'est remarquable et c'est un pas en avant, mais pas sans difficultés. Des organisations telles que "First Mother Forum", "Parents for Ethical Adoption Reform" et "Concerned United Birthparents" travaillent sans relâche pour modifier et améliorer les lois sur l'adoption.

En janvier 2020, le gouverneur de New York, Andrew Cuomo, a signé une loi donnant à chaque personne adoptée née à New York le droit d'obtenir une copie de son acte de naissance original. Il s'agit d'une étape importante pour de nombreux adultes adoptés. J'ai partagé ces informations sur la nouvelle loi avec ma nièce et mon neveu, et je pense qu'ils pourraient entamer les démarches pour obtenir l'acte de naissance original de mon frère Brian.

Au fil des ans, mon point de vue sur le "laisser faire" a changé. Il n'a pas changé du vivant de mes parents, mais bien plus tard, lorsque j'ai décidé de rechercher des informations médicales sur ma famille biologique. Je me suis rendu compte qu'il fallait faire davantage pour aider l'adopté adulte qui souhaite obtenir des informations sur sa naissance et/ou une réunion et pour l'aider à se préparer à toutes les conséquences possibles d'une réunion.

II

30
LE COMPTE RENDU CHRONOLOGIQUE

3 AOÛT 2010

Lorsque nous avons quitté Sœur Jeannette à Montréal en juillet, elle m'a suggéré deux numéros de téléphone que je pouvais appeler pour commencer sérieusement ma recherche. Pour commencer, j'ai appelé le Centre Jeunesse de Montréal pour obtenir des renseignements biologiques et j'ai laissé un message demandant qu'on me rappelle. Ensuite, j'ai appelé les services d'adoption et, comme l'avait demandé sœur Jeannette, j'ai demandé à parler à Nancy. Le message disait de composer le 1162 et de demander un formulaire d'information sur les retrouvailles, si cela m'intéressait. J'ai laissé un message demandant à Nancy de me rappeler.

4 AOÛT 2010

Louise, des services d'adoption, m'a appelé pour dire qu'ils allaient chercher mes informations et m'envoyer un formulaire de consentement à retourner. Cela prendra environ deux semaines.

5 AOÛT 2010

Nancy, également des services d'adoption, a appelé pour me dire que nous étions "sur la bonne voie".

25 AOÛT 2010

J'ai envoyé les formulaires de demande d'informations au Centre Jeunesse pour demander des informations biologiques et éventuellement la possibilité d'écrire à ma mère biologique.

7 SEPTEMBRE 2010

La demande d'informations sur la naissance est arrivée, je l'ai remplie et envoyée au Centre Jeunesse le lendemain. Il fallait que je joigne une copie des documents d'adoption de la Surrogate's Court du comté de Queens, une copie de mon certificat de baptême et une copie de plusieurs cartes d'identité portant ma photo et/ou ma signature. La signification de la date d'arrivée de la demande d'informations sur la naissance ne m'a pas échappé. C'est la date à laquelle j'ai été amené à la Société de la réhabilitation, Crèche de la Misericorde (l'orphelinat) d'où j'ai été adopté par mes parents le 9 septembre 1949.

18 JANVIER 2011

Nadia, l'assistante sociale chargée de mon dossier, a appelé les services de post-adoption pour dire qu'ils avaient reçu ma demande et qu'ils travaillaient sur mon dossier.

22 FÉVRIER 2011

Nadia a appelé avec la bonne nouvelle que ma mère biologique a essayé de me localiser à plusieurs reprises. Elle appellera les numéros de téléphone figurant dans mon dossier dans l'espoir que ma mère biologique soit toujours en vie et que nous puissions la contacter.

> *Ma famille a été informée de toutes les nouvelles à ce jour, mais c'est après cette dernière conversation téléphonique que j'ai décidé de partager la nouvelle de mes recherches avec mes amis au travail. Avant cela, personne au travail ne savait que j'étais adoptée, alors après leur avoir donné quelques informations, j'ai répondu à leurs questions sur comment et pourquoi j'ai décidé de poursuivre cette recherche après toutes ces années. Ils étaient si heureux et pleins d'espoir pour moi.*
>
> *Chaque fois que Nadia m'appelait et me donnait de nouvelles informations sur la recherche, je pouvais les partager avec mes amis au travail. Ils ont été une bénédiction pour moi et je n'oublierai jamais leur soutien alors que je passais de la joie au désespoir après chaque appel téléphonique de Nadia.*

24 FÉVRIER 2011

Deux jours plus tard seulement, Nadia a appelé. J'aime la façon dont elle me tient au courant de tout nouveau développement dans sa recherche.

"Bonjour, Mme Resta. J'ai appelé les numéros de téléphone que j'ai trouvés dans votre dossier, mais malheureusement ils ne sont plus en service."

"Cela signifie-t-il que vous ne serez pas en mesure de la trouver?" J'ai demandé.

"Non, ensuite je vais contacter l'agence en charge des cartes de santé gouvernementales que chaque citoyen canadien doit avoir. Ils pourront me dire si elle est en vie, et si elle ne l'est pas, ils connaîtront la date de son décès et sa cause."

"Merci, Nadia. J'attendrai avec impatience votre prochain appel. Je prie pour avoir les meilleures nouvelles."

La demande que j'ai envoyée en septembre indiquait que la recherche d'informations sur la naissance et votre famille biologique pouvait prendre jusqu'à 15 mois. Cependant, compte tenu de l'âge de ma mère biologique et du mien, Nadia est autorisée et encouragée à donner la priorité à mon dossier et à travailler aussi vite que possible pour retrouver ma mère biologique.

"Hier, j'ai posté tes informations socio-biologiques et une copie de la lettre que ta mère biologique a écrite à l'agence pour leur demander de l'aider à te retrouver. Je pense que ce sera agréable pour toi de lire et de voir l'écriture de ta mère."

3 MARS 2011

Le courrier a pris une semaine depuis le Canada, quelle longue semaine d'attente pour lire le message de ma mère biologique. J'ai reçu les informations et la lettre qu'elle a écrite en 1986. C'est tellement bouleversant de voir la belle écriture de ma mère, mais le message m'a frappé de plein fouet. Elle parlait avec tant de douceur de ses sentiments pour moi et disait qu'elle priait pour savoir que j'étais en sécurité et heureuse. Elle espérait une réunion avec moi. Elle m'a demandé si je voulais connaître ma mère biologique. Souvent, au cours des dix dernières années, je disais à Claude:

"Si seulement je pouvais écrire à ma mère biologique. Je la remercierais de m'avoir donné la vie et lui ferais savoir que j'ai eu une très bonne vie."

Cela m'a attristé de réaliser maintenant que si j'avais pu faire cela il y a de nombreuses années, j'aurais pu lui donner la paix que procure le fait de savoir que son bébé est en sécurité et heureux.

J'espérais qu'elle soit encore en vie pour que je puisse lui donner cette paix.

8 MARS 2011

Cela fait cinq jours que j'ai reçu mes informations sociobiologiques et la lettre, et deux semaines que je n'ai pas parlé à Nadia. J'ai tellement hâte de savoir si elle a des nouvelles, alors à 11 heures du matin, j'ai appelé Nadia en espérant la joindre avant mon prochain cours.

"Bonjour, c'est Nadia." Quel soulagement d'entendre à nouveau sa voix.

"Bonjour, Nadia, c'est Eileen Resta. Merci de m'avoir envoyé la lettre et les informations sociobiologiques. Je me sens déjà plus proche de ma mère biologique et j'espère avoir de bonnes nouvelles aujourd'hui."

Mon téléphone portable m'accompagne tout au long de ma journée de travail, car j'attends les appels de Nadia et la possibilité de localiser ma mère biologique. Habituellement, je laisse mon téléphone à mon bureau pendant que je vais de classe en classe, rencontrant mes petits groupes de lecture. Depuis que Nadia m'a parlé de la possibilité de retrouver ma mère biologique, j'ai continué à travailler, bien sûr. Je suis tellement reconnaissante pour les jeunes enfants avec lesquels je travaille chaque jour. Ils me permettent de rester concentrée et engagée pendant que j'attends des nouvelles de Nadia.

Nadia a poursuivi,

"J'ai trouvé une autre adresse pour votre mère biologique en 2009. Il y a quelques autres numéros de téléphone que je peux appeler, et je vous rappellerai dès que je saurai si l'un d'eux est actuel."

La petite fille de ma fille Elise n'a que six semaines. Ses frères ont cinq et trois ans. Quelques fois par semaine, je me rends directement chez eux après le travail, pour leur rendre visite et les aider de toutes les manières possibles.

Ils vivent à environ 40 minutes de mon travail et la majeure partie du trajet se fait sur l'autoroute.

Il était 16 heures quand mon téléphone a sonné. Il était dans mon sac à main. Heureusement, je n'étais pas encore sur l'autoroute, mais sur une route locale où je pouvais m'arrêter pour répondre. Tout ce que je pouvais penser était,

"S'il vous plaît, faites que ce soit Nadia!"

J'ai répondu rapidement en sortant de la route,

"Allô?"

"Bonjour, Mme Resta. J'ai de très bonnes nouvelles. Votre mère est vivante!"

À peine capable de trouver ma voix, j'ai demandé,

"Où est-elle? Est-ce qu'elle va bien?"

Nadia a rapidement répondu.

"Elle vit dans une maison de retraite."

Elle avait 81 ans à l'époque et j'en avais 61. Nadia ne connaît pas son état physique ou mental, mais elle a parlé avec le travailleur social du foyer qui va lui rendre visite et commencer à évaluer son état physique et mental. Il appellera ensuite Nadia pour lui donner des détails sur l'état de santé de ma mère biologique. Peut-être qu'à ce moment-là, Nadia sera en mesure de mettre en place un plan de retrouvailles. Nous nous rapprochons.

9 MARS 2011

Seulement un jour plus tard, Nadia a appelé. Elle continue à travailler aussi vite que possible en raison de l'âge de ma mère biologique. Aujourd'hui, elle m'appelle pour me dire qu'elle a parlé avec l'assistante sociale du foyer.

"Il pense qu'elle n'est pas assez bien physiquement pour supporter le choc, ni cognitivement pour se souvenir ou comprendre." Alors que mon cœur se serrait, Nadia m'a rassurée,

"Ne vous inquiétez pas", dit-elle, "l'assistant social vient de commencer à travailler au foyer et se familiarise avec tous les patients et leurs antécédents. Je lui parlerai à nouveau et obtiendrai des informations plus détaillées."

C'est si difficile de penser qu'elle est vivante, mais il est peut-être trop tard pour des retrouvailles significatives. Nous trouverons un moyen de nous retrouver, et je sais que Nadia se bat pour moi.

12 MARS 2011

C'était le 12 mars 2011, l'anniversaire de Claude, et nous le célébrions au Sfoglia, le restaurant de notre neveu et de notre nièce à New York.

Le mois de mars est un mois d'anniversaire très chargé dans notre famille, nous étions donc six à ce dîner: Claude et moi, la sœur de Claude, Corinne, sa sœur Martine et son mari Anthony, et mon amie d'enfance, Clare. L'anniversaire de Martine est le 10 mars, celui de Clare le 11 mars et celui de Claude le 12 mars. Nous avons eu un dîner très spécial avec des toasts au champagne en l'honneur de ma mère biologique et la possibilité d'une réunion. Nous savions tous que ma mère biologique avait été retrouvée, mais nous ne savions pas si sa santé et son état mental me permettraient d'avoir les retrouvailles que j'espérais. Le toast de Claude nous a tous fait pleurer.

"Je voudrais proposer un toast à la mère biologique d'Eileen pour la remercier d'avoir abandonné sa petite fille de manière désintéressée. Grâce à cette décision, Eileen et moi avons pu être ensemble toutes ces années. J'espère que nous la rencontrerons bientôt pour pouvoir lui dire que nous l'aimons et la remercier pour son sacrifice."

Juste avant le toast de Claude, on nous a servi des amuse-gueules et notre neveu Johan a décrit le vin qu'il avait choisi pour nous en le versant dans nos verres et en quittant la table. Cinq minutes plus tard, il est revenu à notre table et, ne réalisant pas qu'un toast avait eu lieu, a vu que nous pleurions tous les six.

"C'est la nourriture?" a-t-il demandé.

Puis nous avons éclaté de rire. Johan a apporté le soulagement comique dont nous avions besoin. Ces six mois d'incertitude ont été très émouvants et tout le monde autour de cette table attendait avec impatience une issue heureuse à notre recherche de ma mère biologique.

15 MARS 2011

Six jours d'attente depuis que j'ai eu des nouvelles de Nadia, mais chaque jour me semble être le troisième. Je ne sais pas comment je fais pour passer chaque jour à attendre des nouvelles, mais j'y arrive.

Étant donné que je suis sans nouvelles de Nadia depuis le 9 mars, je l'ai appelée aujourd'hui vers 9 heures. J'étais prête à laisser un message mais, à mon grand soulagement, elle a répondu au téléphone et m'a dit qu'elle allait appeler l'assistante sociale du foyer dès que nous aurions raccroché et qu'elle me rappellerait dès qu'elle pourrait le joindre.

Peu de temps après, mon téléphone a sonné et c'était Nadia.

"Mme Resta, j'ai quelques informations sur votre mère biologique. Je suis désolé de vous dire qu'elle est atteinte de démence et qu'une réunion est peu probable. Elle a un fils qui lui rend visite quotidiennement et je vais essayer de le contacter."

"J'ai un frère?!?"

Avoir des frères et sœurs ou des demi-frères et sœurs était quelque chose que je n'avais pas envisagé. Toutes mes pensées et mes souhaits étaient de trouver ma mère biologique et de la mettre à l'aise. Je me demande si son fils est au courant de mon existence ou si les questions de Nadia vont lui causer un choc.

Ma mère biologique a une infirmière qui, selon Nadia, a une "bonne relation" avec elle. Nous espérons que l'infirmière pourra plaider pour que je puisse voir ma mère biologique. Nadia a dit qu'elle s'efforcerait d'obtenir davantage d'informations médicales et d'obtenir une photo de ma mère pour me l'envoyer.

J'ai été tellement attristée par cette nouvelle - de penser qu'elle est vivante mais que je ne peux pas la voir? Et que j'arrive trop tard pour lui apporter la paix dont elle avait besoin? C'est inimaginable. Je ne veux pas l'accepter, et j'espère que les professionnels sur place plaideront pour que je trouve un moyen.

18 MARS 2011

Trois jours d'attente supplémentaires ; je commence à m'impatienter. Lorsque j'ai appelé Nadia ce matin, je lui ai laissé un message lui demandant de m'appeler la semaine prochaine, sachant que le bureau est fermé le week-end.

22 MARS 2011

Quatre jours d'attente supplémentaires ; il était 8 heures du matin le mardi quand Nadia a appelé. J'étais encore à la maison et me préparais à partir au travail.

"Mme Resta, votre mère se souvient de vous!"

Ces mots m'ont coupé le souffle et ont fait couler des larmes de soulagement et de joie lorsque Nadia a exprimé son bonheur pour moi.

"Qu'est-ce qu'elle a dit?" J'ai demandé.

Nadia m'a dit que le médecin de ma mère, qui s'occupait d'elle bien avant qu'elle ne soit dans ce foyer, lui a rendu visite pour évaluer sa mémoire et sa compréhension. Lorsqu'il l'a interrogée sur le fait qu'elle avait une fille qu'elle avait dû donner en adoption, il a dit qu'elle avait les larmes aux yeux lorsqu'elle lui a raconté,

"Je me souviens de tout et je veux la rencontrer. La rencontrer serait très bon pour moi. Je la cherche depuis de nombreuses années."

Le médecin a dit à Nadia qu'il pensait qu'elle serait assez forte pour avoir des retrouvailles.

Puis Nadia a ajouté,

"Votre frère aimerait aussi vous rencontrer."

Quel rêve devenu réalité. Bientôt, je vais rencontrer ma famille biologique. Les gens d'où je viens, et peut-être même à qui je ressemble.

Mes émotions étaient intenses et changeantes. Elles oscillaient entre l'excitation, la joie, l'incrédulité, un peu de peur et même un sentiment de trahison envers mes parents, mon frère Brian et tous les membres de ma famille depuis l'âge de trois mois. Au fond de mon cœur, je savais que retrouver ma famille d'origine ne changerait pas l'amour que je porte à la famille qui m'a élevée. À plusieurs reprises au cours de ma vie, j'ai nié vouloir ou avoir besoin d'en savoir plus que le peu d'informations qu'on m'a données en grandissant sur les parents que je devais avoir au Canada. Dès mon plus jeune âge, j'ai appris à faire taire mes questions. J'ai donc dû mettre mes peurs de côté et comprendre qu'il n'y a personne à blesser. Je suis en paix avec cela et je suis reconnaissante d'avoir cette opportunité.

30 MARS 2011

Huit jours d'attente supplémentaires. Après le dernier coup de fil de Nadia, j'avais un pied dehors pour partir à Montréal.

J'ai appelé Nadia et laissé un message demandant si elle avait des nouvelles.

1ER AVRIL 2011

Après deux jours d'attente supplémentaires, j'ai appelé Nadia à 9 heures du matin et laissé un message.

À 12 heures, Nadia a appelé.

"Je viens de parler à votre frère aîné."

"Excusez-moi? Le plus vieux? Combien en ai-je?"

"Ta mère biologique a trois fils."

J'ai grandi avec un frère et maintenant j'en ai trois autres. "Nadia, quand est-ce que je peux aller à Montréal pour les rencontrer?" La rencontre a été fixée au 14 avril 2011, à 10 h, à la maison du Foyer, à Châteauguay.

Il y aura encore deux semaines d'attente et d'anticipation, mais cette attente est différente car je sais que ma recherche est terminée.

Nous nous réunirons dans une salle de réunion au Foyer. L'assistante sociale du Foyer et mon assistante sociale Nadia seront là. Après que Claude et moi aurons été amenés dans la salle, mes frères entreront pour me rencontrer. Ils veulent me rencontrer avant d'amener notre mère dans la salle de réunion. Quand on y pense, ils ne savent rien de moi. Je suis sûr qu'ils s'interrogent sur mes motivations et veulent être sûrs de la protéger.

Nadia m'a dit que mes trois frères savent que je suis là depuis 1994 et qu'ils ont aidé notre mère à me chercher. Mon frère aîné a dit à Nadia que tous les frères sont heureux que je les ai retrouvés. Il a dit qu'ils ont récemment parlé d'essayer de me retrouver, mais cette fois-ci, quand ils lui ont demandé, elle a dit non. Ils l'ont aidée plusieurs fois dans le passé à me trouver, et ils ont compris pourquoi elle a dit non. La déception aurait été trop grande s'il s'agissait d'une autre recherche infructueuse.

"Nadia, pouvez-vous me dire maintenant le nom de ma mère biologique?"

"Oui, j'en suis ravie. C'est Mireille."

Quel beau prénom français. J'ai hâte de la rencontrer.

Plus tard, j'ai découvert que mes frères et leurs épouses étaient au courant de mon existence, mais pas leurs enfants. Ainsi, le 1er avril, jour du poisson d'avril, on leur a dit que je venais rencontrer leur grand-mère, ma mère biologique, le 14 avril. Sabrina, la fille d'Angela et d'Yves, qui avait 16 ans à l'époque, a cru qu'il s'agissait d'un poisson d'avril.

Nous partons le mercredi 13 avril 2011 à Montréal pour notre réunion du 14 avril 2011 à 10 heures.

31
INFORMATIONS SOCIOBIOLOGIQUES

Le 3 mars, Nadia m'a dit qu'elle m'enverrait les informations socio-biologiques (que j'ai incluses à la fin de ce chapitre) qui étaient dans mon dossier. Je les ai reçues environ une semaine plus tard.

Les informations remontent à l'époque de ma naissance.

N/A signifie que l'information n'est pas disponible.

Sans objet signifie qu'un élément ne s'applique pas à ma situation.

Sur la première page, sous la rubrique Informations générales, figure mon numéro de dossier, puis le nom qui m'a été donné lorsque j'ai été adoptée, Eileen Mary Coyne, suivi de mon prénom de naissance, Marie Monique (Aucun nom de famille n'est indiqué sur ce formulaire car lorsque Nadia me l'a envoyé, elle n'avait pas encore obtenu la permission de ma famille biologique). Cette page indique également mon lieu de naissance, L'Aide à la Femme, la date, 6 juin 1949, et l'heure de naissance, 15 h 15. Elle indique également que j'ai été baptisé le 7 juin 1949, le lendemain de ma naissance.

La deuxième page donne un historique médical très basique.

Je pesais 6,1 livres et je mesurais 25 pouces. C'est vraiment long et je me demande si ce n'est pas une faute de frappe. Mon état de santé est indiqué comme bon, la grossesse a duré 40 semaines, mais il n'y a aucune information sur la durée du travail ou le type d'accouchement. Il est indiqué que j'avais des yeux bleu foncé et des cheveux bruns, mais mes yeux sont bruns. Le 26 août 1949, j'ai été vaccinée contre la diphtérie et la coqueluche.

La troisième page indique que le consentement à l'adoption a été donné par ma mère biologique le 5/7/49. Je me demande donc si elle a dû se rendre à la clinique le mois précédant la date de son accouchement pour s'inscrire et remplir des papiers.

Mon placement officiel chez mes parents a eu lieu le 9/9/49. Initialement, je pensais que j'avais passé mes trois premiers mois à l'Aide à la Femme, mais en 2018, ma famille biologique a appris une histoire différente de la part de sa tante concernant mes trois premiers mois. Mon adoption légale a eu lieu le 19 avril 1950, lorsque j'avais dix mois.

La quatrième page décrit les demandes de ma mère biologique pour obtenir des informations sur moi en 1957, 1986 et 2002. Selon mes frères et ma famille élargie, elle a essayé de me localiser plusieurs autres fois en plus de ces années.

La cinquième page indique que j'ai quitté L'Aide à la Femme le 9/7/49 et que j'ai été placée sous les soins de la Société de Réhabilitation Inc. de Sherbrooke. Cette agence m'a placé à la Creche de la Misericorde qui était l'orphelinat où ma famille m'a trouvé et adopté le 9/9/49. À la page 6, il y a des renseignements personnels sur ma mère biologique qu'elle a dû fournir lorsqu'elle est entrée à L'Aide à la Femme pour me mettre au monde. Elle avait 20 ans, pesait 92 livres et mesurait 5'1". À 20 ans, je pesais 98 livres et mesurais 5'4". Elle a indiqué que ses yeux étaient bruns et ses cheveux noirs. Mes yeux sont bruns et mes cheveux étaient plutôt brun foncé que noirs. Elle était de nationalité canadienne française et était catholique. À l'âge de 13 ans, elle a terminé sa 7e année et a indiqué que sa profession était celle de couturière. Lors de conversations ultérieures avec mes frères, ils m'ont dit qu'ils n'avaient jamais su qu'elle était couturière.

A la page 7, elle est décrite comme étant en bonne santé. Parmi les caractéristiques citées, elle aimait danser, aller au théâtre, faire du vélo et nettoyer la maison. Elle était également une personne sympathique.

Elle vivait avec sa mère et ses frères et sœurs, son père est décédé quand elle avait dix-sept ans, trois ans avant qu'elle ne me donne naissance.

Les pages 8, 9 et 10 contiennent des informations sur mon père biologique fournies par ma mère biologique.

Mon père biologique avait 20 ans, pesait 160 lb et mesurait 5 pi 9 po. Il avait des cheveux " châtains " et des yeux bleus. Il était également Canadien français et catholique. En ce qui concerne sa "scolarité", il est indiqué N/A, ce qui signifie non disponible. Sa profession est indiquée comme étant un travail dans une "cimenterie", et il était en bonne santé. Ses caractéristiques sont listées comme étant la natation, aller au théâtre et faire de la bicyclette. Ils partageaient apparemment les mêmes intérêts. Mireille a déclaré qu'il "pouvait boire un verre parfois", qu'il était mignon, sérieux et qu'il était un beau jeune homme. En ce qui concerne ses relations avec sa famille, il est simplement indiqué: "Ils s'entendaient bien." Rien dans le dossier n'indique que mon père biologique ait été informé de la grossesse ou de la naissance. Mireille a déclaré qu'ils se sont vus pendant environ quatre mois et qu'elle a rompu avec lui lorsqu'elle a appris qu'elle était enceinte.

Les pages 11 et 12 contiennent des informations sur les familles élargies de Mireille et de mon père biologique. La mère de Mireille avait 45 ans quand je suis née et sa santé est indiquée comme bonne. (Elle était une jeune grand-mère et j'étais son premier petit-enfant, mais je me demande si elle m'a jamais vu). Son père est mort quand Mireille avait 17 ans d'une angine de poitrine. Sa profession est répertorié comme "voyageur de commerce", ce qui, selon ma famille, est un vendeur.

Elle avait deux frères et une sœur. Son frère aîné, Yvon, avait fait une scolarité de 12e année et travaillait dans un bureau au moment de ma naissance. Il a travaillé pour le chemin de fer dans le domaine de la technologie au cours de sa carrière. Sa sœur est répertoriée comme ayant une éducation de 6e année et sans emploi à l'époque. Son plus jeune frère était encore à l'école quand je suis né.

En ce qui concerne la famille élargie de mon père biologique, seules des informations sur ses frères et sœurs sont répertoriées et c'est un récit assez incroyable. Il avait 8 frères et 10 sœurs et n'indique pas son rang parmi les 18 enfants. Peut-être deux familles se sont-elles rejointes? Les informations sur l'état de santé suscitent encore plus de curiosité. Quatre frères et cinq sœurs " étaient morts " mais la cause du décès est inconnue de Mireille. Un frère et deux sœurs étaient mariés. Deux des sœurs travaillaient comme couturières et les autres étaient encore à l'école. Les frères, ainsi que mon père biologique et son père, travaillaient à la "cimenterie". Mireille a dit qu'elle travaillait comme couturière et selon cette information, les sœurs de mon père biologique travaillaient également comme couturières. Peut-être que le fait de travailler avec ses sœurs a été le lien avec sa rencontre avec mon père biologique.

L'information la plus utile de ce rapport est l'historique médical qui révèle que mon grand-père biologique est mort d'une angine.

B. Antécédents médicaux

À la naissance:

Poids:

6,1 livres
Taille:
25 pouces
Groupe sanguin:
N/A
Circonférence crânienne:
N/A
Périmètre du thorax:
N/A
APGAR:
N/A
Conditions d'accouchement:
Bon état
Semaines de gestation:
40
Durée de l'accouchement:
N/A
Type d'accouchement:
N/A
Autres informations sur la naissance de l'enfant:
Vous aviez des yeux bleus foncés et des cheveux bruns.
Informations médicales:
Vous avez été vacciné contre la diphtérie et la coqueluche le 26th août 1949.
214 Je t'attendrai
C. Adoption
Date du consentement à l'adoption:
Mère: 1949-05-07
Année / Mois / Jour
Père: N/A
Année / Mois / Jour
Enfant:N/A
Année / Mois / Jour

Date de l'abandon tacite ○
Date de la déclaration d'admissibilité à l'adoption ▢
N/A

Année / Mois / Jour
Date du placement dans la famille adoptive:
1949-09-09

Année / Mois / Jour
Date de l'adoption légale:
1950-04-19

Année / Mois / Jour
District judiciaire d'adoption légale:
District de Saint Francis
Lieu de résidence des parents adoptifs au moment de l'adoption:
(Paroisse et lieu d'enregistrement choisis par le parent adoptif)
Brooklyn, New York, États-Unis
Conditions d'adoption: N/A
Demandes d'informations post-adoption:
Le 13 mars 1957, votre mère biologique a téléphoné à l'Aide à la Femme. Elle a demandé s'il était possible de te reprendre avec elle car elle était maintenant capable de subvenir à tes besoins.
Malheureusement, il était déjà trop tard car tu étais déjà adopté.
Le 10 avril 1986, ta mère a écrit à nos services pour demander la possibilité de te retrouver. Après des recherches, elle a reçu une réponse en janvier 1987 disant que nous n'étions pas en

mesure de vous retrouver parce que vous aviez été adopté aux États-Unis et que nous n'avions pas accès aux informations dans ce pays pour vous retrouver.

Le 1er avril 2002, ta mère nous a rappelé et a demandé si nous pouvions faire quelque chose pour l'aider à te retrouver. Malheureusement, elle a reçu la même réponse de nos services.216 Je t'attendrai

1. Historique des placements (le cas échéant):

Date et type de placements:
Le 7 septembre 1949, tu quittes l'Aide à la Femme et tu es placée sous la responsabilité de La société de Réhabilitation inc. de Sherbrooke. Deux jours plus tard, tes parents adoptifs t'emmènent chez eux.

1. Développement de l'enfant

N/A 218 JE T'ATTENDRAI
D. Santé de la mère: Problèmes spécifiques
Elle était en bonne santé
E. Caractéristiques de votre mère biologique: description, personnalité, goûts, aptitudes...
Elle aimait faire le ménage à la maison. Elle aimait danser, aller au théâtre et faire du vélo. Elle était une personne sympathique.

1. Relation de votre mère avec sa famille et description
de la famille

Elle vivait avec sa mère. Son père est mort quelques années avant ta naissance.

1. La famille a-t-elle été informée de la grossesse?

OuiINFORMATIONS SOCIOBIOLOGIQUES 219
III. INFORMATIONS CONCERNANT VOTRE PÈRE BIOLOGIQUE À L'ÉPOQUE DE VOTRE NAISSANCE

Les informations contenues dans le présent document ont été fournies par:

Votre mère Votre père ID Non indiqué dans le dossier

▫ Autres (identifier):

Votre père biologique est identifié dans le dossier:| Oui ▫ Non

A. Description

Âge:

20

Poids:

160 livres

Taille:

5 pieds 9 pouces

Couleur des cheveux:

Couleur des yeux:

Teint:

Marron

bleu

N/A

Nationalité:

Origine ethnique:

Race:

Canadien français

N/A

blanc

Région d'origine du père:

Montréal

. . .

Civil. .
   statut:In9 e
   Religion: catholique

   1. Scolarité

N/A

   1. Profession

Il travaillait dans une cimenterie.

   1. Santé du père: problèmes spécifiques

Bonne santé

   1. Caractéristiques concernant votre père biologique:
      description, personnalité, goûts, capacités,

Il aimait nager, aller au théâtre et faire du vélo. Il pouvait boire un verre parfois. Selon votre mère, il était mignon et c'était un beau jeune homme. Il était aussi décrit comme un homme sérieux.informations sociobiologiques 221
222 JE T'ATTENDRAI
IV. INFORMATIONS CONCERNANT LA FAMILLE ÉLARGIE DE VOS PARENTS BIOLOGIQUES
   A. Parents de votre mère biologique
   1. Âge de son père:
   Âge de sa mère:
   Non applicable
45

2. Profession de son père:
Profession de sa mère:
Il était un voyageur de commerce
N/A
3. La santé de son père:
La santé de sa mère:
Non applicable
bon
Si décédé: Âge:45
Si décédé: Âge: Non applicable
Cause du décès, si elle est connue:
Cause du décès, si elle est connue:
angine
Non applicable

B. Frères et sœurs de votre mère biologique
    Frères:
2
Sœurs:
1
Rang dans la famille:
N/A
Famille de 4 enfants
    État de santé des frères et sœurs (présence de maladies héréditaires ou autres): bonne santé
    L'un de ses frères avait une classe12th et travaillait dans un bureau. Sa sœur avait une note de 6th et était au chômage.
    Cause et âge du décès des frères et sœurs si nécessaire: non applicable
    Jumeaux:
        ☐ Oui☐ Non Non indiqué dans le dossier
INFORMATIONS SOCIOBIOLOGIQUES 223

C. Parents de votre père biologique
1. L'âge de son père :
N/A
Âge de sa mère :
N/A
2. Profession de son père :
Profession de sa mère :
Cimenteries
N/A
3. La santé de son père :
Santé de sa mère :
Bon
Bon
Si décédé : Âge : Sans objet
Si décédé : Âge : Sans objet
Cause du décès, si elle est connue :
Cause du décès, si connue :
Non applicable
Non applicable

D. Frères et sœurs de votre père biologique
  Frères :
  Sœurs :
  Rang dans la famille :
  Famille de 18 enfants
  8
  10
  N/A

État de santé des frères et sœurs (présence de maladies héréditaires ou autres) :

4 frères étaient morts et 5 sœurs étaient mortes aussi, mais nous ne connaissons pas la cause du décès. Un frère était marié et 2 sœurs étaient mariées. Deux des sœurs travaillaient comme couturières et les autres étaient encore à l'école. Les frères travaillaient dans une cimenterie.

Cause et âge du décès des frères et sœurs si nécessaire: N/A
Jumeaux:
▫ Oui Non indiqué dans le dossier
Copies des documents annexés:Oui Non

Nadia Quevillon, assistante socialeDate 2001-02-22

32
MONTRÉAL

13 AVRIL 2011

Il m'a été presque impossible de supporter l'attente jusqu'à ce jour où nous pourrions enfin partir pour Montréal. Ces deux dernières semaines, j'ai dit à tout le monde que je devais être très prudente, que rien ne pouvait m'arriver. C'est un rendez-vous qu'il ne faut pas manquer.

Nos émotions étaient fortes lorsque Claude et moi avons quitté notre maison de Huntington à 6 heures du matin pour nous rendre à Montréal. Mes pensées étaient incontrôlables. Je ne pouvais pas me concentrer sur une seule pensée pendant longtemps.

Je me répétais sans cesse,

"Demain, tu seras avec ta mère qui t'a donné naissance."

Puis s'émerveiller de ce qui s'est passé en si peu de temps.

"Comment c'est arrivé?" Cela n'a jamais été une partie consciente de mon plan de vie.

"Serai-je accepté par mes frères? Notre mère leur a-t-elle fait part de ses sentiments à mon égard?"Alors revenons à une pensée pratique,

"Ai-je pensé à emballer l'album que j'ai fait pour Mireille?"

Mon esprit n'arrêtait pas de ressasser les événements des neuf derniers mois jusqu'aux retrouvailles inimaginables du lendemain avec ma mère biologique. Je n'avais aucune pensée ou attente pour l'avenir au-delà de la réunion de 10 heures.

Pendant que nous roulions en direction du Canada, je pensais au voyage émotionnel que nous avions fait jusqu'à présent et au fait qu'elle et moi pouvions envisager nos retrouvailles sans crainte. De nombreux adoptés ou leurs familles biologiques ne pourraient pas en dire autant. Elle savait que je la cherchais et je savais qu'elle me cherchait. C'est comme être pré-approuvé par les deux familles avant la réunion réelle. Ce fait réconfortant m'a permis de ressentir du bonheur et de la joie à l'idée que nous allions enfin tous deux pouvoir être en paix. Sans la peur, j'ai pu vivre l'excitation et l'anticipation nerveuse du jour suivant.

Le voyage dure entre sept et huit heures, avec quelques arrêts en cours de route. Nous avons un SUV tout neuf, donc le trajet sera un plaisir. La route que nous empruntons est la même que lorsque nous nous rendons à Lake Placid, mais nous dépasserons cette sortie sur la Northway et continuerons pendant environ deux heures de plus jusqu'à la frontière canadienne. J'ai préparé une glacière avec quelques bagels et des bouteilles d'eau, et comme nous le faisons habituellement en allant à Lake Placid, nous nous arrêterons à l'aire de repos de New Baltimore sur la Thruway de l'État de New York. C'est un bon point d'arrêt, à environ 2 heures et demie de la maison, où nous pouvons utiliser les installations et nous dégourdir les jambes. Nous avons déjà mangé les bagels sur le chemin et nous nous offrons maintenant un Cafe Mocha de Starbucks.

Nous reprenons la route et le prochain arrêt prévu est à Plattsburgh, NY, à 2 heures et demie de route sur la Northway.

Plattsburgh est une ville animée et nous avons de bonnes options pour le déjeuner. Nous avons choisi un petit café français appelé Quiche et Crepe. Pourquoi ne pas commencer notre week-end français un peu plus tôt? C'était une authentique cuisine française et nous avons apprécié d'entendre certains des clients autour de nous parler français. Les citoyens canadiens de la région de Montréal visitent Plattsburgh pour faire du shopping et déjeuner ou dîner avant de rentrer chez eux.

Après le déjeuner, nous avons poursuivi notre voyage vers les Douanes au Canada, qui est le nom français de la douane à la frontière canadienne, à une heure de route de Plattsburgh. La Northway se termine à la frontière canadienne, mais l'autoroute continue après le passage frontalier de Champlain-St. Bernard de Lacolle au Québec par la A-15 en direction de Montréal.

En approchant, nous avons vu une courte file de voitures attendant de passer la douane pour entrer au Canada, l'attente ne sera donc pas trop longue. Il y a cinq questions que les agents des douanes posent généralement lorsque vous traversez au Canada.

"Quel est le but de votre voyage?"

Claude n'a pas pu se retenir. Il a dit,

"Demain, ma femme sera réunie avec sa mère biologique pour la première fois en 61 ans. Elle a été adoptée en 1949 à Montréal et amenée aux États-Unis par ses parents adoptifs."

La douanière était visiblement émue par cette déclaration, mais elle devait faire son travail et a donc posé les questions suivantes aussi rapidement que possible.

"Combien de temps comptez-vous rester?", a-t-elle demandé.

"On ne sait pas encore, ça dépend de comment se passe notre réunion."

"Où allez-vous loger?"

"Nous serons au Hyatt à Montréal."

"Avez-vous quelque chose à déclarer?"

"Non, rien à déclarer."

Souriante, mais les larmes aux yeux, elle nous a souhaité bonne chance et nous a fait signe de continuer.

Au cours des quatre derniers mois, avec tous les hauts et les bas émotionnels de ma recherche, j'ai pleuré à un moment ou à un autre avec ma famille et mes amis ; des larmes de tristesse, de soulagement, de peur, et enfin, des larmes de joie.

En passant la douane pour entrer au Canada, nous avons vu que les panneaux de signalisation étaient tous en français. Nous avons aimé écouter la voix de notre GPS prononcer les noms français avec un accent américain. Nous avons traversé le pont Champlain et avons eu droit à une vue imprenable sur la ville de Montréal. Mes parents auraient pris une route complètement différente pour se rendre à Montréal en 1949. Il n'y avait pas de New York State Thruway (1954), d'Adirondack Northway (1957) ou de pont Champlain (1957). Nous pensons que leur itinéraire devait inclure la route 9, et que le pont qu'ils ont dû emprunter est le pont Honoré-Mercier construit en 1932.

Nous sommes arrivés au Hyatt vers 15 heures. À l'enregistrement, on nous a donné des informations précises sur l'hôtel, ses commodités et les sites environnants de la ville de Montréal. Après avoir pris possession de notre chambre, nous avons décidé de nous rendre au niveau inférieur et de nous promener dans le centre commercial pour passer le temps et trouver un restaurant pour le souper. C'est un très grand et beau centre commercial avec des magasins et des restaurants pour tout ce dont vous pourriez avoir besoin ou envie. Après avoir passé huit heures en voiture, c'était très thérapeutique de pouvoir marcher pendant une heure. Malheureusement, il faisait trop froid et pluvieux pour marcher dehors ce jour-là.

Le restaurant Baton Rouge avait l'air invitant et nous avons eu un excellent souper accompagné d'un verre de vin, mais nos pensées et notre attention étaient tournées vers ce que demain nous réservait. Claude pratiquait son français au restaurant, commandant en français et faisant quelques commentaires. Le serveur était très gentil et nous corrigeait lorsque nous nous exprimions mal. Nous nous demandions si mes frères seraient capables de parler anglais, et nous espérions qu'ils le seraient. Claude et moi ne cessions de nous regarder et d'entretenir une certaine conversation, mais nous en revenions toujours à la même question.

"Est-ce que ça arrive vraiment?"

Nous étions impatients de nous endormir pour pouvoir commencer le jour suivant où, après 61 ans, je serais réunie avec ma mère biologique. Parfois, moi et d'autres disions "rencontrer" votre mère biologique, mais j'ai finalement réalisé que je l'ai déjà rencontrée et que j'ai regardé son visage au moment de ma naissance. Ce seront de vraies retrouvailles. Lorsqu'elle m'a porté pendant neuf mois, j'ai entendu sa voix et je faisais partie d'elle. Le français était ma première langue dans le ventre de ma mère et pendant trois mois après la naissance. Parfois, je pense à la façon dont j'ai vécu, en tant que bébé de trois mois, le changement abrupt et radical de langue et de sons environnants le jour de mon adoption. Le français était la langue à laquelle j'étais déjà habituée et, à trois mois, j'aurais roucoulé et commencé à babiller avec des voyelles françaises. Un enfant de trois mois peut-il ressentir de la peur lorsque, soudainement, tout ce qu'il entend et voit ne lui est pas familier? Il devra apprendre à reconnaître les visages de ses nouveaux proches. Il devra apprendre à roucouler et à babiller dans sa nouvelle langue. Une perturbation dans son développement, mais qu'elle est capable de surmonter.

14 AVRIL 2011

Nous avons quitté l'hôtel à 9 heures pour notre réunion de 10 heures. En ce jour spécial, j'ai pensé,

"Que portez-vous pour voir votre mère pour la première fois en 61 ans?"

Cela peut sembler sans importance, mais c'est ce détail apaisant qui m'a permis d'avancer ce matin-là, alors que je me préparais à retrouver ma mère biologique.

Claude est parti de notre chambre pour aller chercher notre voiture et m'attendre dans l'allée de l'entrée de l'hôtel. Lorsque je suis sortie de la porte tournante et que j'ai regardé devant moi, il était là, debout près de la voiture, à me sourire. En septembre de cette année (2011), nous serons mariés depuis 40 ans. Mon cœur bondit toujours à sa vue, même lors d'occasions très ordinaires, et ce matin, mon cœur débordait de gratitude et d'amour pour lui et son soutien sans faille tout au long de notre vie.

"Qu'est-ce que je ferais sans lui?" est ma pensée récurrente.

C'est un rêve impossible qui se réalise. Tous les mois d'attente et d'espoir pour ce jour ne m'ont toujours pas préparé aux émotions que je ressens: nervosité, peur, joie, amour et espoir. En arrivant au Foyer, le nom de la maison de retraite franco-canadienne, j'ai pu ignorer la douleur dans mon estomac et quelques vertiges alors que nous marchions lentement de la voiture vers les portes coulissantes.

Il y avait un petit bureau d'accueil, et ils nous attendaient, donc aucune présentation n'était nécessaire. Depuis la pièce située près de l'entrée, je pouvais entendre la voix de mon assistante sociale Nadia.

Nadia était mon lien avec ma famille biologique. Mois après mois, ses appels tant attendus nous informaient des progrès, des débuts et des arrêts de la recherche de ma mère biologique. Chaque appel téléphonique était accompagné de la possibilité que ma recherche soit terminée. En disant à peine bonjour, j'écoutais la voix de Nadia en espérant qu'elle avait de bonnes nouvelles. Elle a suivi toutes les pistes, en commençant par un numéro de téléphone datant de neuf ans, pour ensuite appeler et dire que ma mère n'était plus à cette adresse. Finalement, c'est grâce à la carte d'assurance maladie que possèdent tous les Canadiens que Nadia a pu déterminer si ma mère était toujours en vie.

Le bouquet de fleurs que nous avons apporté pour Nadia tremblait dans ma main lorsque je les lui ai présentées. Je suis rempli de joie de la rencontrer. C'est comme si nous nous connaissions déjà. C'est grâce à elle que ma famille est réunie. Nous partageons une accolade sincère puis, remplis d'impatience, nous nous dirigeons vers la salle de réunion réservée.

33
MOMENTS IMPORTANTS

JEUDI 14 AVRIL 2011

La pièce semble vaste et impersonnelle, avec des murs blancs austères éclairés par des plafonniers fluorescents impitoyables. La pièce est équipée de classeurs et d'une station de café/eau dans un coin. Les grandes tables de conférence étaient disposées en forme de "U", le centre gauche étant vide. Nous étions au Foyer de Châteauguay, au Canada, où vit ma mère biologique Mireille. Assis au bout d'une des tables, bien en vue de la porte, se trouve l'assistant social du Foyer, un homme à l'air sérieux, prêt à assister et à diriger cette réunion.

Nadia, qui a trouvé Mireille et qui nous a réunies, a quitté mon côté lorsque nous sommes entrées dans la pièce et a fait le tour des tables pour s'asseoir à la table la plus éloignée dans le coin. Au cours de la réunion, j'ai pu apercevoir Nadia en train de pleurer alors qu'elle était témoin de notre journée mémorable. Elle a trois jeunes filles, et m'a dit plus tard qu'elle imaginait la douleur d'être séparée d'elles.

Claude était à mes côtés, comme toujours, protecteur et

stable. Il y avait une chaise pour moi, mais j'étais trop anxieuse pour m'asseoir. L'assistante sociale du Foyer a dit,

"Tu vas d'abord rencontrer tes frères avant qu'ils n'amènent ta mère ici."

À ce moment-là, je savais que j'avais trois frères et je comprenais pourquoi ils voulaient me rencontrer en premier. Cela a dû être incroyable pour eux d'apprendre qu'après 61 ans, je cherchais à retrouver ma mère biologique, surtout qu'ils avaient essayé de me retrouver pendant tant d'années. Pourquoi maintenant, ont-ils dû se dire. Pourquoi n'ai-je pas cherché à retrouver ma mère biologique il y a des années? J'aurais aimé avoir une réponse claire à leur donner. Même si l'idée me trottait dans la tête depuis des années, ma peur l'emportait toujours sur mes pensées jusqu'à ce que je visite Montréal. Montréal a eu une influence magique sur moi et petit à petit, j'ai trouvé mon courage.

L'assistant social du Foyer a appelé la réceptionniste pour lui faire savoir que nous étions prêts à ce que mes frères nous rejoignent dans la salle de réunion.

Lorsqu'ils apparaissent tous les trois dans l'embrasure de la porte, il semble qu'ils se déplacent comme une seule unité. Ils se sont avancés dans la pièce avec Guy, l'aîné, au milieu et légèrement en avant, flanqué de Pierre et Yves, les deuxième et troisième fils de Mireille. Alors qu'ils concentraient leurs regards sur moi, j'ai cru les voir tous ensemble faire un pas en arrière, la bouche ouverte et les yeux écarquillés.

Plus tard, ils m'ont dit qu'ils avaient été littéralement stupéfaits lorsqu'ils ont vu que je ressemblais exactement à notre mère vingt ans plus tôt et, alors qu'ils se dirigeaient vers sa chambre après m'avoir rencontré, ils se sont dit l'un à l'autre,

"Nous ne pouvons certainement pas la renier."

Quand ils m'ont vu, ils ont su que je leur appartenais. Cette pensée me coupe le souffle.

Quand je suis nerveuse, soit je n'arrive pas à trouver une chose à dire, soit je n'arrive pas à m'arrêter de parler. Peu après que j'ai commencé à parler, mon mari m'a gentiment arrêtée et a demandé à mes frères s'ils pouvaient me comprendre. Il ne voulait pas qu'ils manquent quelque chose de ce que je disais, et ils ont tous le français comme langue principale. Ils ont tous hoché la tête avec enthousiasme et ont répondu,

"Oui, oui!"

Je ne pense pas avoir raté un battement avant de reprendre mon monologue. Qu'est-ce que j'ai dit? Je ne sais pas, mes émotions ont pris le dessus, mais ça devait avoir un sens parce qu'ils continuaient à sourire et à hocher la tête. Je voulais surtout qu'ils sachent que j'étais désolée de ne pas les avoir trouvés plus tôt, pour que notre mère ait la tranquillité de savoir que je suis heureuse et en sécurité.

Mon frère Guy a dit,

"Nous sommes si heureux que vous nous ayez trouvés. Nous avons aidé notre mère à vous retrouver depuis qu'elle nous a parlé de vous en 1994."

Toutes ces années où je me suis demandé et j'ai pensé à ma mère biologique, elle se demandait et pensait à moi. Maintenant, nous allons être réunies.

Claude est venu se mettre à mes côtés pendant que nous attendions l'arrivée de ma mère. Cela faisait environ une demi-heure qu'elle nous attendait dans sa chambre, et maintenant je n'attendais que cinq ou dix minutes et cela me semblait si long. C'était peut-être juste moi, mais j'avais l'impression que nous retenions tous notre souffle.

Puis elle est arrivée, poussée dans son fauteuil roulant par ma belle-sœur Angela, la femme de mon plus jeune frère Yves. J'ai vu ma mère biologique, Mireille, scruter la grande salle, s'efforçant de me trouver. Cela me faisait mal de lui causer ne serait-ce qu'une brève minute d'attente de plus. J'ai rapidement marché vers elle pour qu'elle me trouve, et nos regards se sont croisés.

Je me suis penché pour lui donner nos étreintes et nos baisers tant attendus, puis j'ai reculé pour nous regarder et nous recueillir, enfin réunis. C'est comme si nous nous regardions dans un miroir, Mireille regardant sa jeune personne, et moi regardant ma future personne. Nos yeux ont la même forme et la même couleur, nos nez sont longs et distinctifs, nos mains et nos os du poignet saillants sont identiques. En nous regardant l'un l'autre, nous avions l'impression d'être les deux seules personnes présentes dans la pièce. Après 61 ans, nous ne pouvons pas nous regarder assez longtemps pour rattraper tout le temps perdu.

La famille regarde, ma nouvelle famille. Le visage de chaque personne révèle ses pensées. Ils regardent anxieusement, prudemment, et avec une compassion et un amour apparents. Ils sont très protecteurs envers leur mère, et peut-être méfiants envers leur nouvelle sœur, mais ils apprécient mon importance pour leur mère. Ils sont satisfaits de voir qu'enfin, le souhait de leur mère de connaître sa fille avant de mourir a été réalisé.

J'ai senti qu'une chaise était placée sous moi et Claude m'a gentiment guidée pour m'asseoir. Elle et moi sommes maintenant au niveau des yeux. Son anglais était limité, probablement en raison d'un manque d'utilisation et peut-être de sa démence croissante. Mais je connais un peu le français et tout ce qu'il nous fallait, c'était "Je t'aime" et nos embrassades. Nous étions tous les deux en larmes en réalisant que ce jour était celui que nous n'aurions jamais pensé voir arriver.

"Je t'aime!" m'a-t-elle dit.

"Je t'aime!", ai-je dit. "Je suis si heureuse d'être enfin avec toi!"

"Moi aussi!", a-t-elle répondu.

Ce sont les mots qui ont constitué cette première conversation alors que nous nous prenions dans les bras, que nous nous embrassions et que nous nous tenions la main.

Avant nos retrouvailles, j'ai pensé à mon enfance, à mes parents et à mon frère Brian, à mes enfants et aux questions qu'elle pourrait se poser. Je me suis également demandé ce que je devais apporter avec moi pour notre réunion. J'ai opté pour un livre de photographies illustrant ma vie. Pour ne pas l'accabler, je n'en ai choisi que quelques-unes. Mes frères lui ont répété, en français, mes commentaires sur les photos. Elle était intéressée, mais plus intéressée à me regarder que je ne l'étais à la regarder. Le temps a passé très vite et nous avons vu qu'elle était épuisée. Elle est retournée dans sa chambre et je lui ai promis de la revoir dans quelques heures.

Lorsque Angela a fait entrer Mireille dans la salle de réunion, elle était accompagnée de mes frères et de notre oncle Yvon, le frère aîné de Mireille. Lui et Mireille sont les deux aînés de la famille et ont été très proches pendant leur enfance. J'étais si heureuse qu'il puisse faire partie de cette journée. C'est après avoir ramené Mireille dans sa chambre que j'ai regardé autour de moi pour voir qui était dans la pièce avec nous. Mireille et moi étions dans une bulle et nous n'avions d'yeux que pour l'autre.

Nadia s'est approchée de nous alors que nous nous préparions à partir.

"Est-ce typique de la plupart des réunions auxquelles vous avez assisté?" J'ai demandé.

"Pas du tout", a-t-elle répondu, "ces retrouvailles sont très rares et satisfaisantes".

Elle nous a souhaité bonne chance et je lui ai dit que je resterais en contact.

Mes frères et moi avons échangé nos numéros de téléphone pour pouvoir communiquer et nous voir bientôt. C'était très bientôt car dès que nous avons quitté le Foyer ensemble, nous avons tous décidé de déjeuner pendant que notre mère se reposait dans sa chambre.

L'assistante sociale du Foyer, dans le souci de clôturer formellement la réunion, nous a demandé,

"Êtes-vous satisfait de l'issue de cette réunion?"

Je n'ai pas d'expérience à laquelle comparer, mais c'était plus que satisfaisant pour moi. C'est tellement naturel d'être avec cette famille, ma famille, même si j'ai été absent de Mireille pendant 61 ans et de la vie entière de mes frères.

LES RETROUVAILLES

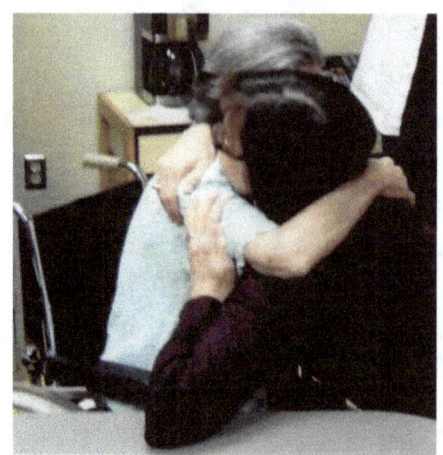

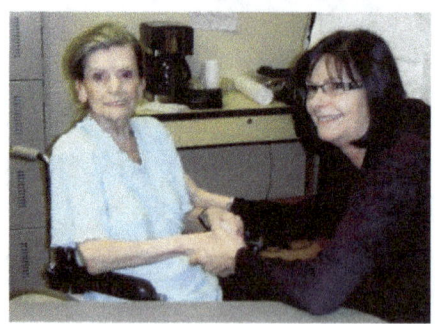

Devant - Guy, Mireille, Eileen, Yvon. Derrière - Pierre, Angela, Yves, Claude

Sans que je le sache à l'époque, 70 % des personnes qui ont recherché un parent ou un enfant biologique, et 89 % de celles qui n'ont pas cherché mais ont été retrouvées, n'ont pas établi de lien immédiat avec leur parent ou leur enfant biologique. C'est ce qui ressort d'une étude britannique, The Adoption, Search, and Reunion Study, publiée dans The Guardian. Nadia avait raison de dire que mes retrouvailles étaient rares.

J'ai appris plus tard qu'elle a failli mourir en février 2011, au moment où Nadia m'a appelé pour me dire qu'elle suivait des pistes pour la retrouver. Je crois que son amour et sa détermination étaient si forts que ses pensées et ses souhaits de me retrouver me parvenaient d'une manière inexplicable. J'ai finalement écouté cette petite voix qui m'a emmenée à Montréal et m'a lancée dans la recherche. Il est tentant de se lamenter sur la perte de temps et d'opportunités, mais je vais plutôt essayer de tirer le meilleur parti du temps qui nous reste.

Nous avons quitté la résidence avec Guy, Yves et Angela, et Pierre. Ils nous ont demandé si nous voulions nous joindre à eux pour de diner. Nous étions ravis bien que je n'aie pas d'appétit. J'étais très heureuse de prolonger notre temps ensemble. Alors que nous quittions le Foyer, Claude a pensé à prendre une photo de moi avec mes trois frères. C'est devenu un souvenir important pour nous tous.

Les frères et sœurs enfin réunis - Pierre, Yves, Eileen et Guy

34
L'APRÈS-MIDI

14 AVRIL 2011 (APRÈS-MIDI)

Après notre dîner avec mes trois frères et Angela, Claude et moi sommes retournés au Foyer pour rendre visite à Mireille. Notre première visite de ce matin s'est faite dans la salle de réception, mais cette fois-ci, nous irons directement dans sa chambre pour la première fois.

Mireille est au troisième étage qui accueille des patients atteints d'Alzheimer et de démence. L'ascenseur est verrouillé pour empêcher les résidents de se promener hors de l'étage, on nous a donc donné le code d'accès. Le vieil ascenseur Otis était lent et bruyant lorsqu'il nous a emmenés au troisième étage. Lorsque nous sommes descendus de l'ascenseur pour nous rendre dans la chambre de Mireille, le poste des infirmières se trouvait devant nous, derrière une grande vitre. Je me souviens qu'il y avait trois infirmières et aides-soignantes qui, de derrière la vitre, nous regardaient directement lorsque nous sommes sortis de l'ascenseur. Lorsqu'elles m'ont vue, elles ont porté leurs mains à leur visage et ont commencé à s'exclamer en français que je ressemblais à ma mère biologique. Bien que je me souvienne de phrases de base telles que bonjour, ça va et merci de mes années de lycée et d'université, je n'avais pas besoin de connaître la langue pour comprendre ce qu'ils disaient. L'histoire de la réunion de Mireille et de sa fille circulait dans la maison bien avant mon arrivée, avant même que Nadia ait pu organiser notre réunion. Ils connaissaient tous l'histoire et étaient curieux de me voir pour la première fois.

Après quelques hochements de tête et sourires, on nous a dirigés vers sa chambre au bout du couloir. En tournant le coin, loin des ascenseurs, nous avons vu un long couloir avec des portes, des murs peints en vert et des sols en carreaux polis. Les lumières au plafond étaient fluorescentes. Sur le mur à l'extérieur de chaque chambre, en guise d'introduction, se trouvait une page laminée et décorative de format 8,5 par 11 avec une petite photo et des détails sur la personne résidant dans cette chambre. Il était réconfortant de voir comment cela permettait de s'assurer que chaque personne était reconnue pour ce qu'elle est, pour la vie qu'elle a vécue et pour la place importante qu'elle occupe parmi les membres de sa famille. Ces introductions sont écrites à la première personne. Sur sa page, Mireille se présente et nous dit qu'elle est née à Montréal et a déménagé à Châteauguay en 1960 où elle a vécu avant de venir au Foyer. On y trouve les noms de ses frères et sœurs, Yvon, Lise et Guy ; son défunt mari, Jean Gilles, et ses enfants, Guy, Pierre et Yves ; ses petits-enfants et ses arrière-petits-enfants. On y apprend qu'elle aime la musique, le camping, les voyages et les restaurants.

Mon nom ne figurait pas sur cette liste, comme prévu, mais une agréable surprise m'attendait lors d'une visite ultérieure, lorsque nous avons rencontré Line, la femme de mon frère Guy, pour la première fois au Foyer deux jours plus tard.

Depuis 1994, je n'étais plus un secret pour mes frères, et ils avaient essayé de l'aider à me trouver par le biais de sites d'adoption en ligne et même d'une émission de télévision française qui réunissait des familles. Ces efforts les ont aidés à accepter l'idée d'une grande sœur bien avant de me rencontrer. Si j'avais été adoptée par une famille canadienne, ils auraient été en mesure de me trouver. Les dossiers d'adoption des États-Unis sont fermés et ne peuvent être descellés.

Nous sommes entrés dans sa chambre et elle était très heureuse de nous revoir. Nos yeux s'illuminaient dès que nous nous voyions. La chambre était un peu plus accueillante qu'une chambre d'hôpital, surtout parce que la famille l'avait décorée avec des touches personnelles pour son confort et son plaisir. Sur sa table de nuit, il y avait des photos encadrées de la famille et, en face de son lit, des images dessinées par ses petits-enfants et exposées là pour qu'elle les voie. Sur son lit se trouvait son édredon bleu et blanc préféré.

La grande fenêtre donnait sur un branche du fleuve Saint-Laurent et les rideaux étaient grands ouverts pour que nous puissions voir l'eau scintillante et entendre le bruit du fleuve qui s'écoule. À côté de la fenêtre se trouvait une chaise confortable à haut dossier pour s'asseoir et profiter de la vue extérieure.

Elle était déjà assise dans son fauteuil roulant et nous attendait. Elle semblait rafraîchie et j'espérais qu'elle n'avait pas longtemps attendu notre retour. Nous nous sommes assis avec elle dans sa chambre, prenant quelques photos de nous ensemble, et regardant certaines des photos encadrées qu'elle avait de la famille.

"Es-tu heureuse?" m'a-t-elle demandé.

"Je suis très heureuse, et surtout heureuse de t'avoir trouvée", lui ai-je dit.

Elle a demandé,

"Depuis combien de temps Claude et toi êtes mariés?"

"40 ans", lui ai-je dit.

C'était l'occasion pour moi de lui parler de mes enfants et

petits-enfants. Je lui ai montré des photos d'eux et lui ai parlé un peu de chacun d'eux. Elle m'a écouté et a souri.

Nous avons parlé de nos intérêts communs mais il n'y a pas eu de conversations profondes, et elle ne m'a pas posé d'autres questions.

Voulait-elle en savoir plus sur ce que je ressentais en grandissant en tant qu'enfant adopté et sur ce que je pensais d'elle au fil des ans? J'aurais aimé savoir comment était sa vie de jeune femme avant qu'elle ne soit enceinte de moi. S'amusait-elle avec ses amis et ses frères et sœurs? Allait-elle danser et faire du vélo quand elle était adolescente?

Mes frères m'ont dit qu'elle était fiancée à un soldat mais qu'elle a rompu avec lui lorsqu'il est parti en service actif. Nous ne savons pas qui était mon père biologique et, au fil des ans, elle n'a jamais révélé son identité, mais nous savons que ce n'était pas le soldat, car il est parti bien avant qu'elle ne soit enceinte. Il est naturel de penser que j'aurais posé de nombreuses questions à ma mère biologique, cependant, il n'y a eu aucune discussion sur les circonstances de mon début et de ma naissance. Mon instinct me retenait de poser ces questions. Je n'étais pas sûre que sa mémoire lui servirait, et je ne voulais pas lui causer un quelconque malaise. Elle me semblait trop fragile, pas seulement physiquement mais aussi émotionnellement. Je me suis mise à sa place et j'ai pensé à quel point ces retrouvailles devaient être éprouvantes. Elle semblait heureuse de vivre le moment présent avec Claude et moi, et c'est ce que nous avons fait. Même si je voulais savoir, je me suis contentée d'être ensemble après toutes ces années de questionnement et d'imagination. J'étais là pour lui apporter la paix. Nous étions tous les deux en paix ensemble.

C'était l'heure de son souper et elle a demandé si nous pouvions l'emmener en fauteuil roulant dans la salle à manger du lobby. Nous étions heureux de la sortir de sa chambre pour l'emmener dans un autre endroit. Dans la salle à manger, il y avait d'autres résidents, mais nous sommes restés entre nous. Claude et moi ne mangions pas ; c'était seulement pour les résidents, à moins qu'une réservation ait été faite pour que la famille se joigne à elle. Bien qu'il y ait des serveurs qui aident les résidents, nous avons aidé Mireille avec toutes ses demandes. Au menu, ce soir-là, il y avait un hamburger qu'elle a apprécié avec des fruits et des pommes de terre. C'était une journée d'activité intense, physiquement et émotionnellement éprouvante pour nous tous, et son appétit en était une véritable illustration.

Eileen, Mireille, et Claude - Salle à manger du lobby.

Lorsqu'elle a demandé à retourner dans sa chambre, nous savions qu'elle était fatiguée. Son visage et son corps montraient les effets d'une journée incroyablement éprouvante. La porte de l'ascenseur s'est lentement ouverte et une des infirmières, voyant que nous étions de retour du souper, nous a suivis jusqu'à sa chambre. Elle a vu sa fatigue et était prête à commencer son rituel du coucher. Une fois qu'elle fut confortablement installée dans son lit, nous l'avons embrassée et enlacée et lui avons dit que nous reviendrions le lendemain à temps pour son dîner. Lorsque je l'ai regardée depuis le seuil de la porte, ses yeux étaient déjà fermés et j'espérais que ses rêves seraient aussi doux que les miens cette nuit-là.

Alors que nous terminions notre visite, le téléphone portable de Claude s'est mis à sonner et il s'est rendu dans le corridor devant la chambre de Mireille pour répondre. C'était mon frère Yves qui demandait si nous voulions venir souper chez eux. Nous étions heureux de dire oui à cette invitation attentionnée.

Leur maison se trouve à quelques minutes du Foyer. Lorsque nous sommes arrivés, Yves et Angela étaient en train de transporter des provisions de leur voiture à la maison. Ils ont une maison similaire à la nôtre avec plusieurs niveaux et un concept ouvert de salon, salle à manger et cuisine. Chez nous, à Long Island, dans l'État de New York, c'est en avril que nous attendons les premiers signes du printemps: les bourgeons sur les arbres et les buissons et l'herbe qui tente de s'animer après un hiver long et froid. Aussi, lorsque nous sommes entrés dans l'arrière-cour avec Yves, la promesse de jours plus ensoleillés et plus chauds a été au cœur de notre conversation. Nous avons appris qu'Yves aimait planter et prendre soin des arbres. La piscine était encore couverte par l'hiver, mais nous pouvions imaginer le plaisir qu'ils ont dans leur cour pendant les beaux jours, nageant dans la piscine, faisant des grillades et s'asseyant près du foyer le soir. Nous avons été présentés et accueillis par leurs enfants, Sabrina, 17 ans, et Joey 14 ans. Ce sont des enfants magnifiques et affectueux et nous étions tous excités de nous rencontrer. Ils ont un chien adorable, Rosie, et un chat, Luna, qui ne s'est pas caché mais est venu voir les nouveaux arrivants.

Angela est un maître en cuisine et avec Yves, ils ont préparé un délicieux dîner pour nous six. Nous ayant entendu parler plus tôt de notre amour pour la mousse au chocolat, il y avait un gâteau à la mousse au chocolat pour le dessert.

Pierre, Angela, Yves, Eileen, Claude, Guy et Line.

Yves et Angela et leurs enfants parlent tous couramment le français et l'anglais. Angela parle aussi l'italien. Ses parents sont venus d'Italie au Canada avec leur famille, se sont rencontrés à Montréal, se sont mariés et ont créé une pépinière d'arbres et d'arbustes et de fleurs. C'est un bon terrain et ses parents et la grand-mère d'Angela vivent dans la maison où Angela, ses sœurs et son frère ont grandi. Lors d'une de nos dernières visites à Châteauguay, Angela et Yves nous ont emmenés rencontrer ses parents et sa grand-mère qui connaissent et aiment Mireille depuis de nombreuses années. Ils étaient très excités et heureux de rencontrer leur fille.

Claude et moi avons eu tellement de choses à digérer et à discuter sur le chemin du retour au Hyatt de Montréal. Nous avons été émerveillés par le fait que nous avons reçu plus d'amour et d'acceptation aujourd'hui que nous n'aurions jamais pu l'imaginer. Nous étions physiquement et émotionnellement épuisés et nous nous sommes effondrés dans le lit pour un sommeil profond. Je suis certaine d'avoir dormi toute la nuit avec un sourire sur le visage.

35
WEEK-END SPÉCIAL

VENDREDI 15 AVRIL 2011

Lorsque nous sommes arrivés au Foyer à 11 heures, nous sommes d'abord allés dans sa chambre, et ne l'y trouvant pas, nous sommes allés dans la salle à manger au même étage. On venait de lui servir le dîner. Il y avait beaucoup d'autres résidents de son étage, mais dès qu'elle nous a vus, elle a voulu retourner dans sa chambre et y prendre son repas. Nous étions heureux de le faire car les autres résidents étaient une grande source de distraction. Certains d'entre eux criaient fort ou se mettaient à chanter. Dans le calme de sa chambre, elle mange un peu et veut ensuite se reposer dans son lit. Je me suis assise avec elle, lui tenant la main pendant qu'elle dormait. Elle ouvrait les yeux de temps en temps et me souriait.

À un moment donné, elle s'est inquiétée de mon confort en me demandant si j'étais fatiguée. Puis une autre fois, elle a dit que j'étais calme. Je lui ai demandé si elle était couturière avant ma naissance. Elle a juste souri, comme pour confirmer, mais n'a pas donné de détails. Mes frères ont dit qu'ils la connaissaient mieux lorsqu'elle travaillait à la maison, qu'elle s'occupait très bien d'eux et qu'elle préparait de grands repas. Il y avait toujours un extra pour tous ceux qui s'arrêtaient à l'heure du repas et elle était heureuse de leur compagnie. Nous avons parlé de voyages et du fait qu'elle aimait aller à Hollywood Beach, en Floride.

Même s'il était évident qu'elle savait où elle était et qui nous étions, sa démence avait fait des ravages. Claude et moi lui parlions de nos enfants et petits-enfants, et elle souriait. Nous savions qu'elle aimait les voyages en Floride, les chiens, la cuisine et tout ce qui avait trait à la famille, ce qui nous permettait d'entretenir la conversation. Il semblait qu'elle comprenait tout mais qu'elle n'initiait pas la conversation. Pour être juste, cela peut être dû à nos différences de langue. Mes frères nous ont dit qu'elle avait parlé anglais dans le passé, mais qu'elle n'en a pas eu besoin pendant de nombreuses années. Elle parlait français avec toute sa famille et ses amis et je me demande si, si je parlais français, elle aurait pu avoir plus de choses à me dire. Elle se fatiguait aussi facilement. En dépit de ces choses, elle était souriante et belle.

En milieu d'après-midi, nous avons quitté le Foyer et sommes rentrés à Montréal. Pendant que Claude faisait quelques travaux dans la chambre, j'ai trouvé un endroit dans le centre commercial pour développer et acheter des cadres pour la photo de moi avec mes trois frères. J'en ai encadré cinq, une pour Mireille qui l'aura à son chevet, une pour moi, et une pour chacun de mes trois frères. Les quatre frères et sœurs, enfin réunis.

Pendant que je faisais mes courses, mon esprit repassait en revue les événements miraculeux des deux derniers jours. Lors de ma première rencontre avec Mireille, nous nous sommes surtout regardés et avons exprimé notre amour. Lors des rencontres suivantes, nous avons discuté de nos goûts et de nos dégoûts en général. La cuisine et la danse étaient deux de ses passe-temps favoris, et ce sont aussi deux des miens. Chaque été, elle aimait faire du camping avec la famille dans une communauté de chalets, et chaque été, j'aimais faire du bateau avec ma famille.

Mon frère Guy a parlé avec l'oncle Yvon de l'identité de mon père biologique. Il avait des photos de Mireille quand elle était jeune avec un homme auquel elle était fiancée. Il n'y a pas de date précise quant à la rupture des fiançailles, mais elle a fréquenté d'autres hommes après cette rupture. Nous pensons tous que l'oncle Yvon sait peut-être qui est mon père biologique, mais lorsque Guy lui a demandé, il a répondu qu'il ne s'en souvenait pas parce que c'était il y a trop longtemps. Même si j'aimerais en savoir plus sur mon héritage et mes informations biologiques, je suis content d'avoir trouvé Mireille, mes frères et leurs familles.

En 2002, mes frères et belles-sœurs ont essayé de trouver des informations sur moi par le biais d'Internet et d'une émission de télévision francophone, Claire Lamarche. Mireille espérait qu'avec les nouvelles technologies, il y aurait un moyen de me retrouver aux États-Unis, mais ils ont vite appris que, comme j'avais été adoptée par une famille américaine et amenée aux États-Unis, où les dossiers d'adoption sont scellés, il n'y avait aucun moyen de me retrouver. Bien que mon nom canadien-français figure sur mes papiers de naissance, mon nom américain était un secret bien protégé. J'ai pensé,

"Comment ont-ils pu laisser mon vrai nom sur les papiers?"

Je pouvais simplement chercher les noms dans l'annuaire téléphonique, ou plus tard sur Internet, et commencer à appeler les gens.

Si j'avais su à quel point il serait facile de retrouver ma famille biologique et, surtout, si j'avais su que Mireille me cherchait, je l'aurais cherchée depuis longtemps.

"Pourquoi ne pas appeler ta famille et leur demander de nous rejoindre à Montréal pour souper?" a suggéré Claude lorsque nous sommes retournés à l'hôtel Hyatt de Montréal.

Mes frères et leurs familles vivent tous à Châteauguay, une banlieue de Montréal, mais travaillent dans la ville de Montréal. Nous leur avons proposé de nous rejoindre pour souper en ville avant de rentrer chez eux, mais ils nous ont répondu qu'ils devaient d'abord rentrer chez eux, puis revenir en ville. Nous n'avons pas voulu les déranger et leur avons dit que nous pourrions les voir à Châteauguay le lendemain lorsque nous viendrions rendre visite à Mireille. Nous savions que le trajet entre leurs maisons et Montréal prendrait du temps puisqu'il fallait emprunter le pont Mercier, toujours en construction et sujet à des retards. Malgré tout, ils ont fait le voyage pour nous voir. Guy et Line n'ont pas pu venir, mais Angela, Yves et Pierre nous ont rejoints au Hyatt.

Quand ils sont arrivés, ils nous ont guidés vers un restaurant de tapas où nous avons tous pris un martini avec nos savoureux tapas. Pour le dessert, Angela nous a suggéré d'aller chez Juliette et Chocolat, un restaurant spécialisé dans les desserts. Là, nous avons mangé des crêpes suzettes et pris des cafés au lait. Nous sommes au paradis de la nourriture française. Nous n'arrivons pas à croire que nous les avons rencontrés seulement hier et que nous sommes si à l'aise. Nous apprécions les mêmes choses.

Ma mère biologique, Mireille, devait être une mère exceptionnelle. Ses trois fils aimants en sont le témoignage. Je sais par leurs récits que leur père était lui aussi exceptionnel. Je ne peux pas mettre de mots sur l'amour que je porte déjà à ma famille. Ils sont si attentionnés, doux, gentils et généreux avec moi. Dire que j'aurais vécu sans jamais les connaître et maintenant ma vie est tellement plus riche de les connaître. J'ai hâte que tous mes proches aux États-Unis rencontrent ma famille canadienne-française et les aiment comme moi.

J'ai été émerveillée de voir à quel point je me suis sentie acceptée et accueillie dès la première rencontre. Après avoir partagé ce sentiment avec mon amie Marilyn, elle a fait remarquer que, comme ils savaient tous à mon sujet et l'avaient aidée à me trouver, je vivais dans leur esprit avant qu'ils ne me rencontrent. Je suis également frappée par le fait que mes deux mères étaient très ouvertes. Ma mère a partagé l'histoire de mon adoption depuis avant que je me souvienne, et ma mère biologique a partagé son histoire avec ses fils.

SAMEDI 16 AVRIL 2011

Hier, quand Angela et moi étions dans le hall de la maison de retraite, j'ai lu un panneau "Trefle D'Or". Elle m'a dit que cela signifiait "trèfle d'or à quatre feuilles". C'était très significatif pour moi car, il y a de nombreuses années, ma mère, Mary Clancy Coyne, m'en avait donné un d'Irlande pour l'accrocher au-dessus de la porte d'entrée de ma maison. Nous commençons à voir de nombreux parallèles entre ma mère biologique Mireille et ma mère Mary. Après le décès de mon père puis de ma mère, j'ai remarqué ce que j'interprète comme des signes de leur part. Je dis souvent ,

"Oh, c'est ma mère ou mon père qui te dit bonjour." C'était encore une fois de ma mère, et je suis sûr que c'était pour lui donner sa bénédiction.

Lorsque nous sommes arrivés à la résidence à 11 h 30, Mireille était assise et regardait par les fenêtres de devant, près de la porte du Foyer, avec mon frère et ma belle-sœur, Guy et Line. C'est notre première rencontre avec Line. Elle nous a donné un très gros câlin et nous étions heureux de la rencontrer. Mireille souriait et faisait signe de la main lorsque nous sommes entrés.

Fille et mère réunies!

La famille a fait une réservation pour que nous puissions tous manger dans la salle à manger du Foyer avec Mireille. Nous avons été assis à une longue table au milieu de la pièce. Il y avait d'autres tables plus petites dans la grande salle avec des familles qui mangeaient, mais nous n'étions pas distraits par elles. Claude et moi, ainsi que mes frères et leurs familles, étions tous assis à cette table. C'est incroyable que je partage un repas avec ma mère biologique et les membres les plus proches de ma famille biologique. Même si nous nous trouvions dans une maison de retraite, j'étais tellement captivée par tous les convives que l'environnement et le repas lui-même n'avaient plus d'importance.

Ce dont je me souviens de ce souper, c'est la chaleur et l'amour que j'ai ressentis alors que j'étais assise parmi ma famille. Nous nous sommes rencontrés il y a seulement 48 heures, mais j'ai eu l'impression de les connaître depuis toujours. J'essaie de me souvenir de ce dont nous avons parlé ou de ce que nous avons mangé et je suis perdue. Au lieu de me souvenir de ces détails, je me rappelle m'être sentie stupéfaite et comme si je vivais une expérience "hors du corps". J'observais tout et tout le monde sans prendre conscience de la signification de cette occasion. Bien que, dans le court laps de temps qui s'est écoulé depuis notre rencontre, j'avais déjà partagé des repas avec mes frères et leurs familles, il m'est apparu que c'était le premier repas que je prenais avec tous mes frères et sœurs et notre mère ensemble.

Dans notre famille, comme dans ma famille canadienne, nous avons la chance de vivre à proximité les uns des autres et de partager de nombreux repas ensemble. Non seulement pour les fêtes ou les occasions spéciales, mais aussi pour la seule raison de se voir. En hiver, nous pouvons partager un ragoût copieux ; en été, nous allumons le gril dans la cour et chacun apporte quelque chose à partager.

Ce jour-là, j'imaginais une époque où Mireille allait bien et où nous aurions pu partager ce dîner dans l'une de nos maisons. Je la vois se mêler et parler avec tous les membres de la famille, profiter des petits-enfants, jouer avec les animaux domestiques et aider à préparer l'un des plats. C'est facile à imaginer car ces dîners de famille sont les moments où je suis le plus heureuse.

Nos familles sont si semblables que je peux me permettre ces fantaisies. Dans de nombreux mémoires d'adoption que j'ai lus, la famille biologique et la famille adoptive sont très différentes et l'adopté a du mal à établir des liens avec sa famille biologique après avoir été assimilé par sa famille adoptive.

Après ce repas spécial, nous sommes tous retournés à la chambre de Mireille ; nous avons traversé le hall, attendu l'ascenseur, vécu la lente montée, puis nous sommes arrivés à la porte de sa chambre. J'étais prêt à entrer directement dans la chambre, mais Line m'a gentiment arrêté et m'a montré le panneau d'introduction sur le mur à côté de la porte. Je pensais que c'était celui que j'avais vu lors de ma première visite au Foyer, et peut-être que Line ne savait pas que je l'avais vu lors de ma première visite. Mais le panneau avait été modifié. Mon nom était maintenant inscrit comme l'un des enfants de Mireille, et mes deux enfants et mes quatre petits-enfants étaient maintenant inclus dans le nombre total d'enfants et de petits-enfants de Mireille. J'étais tellement surprise et touchée de voir que mon nom était inclus dans cette importante histoire de Mireille. Line m'a souri et j'ai appris qu'elle avait recréé l'affiche en ajoutant mon nom en tant que fille de Mireille et les noms de mes enfants et petits-enfants. Cet acte attentionné de Line a été un geste mémorable et affectueux et a été une illustration tangible de mon acceptation dans la famille.

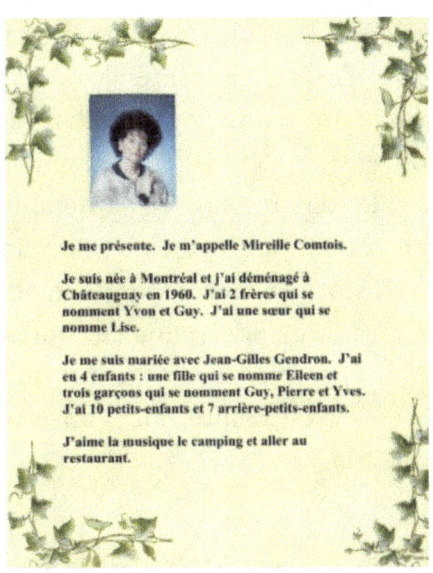

Après que Mireille se soit endormie, Guy et Line nous ont emmenés chez eux, à quelques minutes du Foyer. La mère de Line, Diane, vit avec eux et c'était la première fois que nous la rencontrions. Elle est si gracieuse et douce. La maison est divisée en deux espaces de vie séparés, ils ont donc chacun leur propre appartement.

Leurs enfants Michael, 20 ans, et Melissa, 22 ans, vivent avec eux. La fille de Guy, Josée, vit dans une autre ville avec sa fille Joëlle. Tous mes frères et leurs familles étaient là pour le dîner ce jour-là, sauf le fils de Pierre, Pierre Charles, qui vit à Toronto.

Guy aime cuisiner pour sa famille et ses amis, comme le faisait notre mère, et ses plats comprennent des sauces spéciales et des accompagnements dignes d'un grand restaurant.

Pour commencer, nous avons apprécié le prosciutto et le melon, le fromage et les crackers, et la bruschetta maison.

Le menu était un steak mariné avec des pommes de terre rôties au four. En outre, Angela a préparé un couscous aux amandes, aux canneberges et aux groseilles, ainsi qu'une salade avec une vinaigrette spéciale à base de sirop d'érable canadien.

Pour commencer le dîner de célébration, le champagne a été sabré et versé dans des verres contenant une fraise alors que nous portons un toast à maman et à la chance que nous avons eue de nous retrouver.

Pour terminer le dîner, Guy et la famille ont sorti une bouteille de cognac de 250 ans d'âge que maman partageait avec la famille lors d'occasions spéciales. En portant un toast pour la remercier, tout le monde a convenu qu'elle aurait voulu que nous fassions la fête avec son cognac. Ce fut une autre journée parfaite et un rêve devenu réalité, mais un rêve que je n'aurais jamais imaginé possible.

DIMANCHE 17 AVRIL 2011 (DIMANCHE DES RAMEAUX)

Pendant les semaines où Nadia cherchait Mireille, je tenais sœur Jeannette au courant des événements par lettre. Lorsque j'ai su que je serais à Montréal pour mes retrouvailles avec ma mère biologique, je l'ai prévenue et lui ai demandé si nous pouvions lui rendre visite pendant notre séjour. Elle a pu trouver du temps pour nous et, en ce dimanche des Rameaux, nous nous sommes rendues au couvent des Sœurs de la Miséricorde.

Nous avons partagé toutes nos bonnes nouvelles et nos photos et elle était heureuse d'entendre que nos retrouvailles avaient été si positives. Je me souviens que lors de notre première rencontre, elle nous avait dit que les réunions ne se passaient pas toujours bien. Elle voulait que nous soyons préparés.

Nous avons eu une belle visite avec Sœur Jeannette, une personne particulièrement aimante et attentionnée qui travaille très fort pour s'occuper des sœurs âgées malades. La mission de sa vie a été de prendre soin des autres. Bien que ma mère biologique Mireille n'ait pas été prise en charge par les Sœurs de la Miséricorde, Sœur Jeannette m'a fourni l'inspiration dont j'avais besoin pour poursuivre ma recherche d'informations. Elle m'a donné le courage dont j'avais besoin pour faire ce premier pas. J'ai été très surprise lorsqu'elle nous a dit, lors de notre première visite, qu'il existait des dossiers sur tous les bébés nés à cette époque. Bien que mon nom, Marie Monique Comtois, figure sur mes papiers d'adoption, j'ai toujours douté que ce soit vraiment mon nom de naissance. Mes amis qui ont été adoptés aux États-Unis n'ont jamais eu leur nom de naissance puisque tous les adoptés de l'époque n'avaient qu'un certificat de baptême avec leur nom de famille d'adoption. J'étais heureuse et je savais qui j'étais, et je n'ai jamais pensé que ma mère biologique me recherchait.

Après notre visite chez Sœur Jeannette, nous sommes allés rendre visite à Mireille. Mes trois frères et leurs épouses, Claude et moi étions tous là. C'était la fin du week-end d'une vie. Nous étions tous dans sa chambre et elle écoutait tout le monde et souriait avec un air de joie et de contentement en suivant la conversation. Selon ma famille, mon arrivée lui a redonné de l'énergie.

Après son dîner et la visite de tous ses enfants, les infirmières l'ont préparée pour le lit. Claude et moi allions partir pour notre maison à Long Island, New York. Mes frères et belles-sœurs sont partis avant nous. Mireille et moi nous sommes embrassés et serrés dans nos bras. Nous nous sommes dit "Je t'aime", et elle a dit que je lui manquerais. J'ai dit que je reviendrais dès que possible. J'étais désolée de devoir partir pour retourner au travail.

Elle a dit,

"Je t'attendrai"

Elle m'a attendu pendant presque 62 ans et maintenant elle doit m'attendre à nouveau.

36
PREMIER MOIS - MAI 2011

Le 17 avril 2011, nous sommes retournés dans notre maison à Long Island. Le week-end de retrouvailles a été plus parfait que nous aurions pu l'imaginer. J'avais maintenant une nouvelle famille et nous les avons quittés en promettant de nous revoir bientôt. Lorsque Mireille m'a dit "Je t'attendrai" au moment de notre départ, la pensée qu'elle attendait là, au Foyer, ne quitte pas mon esprit.

Le dimanche suivant notre retour à la maison était le dimanche de Pâques et c'est l'une des fêtes que Claude et moi organisons chez nous pour notre famille. Comme nous sommes 25, c'est une grande fête où les enfants s'amusent à chercher les œufs de Pâques soigneusement placés dans la cour par les cousins plus âgés, tandis que notre beau-frère Anthony joue du banjo. Le lundi suivant, j'ai envoyé des photos de cette journée à ma famille canadienne. Nous voulons apprendre à nous connaître et à savoir à quoi ressemblent nos traditions et occasions familiales.

Ma famille Canadienne et ma famille Américaine partagent tellement de similarités. La plupart de notre famille vit dans la même ville ici à New York et la plupart de ma famille canadienne vit dans la même ville au Canada. Nous avons grandi dans la ville où nous vivons maintenant, et ils ont grandi dans la ville où ils vivent maintenant,

Par conséquent, comme c'est le cas pour nous, leurs enfants et petits-enfants connaissent bien leurs tantes, oncles et cousins.

Nous aimons tous recevoir la famille pour le dîner et nous apprécions les mêmes types d'aliments, des repas basés principalement sur le régime méditerranéen.

Après avoir passé le week-end au Canada, nous avons commencé à planifier notre prochaine visite en mai.

Quelques jours après que Claude et moi soyons rentrés du Canada, mon frère Guy m'a appelé et m'a dit de m'attendre à un paquet de sa part. Il m'a dit que le courrier du Canada est lent, mais que dès que je le recevrais, je devais le lui faire savoir. Qu'est-ce que cela peut être?

Il a mis plus d'une semaine à arriver. Au moment où Guy l'a posté, il y a eu un ralentissement du travail postal au Canada. Enfin, il est arrivé et je l'ai ouvert pour trouver la bague en onyx noir de Mireille. C'était la première fois que je voyais cette bague. La famille m'a dit que c'était son bijou préféré, et je peux la voir à son doigt sur toutes les photos que ma famille a partagées avec moi. Ils voulaient que je l'aie puisqu'elle ne pouvait pas la porter dans le Foyer où elle vit. Une fois encore, leur prévenance m'a fait comprendre par des actes plutôt que par des mots que je comptais pour notre mère et que, par conséquent, je comptais pour eux. C'était une autre façon pour eux d'illustrer leur acceptation de moi. Elle signifie tellement pour moi et je suis si heureuse de la porter. C'est un objet que je chéris.

VENDREDI 13 MAI 2011

Claude et moi sommes partis de mon école à Commack, dans l'État de New York, pour Lake Placid. Nous sommes arrivés au Whiteface Lodge le soir même et nous étions excités à l'idée que le lendemain, nous reverrions Mireille. Cela faisait un mois, et mes frères m'ont dit qu'elle était très heureuse que nous venions. J'avais hâte de la revoir. Ce n'est pas pour rien que nous faisons du Whiteface Lodge de Lake Placid, dans l'État de New York, notre escale sur le chemin qui mène à ma famille à Châteauguay.

En 2005, Claude et moi avons reçu un appel téléphonique de Martine, la sœur de Claude, et de son mari Anthony, tout excités de nous parler d'une opportunité qu'ils venaient de trouver. Nous savions qu'ils étaient partis en voyage et nous étions curieux d'entendre la nouvelle de leur bouche.

"Nous traversions Lake Placid en voiture pour des vacances touristiques et nous sommes tombés sur un nouveau lotissement exceptionnel dans lequel nous pensons que notre famille devrait investir."

Claude et moi n'étions pas à la recherche d'une quelconque résidence secondaire, mais nous étions très intéressés par ce qu'ils avaient à dire et nous avons fait confiance à leur intuition. Nous savions que le père de Claude serait également intéressé, car tout ce qui rapproche la famille est de la plus haute importance pour lui.

Martine et Anthony ont raconté comment ils ont découvert et étudié cette propriété.

"Nous nous promenions dans la ville quand, sans prévenir, le ciel s'est couvert et un rideau de pluie s'est mis à tomber".

Ils se sont abrités sous l'auvent d'un magasin, espérant que la tempête passe rapidement, mais le vent soufflait la pluie latéralement et l'auvent ne les gardait pas au sec. Ils se sont tournés pour regarder dans la vitrine du magasin et ont vu le logo de The

Whiteface Lodge. C'était une nouvelle propriété en cours de construction et c'était le bureau des ventes. Martine et Anthony y sont entrés pour rester au sec, obtenir des informations et rendre l'attente de cette tempête beaucoup plus intéressante. Cet après-midi a été le prélude à un nouveau chapitre important dans l'avenir de notre famille.

"Bienvenue, pouvons-nous vous aider?" ont demandé les vendeurs animés presque à l'unisson.

En regardant dans le bureau, Martine et Anthony ont vu les photos du Lodge à plusieurs étapes de son développement.

Ils ont accepté l'invitation à s'asseoir avec l'un des représentants commerciaux qui a commencé à raconter l'histoire du développement du Lodge, construit selon la vision de son propriétaire et promoteur, un résident local de Lake Placid.

La tempête est passée, et le vendeur a proposé de leur faire visiter la propriété, située à seulement cinq minutes du bureau de vente. Ils ont été très impressionnés par la présentation et la visite et il ne leur restait plus qu'à convaincre la famille d'acheter un appartement de vacances.

Il a été utile que The Whiteface Lodge nous offre à tous un week-end gratuit pour séjourner au Lodge et découvrir tout ce qu'il avait à offrir. Après cette visite, nous étions tous excités à l'idée de pouvoir faire partie de cette communauté en pleine expansion. Les formalités administratives ont été remplies ce week-end-là et nous avons acheté une unité de trois chambres à coucher et trois salles de bain au troisième étage, avec un porche donnant sur les montagnes. Nous pourrons profiter des couchers de soleil et de la vue imprenable sur les montagnes en toute saison. Martine et Anthony ont choisi cette unité lors de leur toute première visite au Lodge. Ils ont considéré que la taille de la véranda et la vue vers l'ouest étaient des éléments importants pour nos futur séjours.

"C'était une tempête de pluie très fortuite", nous disons tous.

Cette tempête et la curiosité de Martine et Anthony ressemblent à une intervention divine.

Nous avons acheté cet appartement en octobre 2005. J'ai rencontré ma famille biologique en 2011. Lake Placid est à seulement deux heures et demie de la ville de ma famille à Châteauguay, au Canada. Lorsque nous allons à notre condo, mes frères et leurs familles nous rejoignent quand c'est possible et profitent de tout ce que Lake Placid a à offrir. Nous savions que le Whiteface Lodge rapprocherait notre famille new-yorkaise, mais il a fallu attendre six ans avant de réaliser qu'il rapprocherait également notre famille canadienne.

SAMEDI 14 MAI 2011

Nous avons quitté le Lodge après le petit-déjeuner, ce qui nous laisse le temps d'arriver à la résidence pour voir Mireille à 11 heures, à temps pour son dîner.

Nous sommes allés directement dans sa chambre. Elle était assise sur le bord de son lit, son fauteuil roulant garé près de ses pieds.

"Bonjour Maman", avons-nous dit en nous approchant d'elle.

Elle a levé les yeux et nous nous sommes penchés pour l'embrasser. En la serrant doucement dans mes bras, j'ai senti la fragilité de son corps. Lorsque je me suis éloigné pour la regarder, ses yeux ne se sont posés sur mon visage que quelques secondes avant de regarder dans la pièce, puis sur ses genoux et sur le fauteuil roulant. Elle semblait anxieuse et distraite, comme si elle ne savait pas quoi faire.

Son déjeuner est arrivé et nous nous sommes assis avec elle, utilisant la nourriture comme sujet de conversation. Bien qu'elle ait pris une partie de son repas, elle était globalement désintéressée. Ses sourcils froncés, son regard fuyant et son expression mélancolique nous donnent un aperçu de son état d'esprit, car elle semble avoir du mal à rester dans le moment présent.

Nous avons appelé l'infirmière pour qu'elle l'aide à monter dans le fauteuil roulant afin que nous puissions lui faire faire le tour du Foyer. Il ne faisait pas beau ce jour-là, alors nous l'avons poussée dans les couloirs, devant toutes les chambres et devant de nombreux résidents qui marchaient seuls. Elle s'impatiente si nous devons nous arrêter pour laisser passer quelqu'un, car les couloirs sont étroits. Le parcours autour des couloirs du Foyer étant court, nous avons parcouru le même chemin encore et encore pendant une grande partie de notre visite ce matin-là. Le mouvement semblait avoir un effet calmant sur elle. Nous nous sommes arrêtés à quelques reprises dans un petit salon dont la grande fenêtre donnait sur l'eau, mais elle s'est rapidement lassée de l'immobilité et a demandé à continuer à marcher. Yves et Angela nous rejoignent dans le salon. La fatigue de Mireille est devenue évidente pour nous tous, et elle a demandé à retourner dans sa chambre, dans son lit. Sur le chemin du retour, nous avons demandé aux infirmières si elles pouvaient l'aider à se mettre au lit. Après qu'elle se soit confortablement installée, nous sommes partis pour nous rendre chez Angela et Yves où nous passerons la nuit.

Angela a préparé un délicieux déjeuner composé d'une salade d'endives avec du fromage bleu, des concombres et de la laitue. C'était le déjeuner parfait. Pardonnez-moi si je partage les menus des repas que ma famille nous prépare ; c'est parce que ces occasions nous rappellent encore et encore que nous sommes une famille et que nous partageons les mêmes goûts et les mêmes coutumes. Combien y a-t-il dans les gènes?

Claude et moi sommes retournés au Foyer à temps pour le souper de Mireille. Encore une fois, elle n'avait pas faim et voulait quitter sa chambre et explorer les couloirs du 3ème étage. Plusieurs fois pendant notre promenade, elle a demandé à retourner dans sa chambre, mais une fois sur le seuil de la porte, elle secouait la tête "non" et nous faisait signe de continuer dans le couloir. Nous étions prêts à marcher avec elle aussi longtemps qu'elle le souhaitait si cela pouvait l'aider à se sentir mieux.

Avant le coucher de Mireille, Guy et Line, Pierre, Angela et Yves nous ont rejoints dans la chambre. Nous lui avons rendu visite tous ensemble pendant que l'infirmière préparait son lit. Nous savions par ses sourires qu'elle était très contente de nous voir tous ensemble, même si elle ne se sentait pas très bien et ne parlait pas beaucoup. J'ai adoré écouter tout le français et j'ai pu en comprendre une partie. C'est le jour où j'ai appris qu'elle aimait les bonbons, surtout les cerises enrobées de chocolat. Les cerises enrobées de chocolat étaient les préférées de mon père et je les lui ai offertes à de nombreuses occasions.

Une fois de plus, il était temps de la quitter une fois qu'elle était confortablement installée dans son lit. Je me penche vers elle pour la serrer dans mes bras, puis je la salue et lui envoie des baisers en quittant la pièce. Ce n'est pas plus facile de la laisser, mais elle a besoin de dormir. Jusqu'à présent, je n'avais jamais eu l'occasion de rendre visite à un être cher dans une résidence pour personnes âgées et de ressentir la tristesse de la quitter à la fin de la visite.

La famille s'est arrangée pour que nous allions dîner dans un de leurs restaurants préférés. Pierre nous y a rejoints avec sa fille Lydia. Son autre fille Anyssa travaillait et n'a pas pu se joindre à nous. Le restaurant nous a permis d'apporter notre propre vin, nous avons donc apporté une bouteille de notre La Bonne Vie. Nous avons apporté cette bouteille de la maison que nous avons fabriquée à l'école du vin où nous faisons notre propre vin depuis 2006. Lorsque nous avons commencé cette aventure viticole, nous n'avions qu'un seul petit-enfant. Maintenant, nous en avons quatre. Chacun des quatre premiers millésimes que nous avons élaborés a été nommé d'après l'un de nos petits-enfants: Jackson

Estates, Cash Reserve, Le Petit Owen et Evelyn. La cinquième bouteille a été nommée d'après le père de Claude, Francesco et s'appelle Oompah's Vineyards. Quand nos enfants et ses six autres petits-enfants étaient jeunes, ils ne pouvaient pas dire "grand-papa", alors ils l'ont appelé "Oompah" et ils l'appellent toujours par ce nom. La dernière bouteille que nous avons faite est La Bonne Vie, la bonne vie. C'est le vin que nous avons apporté avec nous au Canada, et nous pensons que le nom est tout à fait approprié.

Tout au long du dîner, avec mes frères dans le restaurant, mon esprit vagabondait en pensant à Mireille. Elle aurait aimé être avec nous au restaurant pour profiter de la nourriture, du vin et de la conversation et pour revoir ses quatre enfants ensemble. Au moins, nous l'avons fait l'autre jour lorsque nous avons pu être avec elle dans la salle à manger du Foyer.

Après le souper, nous sommes allés chez Guy et Line pour parler et regarder à nouveau de vieilles photos. Chacun partageait des histoires sur sa vie avec notre mère. Même si nous étions des étrangers un mois auparavant, ils sont ouverts et généreux de leur temps, en raison de l'amour qu'ils portent à leur mère et de leur désir constant qu'elle retrouve sa fille. Il est donc facile pour moi de sentir que je fais partie de la famille et que j'ai ma place parmi eux.

DIMANCHE 15 MAI 2011

Yves et Angela nous ont fait sentir très à l'aise dans leur maison. Ils ont partagé des histoires sur Mireille et les vacances qu'ils ont passées avec elle à Lake Placid et à Cuba, tout en préparant un délicieux petit-déjeuner composé de crêpes aux fraises, d'œufs, de bacon, de jambon et de melon d'eau.

Yves et Angela nous ont dit qu'ils avaient fait un voyage d'un week-end à Lake Placid dans les années 1980 avec Mireille et son petit ami de l'époque. Ils nous ont raconté qu'ils avaient mangé dans de bons restaurants, s'étaient baignés dans le lac et avaient visité les sites touristiques de la ville et de ses environs. Ce sont toutes des choses que nous apprécions également lors de nos visites à Lake Placid. Certains points de repère, y compris l'hôtel où ils ont séjourné, sont toujours là, et je m'émerveille du fait que Mireille ait pu se trouver à l'endroit exact où j'étais, profitant de la même vue et des mêmes sites 25 ans plus tôt.

Dans la lettre de Mireille demandant de l'aide pour me retrouver, elle dit "...chaque fois que je vois une fille qui a à peu près son âge, je me demande si elle pourrait être ma petite Monique".

La promenade d'Hollywood était remplie des sons des Canadiens français fuyant le froid du Canada pour la Floride. Lorsque je rendais visite à ma mère à Ft. Lauderdale dans les années 1970 et 1980, notre famille se promenait sur la promenade au bord de l'océan. En écoutant attentivement tous les bavardages en français autour de moi et en regardant les femmes d'un certain âge, j'imaginais que je passais devant ma mère biologique. Il semble donc que nous ayons tous deux traversé nos vies en nous demandant et en rêvant que nos chemins se croisent.

"S'il te plaît, emmène-moi faire un tour dehors."

C'était la demande de ma mère biologique Mireille chaque fois que nous lui rendions visite au Foyer, la maison de retraite où elle vivait. Par une journée particulièrement ensoleillée et douce, nous sommes arrivés pour notre visite juste après qu'elle ait pris son dîner, et son sourire en nous voyant ne révélait pas seulement la joie de nous voir mais aussi le soulagement. Soulagement parce qu'elle savait qu'elle allait pouvoir sortir et s'éloigner de l'enceinte du Foyer, ne serait-ce que pour une heure ou deux.

Nous étions toujours plus qu'heureux de sortir avec elle, pour échapper à l'odeur lourde et fétide qui imprègne toute institution sans air, à la fois résidence et établissement médical.

Elle était déjà dans son fauteuil roulant et avait hâte d'y aller. Elle a donc relevé les repose-pieds, posé ses pieds sur le sol et commencé à "marcher" vers l'avant dans le fauteuil roulant. Je l'aidais à enfiler son chandail, mais je n'obtenais pas sa coopération. Claude a donc commencé à pousser le fauteuil roulant dans le couloir jusqu'à l'ascenseur pendant que je me traînais à côté pour l'aider à mettre ses bras dans les manches.

Nous sommes arrivés aux portes de l'ascenseur et avons attendu qu'il atteigne notre étage. Nous pouvions l'entendre s'approcher lentement de notre troisième étage, en ronronnant et en grinçant tout le long du trajet. Enfin, il était là, de l'autre côté des portes et nous pouvions l'entendre, mais il a fallu attendre encore quelques minutes avant que les portes ne s'ouvrent. Nous sommes montés dans l'ascenseur et avons pris le lent trajet jusqu'au lobby. Ce que j'ai appris sur Mireille depuis que nous sommes réunis, c'est qu'elle n'était pas du genre à "tergiverser". Une fois qu'elle avait décidé de faire quelque chose, elle allait de l'avant. Je voyais son impatience à l'idée de quitter le bâtiment et j'avais de la peine pour elle.

Dès que nous sommes arrivés dans le lobby, nous l'avons fait rouler aussi vite que possible vers et à travers les doubles portes coulissantes, tout en montrant notre carte de permission au préposé à l'accueil, sans même un regard de côté. Nous avons eu l'impression d'être projetés dans le paysage, les sons et les odeurs de l'extérieur, où nous avons tous pris une profonde respiration.

Le Foyer est situé à côté du fleuve Saint-Laurent et son paysage et ses plantations s'étendent sur des hectares autour du bâtiment et à côté du fleuve. Lors de nos promenades, même par une journée ensoleillée et relativement chaude, les vents du fleuve provoquent un refroidissement de l'air. Il y avait des signes de printemps tout autour de nous dans toute la propriété, et j'ai adoré voir à quel point elle était heureuse d'être dehors. Elle est cependant très fragile et il lui est difficile de se concentrer sur la conversation. Heureusement, le langage de la nature est universel, et elle semblait satisfaite de rester assise avec nous à regarder la rivière, à respirer les parfums combinés des berges moussues, des fleurs printanières et des arbres en bourgeons, tout en écoutant les sons de l'eau et de la faune. C'était un moment paisible et les mots n'étaient pas nécessaires alors que nous contemplions chacun notre propre expérience "dans le moment présent" sans avoir besoin de faire quoi que ce soit ou d'être quelque part.

La nature peut être un véritable guérisseur de l'esprit.

Après l'avoir ramenée à l'intérieur, nous sommes restés avec elle dans sa chambre pendant qu'elle prenait son repas. Elle sait qui nous sommes, sourit et nous dit qu'elle nous aime. Le temps passé dehors a semblé lui redonner de l'énergie et elle a demandé à regarder des photos de famille, tandis que nous parlions de cuisine et de ses voyages. Claude et moi avons fait la plupart des échanges, en anglais, mais en utilisant les photos comme contexte, elle et moi avons pu partager certaines expériences. Elle était de bonne humeur et semblait apprécier cette journée avec nous. Lorsqu'elle a été prête à se coucher, nous l'avons laissée dormir et sommes allés chez Yves et Angela pour la nuit.

Le jour suivant, il était temps pour nous de repartir pour New York. On s'est tenu la main et on s'est regardé dans les yeux. Elle savait que je serais de retour dans un mois. Elle était si fragile et j'ai pensé à combien un mois devait lui sembler long. C'était mon dernier mois de travail, et ensuite je serais à la retraite.

37
DEUXIEME MOIS - JUIN 2011

VENDREDI 24 JUIN 2011

Le jour de ma retraite est arrivé!

C'est un jour doux-amer, la fin d'une carrière que j'ai aimée. Pendant 22 ans, je suis allée au travail heureuse et pleine d'énergie. Les sept premières années en tant qu'enseignante de première année et les 15 années suivantes en tant que spécialiste de la lecture dans la même école. Mes amis et collègues ont organisé une fête de départ à la retraite très spéciale au début du mois de juin. Tout était parfait, du lieu au bord de l'eau, du thème de la navigation de plaisance avec des poèmes et des photos dans des cadres nautiques, au DJ et à la nourriture. Ce fut une fête extraordinaire. Les défis et les joies de l'enseignement aux jeunes enfants vont me manquer, ainsi que la camaraderie de l'équipe d'amis qui rendait le travail particulièrement merveilleux.

Nous quittons mon école pour la dernière fois et nous nous rendons directement au Whiteface Lodge à Lake Placid, NY.

Samedi matin, nous partirons tôt pour Châteauguay et le Foyer pour voir Mireille et ma famille.

SAMEDI 25 JUIN 2011

Lorsque nous arrivons pour voir Mireille au Foyer, nous sommes accueillis par son plus grand sourire et nous recevons les plus merveilleux câlins et baisers.

Notre visite s'est déroulée comme lors de nos précédentes visites ; elle a déjeuné et nous l'avons emmenée dehors pour une promenade le long de la rivière. C'était un autre bel après-midi, mais avec une brise comme d'habitude. Quand elle était à l'intérieur, elle se plaignait d'avoir trop chaud, alors elle a beaucoup apprécié la brise.

Ce jour-là, un parent de l'un des résidents a amené un mignon petit chien blanc pour lui rendre visite. Mireille était très excitée de caresser le chien. Mes frères nous l'ont dit,

"Maman adore les chiens et on en a eu beaucoup quand nous étions petits."

Puis Yves et Angela nous ont parlé de maman et de leur chien Zach, un Yorkshire terrier.

"Lorsque Mireille vivait seule dans son appartement, elle venait chez nous pendant que nous étions au travail ou à l'école et elle passait la journée avec Zach".

Tout le monde savait que Zach aimait la compagnie autant que Mireille.

Maintenant Yves et Angela ont leur terrier Rosie et ils nous ont dit,

"Mireille adore quand on amène Rosie au Foyer pour lui rendre visite."

Quand j'étais petite, j'étais si heureuse que mes parents acceptent lorsque je demandais un chien. Les parents de beaucoup de mes amis de l'époque n'autorisaient pas les animaux de compagnie chez eux, mais ma mère aimait beaucoup les chiens elle aussi. Nous avons eu plusieurs "bâtards", comme on les appelait à l'époque ; des chiens de refuge aujourd'hui. Lorsque nous avons emménagé à Greenlawn, j'ai ouvert un jour la porte coulissante de notre salle de jeux et notre petit chien est sorti et s'est enfui. Le nouveau développement des maisons était sur des lots d'un demi-acre, avec des arbres nouvellement plantés. Chaque cour se ressemblait. Nous n'étions dans la maison que depuis très peu de temps et nous pensons qu'il a dû se perdre. Chaque jour et chaque nuit, nous l'appelions et conduisions lentement notre voiture dans le quartier en regardant entre les maisons et dans les cours, mais nous ne l'avons jamais trouvé. Nous avons finalement décidé qu'il était si mignon que quelqu'un avait dû le recueillir. Imaginer cela était un bon moyen d'apaiser ma tristesse et ma culpabilité.

Il s'est passé environ deux ans avant que nous envisagions de prendre un autre chiot. Ma mère aimait les caniches français et avait un ami qui connaissait un éleveur. Je me souviens être allée chez l'éleveur pour choisir notre chiot dans une portée. Il y avait trois chiots à choisir et je ne me souviens pas pourquoi nous avons choisi notre Gigi, mais c'était la bonne. Elle n'avait que huit semaines et avait une fourrure noire bouclée, des yeux noirs et un nez rose qui dépassait de toute la fourrure. C'était un caniche toy et elle ne devait pas peser plus de cinq kilos.

L'éleveur nous a dit que Gigi serait un bon chien pour la reproduction quand elle serait assez grande. Ma mère a accepté et quand Gigi a eu trois ans, elle a eu une portée de quatre chiots.

Ils sont devenus mes compagnons de jeu et tous les jours après l'école, je m'occupais d'eux ; je leur donnais de l'eau, les nourrissais et changeais le journal dans leur grande boîte qui était leur maison avec Gigi. Lorsqu'ils étaient assez grands pour commencer à courir, je les sortais de leur boîte et courais d'avant en arrière dans notre salle de jeu longue et étroite, en les suivant aussi vite que leurs petites jambes le leur permettaient. Puis je faisais demi-tour dans l'autre sens tandis qu'ils tournaient et glissaient, puis reprenaient pied sur le sol en linoléum. Après deux allers-retours, je m'effondrais sur le sol en riant alors qu'ils me sautaient dessus.

Nous avons pu en vendre trois à de bons foyers et lorsqu'il ne restait plus qu'un chiot, j'ai supplié de le garder. Ma mère et mon père ont accepté, alors nous avons eu Gigi et Missy et j'ai toujours eu des compagnons de jeu.

Quand mes enfants grandissaient, ils voulaient un chien. Claude n'a pas grandi avec des chiens et il n'était pas fan de l'idée. Je lui ai dit,

"Ce serait très bien pour les enfants d'avoir un chien."

"Ok," a-t-il concédé, "mais je ne serai pas impliqué dans les soins de celui-ci."

Je savais qu'il le pensait aussi, mais j'étais prête à prendre un chiot avec les enfants. Malgré sa réticence, lui et moi avons trouvé un éleveur et sommes allés choisir notre Westie pour faire une surprise aux enfants à Noël. Les Westies sont indépendants et fougueux, très différents des caniches "comment puis-je te faire plaisir" auxquels j'étais habituée. Pourtant, elle était un compagne de jeu vivante et amusante pour nous tous et nous avons passé 18 ans avec elle. Et qui l'emmenait avec lui lorsqu'il allait chercher des bagels le dimanche matin? Oui, Claude.

Nous n'avons plus de chien et n'en avons pas besoin depuis qu'Elise a quatre de refuge et qu'Eric en a un. Ils habitent tout près et quand je leur rends visite, ce qui est souvent le cas, j'ai ma dose de chien. Mireille aimait rendre visite à Rosie quand Yves, Angela et leurs enfants étaient au travail et à l'école, et je peux comprendre cela. Lorsqu'on me demande de sortir les chiens quand il n'y a personne à la maison, je reste et je joue avec eux un moment. En étant avec eux, je me sens à nouveau comme un enfant.

Nous avons également appris que Mireille aimait les voitures. Lors d'une de nos promenades, elle a remarqué les plaques d'immatriculation de New York sur notre voiture alors que nous passions devant. Elle a aimé la voiture et a dit qu'elle voulait monter dans la voiture et faire un tour avec nous. Les frères ont plusieurs photos d'elle posant avec différentes voitures au fil des ans et elle avait ses préférées.

Mon frère Pierre a eu quatre Chevy II Novas. L'une était une 1969 qui était sa voiture de course, deux 1972 SS, et une 1966. Ma première voiture était une Chevy II Nova bleue de 1963. L'une de ses Nova était du même bleu Chevy Nova que la mienne. De toutes les voitures que j'aurais pu avoir comme première voiture, cette coïncidence nous étonne.

Une partie du travail de Guy en tant que policier à Châteauguay consistait à protéger la sécurité des usagers de la route. Afin d'attraper les automobilistes en excès de vitesse, lui et son sergent s'asseyaient dans la voiture de patrouille sur le bord de la route en attendant qu'ils passent. C'est généralement le matin, à l'heure où les gens se rendent au travail.

Guy a dit qu'ils entendaient le rugissement du moteur au loin et une voiture s'approchant rapidement de leur poste. Le sergent de Guy commentait,

"C'est encore ton frère?"

Sur ce, Pierre passait en trombe dans sa voiture rapide sur le chemin du travail.

"Parle à ton frère. Il faudra bien qu'on lui donne un billet un jour."

Après avoir quitté Mireille ce jour-là, Yves et Angela se sont arrangés pour que nous puissions dîner avec la famille et rencontrer les sœurs et les maris d'Angela au Cactus, un authentique restaurant mexicain. Lors de notre visite en mai, nous avons rencontré les parents d'Angela, Giuseppina (Joséphine) et Giuseppe (Joseph), et sa grand-mère, Angelina, dans la maison d'enfance d'Angela.

L'accueil chaleureux et l'amour dans la maison que j'ai ressentis lorsque nous avons visité la maison d'enfance d'Angela m'ont rappelé la première fois que j'ai visité la maison d'enfance de Claude et que j'ai rencontré ses parents et ses sœurs. Je me suis immédiatement sentie chez moi. Mireille aimait la famille d'Angela et aimait particulièrement passer du temps avec la grand-mère d'Angela, Angelina. Mireille ne parlait que le français et l'anglais et Angelina l'italien, mais elles étaient capables de communiquer grâce à leur amour de la musique, de la danse et de la compagnie des amis et de la famille. Comme Angela n'était jamais loin d'elles lors de leurs fêtes, on comptait souvent sur elle pour traduire.

À 61 ans, j'avais le même âge que Mireille lorsque la famille d'Angela l'a rencontrée. Au souper, lorsque les membres de sa famille m'ont regardée, j'ai su qu'ils avaient l'impression de revoir Mireille. Chaque nouveau membre de la famille que je rencontre a la même réaction et c'est une nouvelle expérience pour moi. Certains adoptés peuvent ressembler à leur famille adoptive, comme mon frère Brian, mais pour moi, il n'y avait aucune ressemblance avec aucun membre de la famille. Depuis la réunion, à chaque visite à ma famille au Canada, j'éprouve un nouveau sentiment d'appartenance dont je ne savais pas qu'il me manquait. Bien que l'indice d'appartenance le plus évident soit mon apparence physique, je me demande quelle part de Mireille ma famille peut voir en moi au-delà de cela.

Bien que je n'aie partagé aucune caractéristique physique avec ma famille adoptive, je sais que lorsque j'étais plus jeune, j'ai adopté un grand nombre des comportements tempéramentaux et émotionnels de mes parents. En mûrissant, j'ai adopté certains des comportements qui me semblaient justes et j'ai rejeté ceux qui ne l'étaient pas. C'est peut-être vrai, qu'une personne soit adoptée ou non. Le sentiment d'appartenance ne m'a pas fait défaut, car j'appartenais à une famille, mon clan adoptif, et nous nous sommes tous mélangés pour former notre famille.

Nous resterons encore chez Yves et Angela et nous sommes reconnaissants à ma famille canadienne de nous avoir accueillis chez eux car il n'y a pas d'hôtels à Châteauguay. Nous avons séjourné chez Pierre, Guy et Line, et Yves et Angela. Si nous avions dû rester à Montréal, comme nous l'avions fait lors de notre première visite, nous aurions perdu beaucoup de temps à faire l'aller-retour entre Montréal et nous au lieu de visiter. Angela a été très sage lorsqu'elle a souligné que nous voulions apprendre à nous connaître et que le meilleur moyen était de rester chez eux. Elle est gentille et généreuse.

DIMANCHE 26 JUIN 2011

Lorsque nous sommes arrivés au Foyer ce matin, Line était déjà là en train de promener Mireille dehors en fauteuil roulant. Nous avons fait cela pendant environ une heure, puis nous l'avons ramenée à l'intérieur pour le dîner et le repos.

Après notre dîner avec Guy et Line, Claude et moi sommes retournés au Foyer pour une autre visite. Nous avons passé l'après-midi à marcher et à parler avec elle.

Elle appréciait la compagnie de Claude. Il était capable de plaisanter avec elle et elle comprenait toutes ses blagues. Elle était très vive et aimait s'amuser. J'étais assise à côté d'elle et elle m'a dit,

"Je peux dire que c'est un homme bon."

Cela a signifié beaucoup pour moi parce qu'il est le MEILLEUR homme, et j'étais heureux qu'elle puisse le voir.

Puis elle me dit qu'elle aime Claude, et qu'il la fait rire.

Comme toujours, nous restons avec elle jusqu'à ce qu'elle soit fatiguée. Ensuite, les infirmières la préparent pour le lit, et quand elle est installée, nous la laissons. Encore une fois, c'est très dur de la laisser, mais il n'y a plus rien à faire, et nous savons qu'elle s'endormira rapidement, et le sommeil peut l'aider à garder ses forces.

Rendre visite à un être cher dans une maison de soins est un défi. Il y a tellement de distractions provenant des autres patients, et il y a peu d'espace ou d'endroits où aller qui simuleraient une visite dans la maison privée d'une personne. Toutes nos visites étaient similaires en raison de la nature de la résidence, mais aussi des limitations de notre mère. Elle n'était pas en mesure de communiquer avec moi d'une manière qui aurait conduit à une conversation approfondie, d'autant plus que je ne parle pas couramment le français, mais lorsque mes frères et leurs épouses étaient là, elle participait à certaines de leurs conversations en français.

LUNDI 27 JUIN 2011

Après avoir revu Mireille ce matin, Claude et moi avons quitté Châteauguay pour nous rendre au Whiteface Lodge. Le père de Claude, Corinne, Martine et Anthony étaient là et avaient hâte de savoir comment va Mireille et de connaître les détails de notre visite avec elle. Ils m'ont accueilli comme une famille depuis que j'ai vingt ans, et leur amour et leur soutien maintenant et au fil des ans ont été une constante dans ma vie. J'aimerais que Simone, la mère de Claude, soit en vie pour partager cela avec moi. Elle a joué un rôle important dans ma vie, me donnant toujours confiance et m'encourageant à chaque étape importante. Je l'aimais et elle me manque.

38
TROISIEME MOIS - JUILLET

DIMANCHE 31 JUILLET 2011

Il y a quelques semaines, Line et Guy ont appelé pour demander à Claude et à moi de nous joindre à eux pour des vacances en famille dans une maison et un hôtel au Canada, du 1er au 5 août. Ce voyage avait été planifié bien avant qu'ils ne reçoivent l'appel téléphonique à mon sujet qui allait bouleverser leur vie. Ils avaient déjà réservé la maison de location qui accueillerait leurs familles. Lorsqu'ils ont envisagé de nous demander de les rejoindre, ils savaient qu'il y avait un hôtel sur la propriété et que nous pourrions réserver une chambre. J'étais ravi de faire partie de leur voyage. Partager ce temps ensemble serait une occasion de s'amuser et d'apprendre à mieux se connaître. Nous leur avons dit que nous serions ravis d'y aller.

"Allons à Plattsburgh la veille de notre départ en vacances avec mes frères", ai-je proposé à Claude.

Nous passerons la nuit au Holiday Inn et partirons tôt le lendemain pour Châteauguay et le Foyer. Je voulais avoir une visite tranquille avec Mireille ce matin-là avant notre départ de Châteauguay en vacances.

LUNDI 1ER AOÛT 2011

Nous avons quitté Plattsburgh et lorsque nous sommes arrivés à la maison de retraite, Mireille était en train de dîner dans la salle commune de son étage. Elle était très heureuse de nous voir et j'étais heureuse de m'asseoir avec elle pendant qu'elle mangeait. D'autres personnes dînaient également, mais au lieu de manger ensemble à une grande table, chaque personne était dans son fauteuil roulant avec un plateau de nourriture devant elle. Je n'ai pas vu d'interaction entre les résidents. Certains sont plus handicapés que d'autres, et c'était triste et déstabilisant d'entendre les cris et autres bruits dérangeants de certains des patients. Mireille était assise à l'écart de ces patients plus démunis. La disposition des sièges semblait avoir été prévue de cette façon et lorsqu'une résidente assise le plus près de Mireille nous regardait et souriait, je pensais que si je n'avais pas été là, elle aurait peut-être essayé d'entrer en contact avec Mireille.

C'était une autre belle journée, bien que chaude, pour l'emmener dehors. Elle nous a demandé d'aller d'abord dans sa chambre pour qu'elle puisse prendre son pull. Nous ne l'avons pas dissuadée de prendre son pull car pendant nos promenades, même s'il faisait chaud, nous la voyions frissonner lorsque le vent se levait. Nous voulions aussi la protéger des forts rayons du soleil, alors en plus de lui faire porter son pull, nous avons trouvé des chemins ombragés.

Bien que nous ayons discuté un peu de tout ce que nous avons vu au cours de notre promenade, pendant les moments de calme, mon esprit était libre de penser un peu aux jours à venir avec mes frères et ma famille. J'avais en tête l'importance des vacances à venir avec eux. En plus de l'excitation et de l'anticipation de passer du temps de qualité avec eux, j'espérais que l'aisance que nous avons ressentie les uns avec les autres jusqu'à présent se poursuivrait et constituerait une base solide pour notre lien familial.

Lorsque la réunion a été fixée au 14 avril 2011, je n'avais aucune idée ni aucune attente de ce qui allait suivre. Je ne pouvais pas imaginer ce que j'allais vivre pendant les minutes ou l'heure de la réunion, sans parler de la façon dont cela pourrait changer ma vie. Chaque fois que je repense à cette réunion, je suis étonnée de mon intégration si rapide et complète dans la famille. Nous étions assis au bord de la rivière et le vent faisait voler les cheveux de Mireille. Je voyais qu'elle voulait les arranger, alors je les ai attachés un peu plus serrés, et je lui ai dit que je les coifferais comme elle le souhaitait quand nous rentrerions à l'intérieur. Coiffer les cheveux était quelque chose que j'aimais quand j'étais jeune, et après avoir eu ma fille Elise, et que ses cheveux aient poussé, elle était très patiente et heureuse de me laisser la coiffer. Nous collaborions et expérimentions avec deux tresses, une tresse, des tresses françaises, ou tout autre style que nous décidions d'essayer. Aujourd'hui, ma fille a 32 ans et après toutes ces années, je n'ai plus l'habitude, mais malgré tout, j'ai proposé de faire des tresses françaises à Mireille. Angela était là et pendant que je tressais les cheveux de ma mère biologique, Angela et moi nous sommes regardées et, sans mots, nous avons ressenti le caractère poignant de ce moment.

Sabrina et Joey étaient là avec Yves et Angela et ils avaient apporté leur adorable chien Rosie que Mireille adorait. Rosie lui remontait toujours le moral et elle souriait en la caressant.

Yves a expliqué à Mireille que nous partions tous ensemble en vacances à la montagne et que nous serions de retour vendredi. Je voyais bien qu'elle aimait l'idée de nous retrouver tous ensemble, mais alors qu'elle regardait chacun d'entre nous comme pour une confirmation, je voyais aussi une certaine tristesse lorsqu'elle réalisait qu'elle ne pourrait pas venir avec nous.

Au départ, j'étais heureuse de passer des vacances en famille, mais maintenant que nous la quittions, un sentiment de malaise remplaçait l'excitation du voyage. Je pensais,

"S'il vous plaît, attendez-moi."

III

39
VACANCES

LUNDI 1ER AOÛT 2011

Le trajet pittoresque de Châteauguay à nos vacances au Lake House, Manoir des Pins à Sainte-Lucie sur le lac Sarrazin au Québec, nous a donné un aperçu de la beauté naturelle des pins et des montagnes que nous allions apprécier au cours des prochains jours. La maison/chalet de location de mes frères, située sur une partie de la propriété, comptait cinq chambres, tandis que notre chambre dans la partie hôtel du complexe nous a fait penser à un séjour dans la maison historique et accueillante d'un membre de la famille.

Après l'enregistrement, nous nous sommes arrêtés dans la zone de dépôt des bagages la plus proche de notre chambre, et Guy, Pierre et Yves étaient là pour nous aider si nécessaire. Tout le monde était impatient de s'installer et de commencer ses vacances. Notre chambre était au deuxième étage de l'hôtel et nous étions chargés de monter les bagages jusqu'à la chambre. Il n'y avait pas d'ascenseur.

Nous avions deux très grandes et lourdes valises, un ordinateur portable pour le travail de Claude, et un sac à dos. Pour notre défense, après ces vacances, nous retournions voir Mireille, puis nous allions au Whiteface Lodge pour une semaine. Nous serions loin de notre maison à Huntington pendant deux semaines. Claude avait des problèmes de dos à ce moment-là et mes pauvres frères ont dû porter nos bagages jusqu'à notre chambre. J'étais embarrassée et je me demandais pourquoi nous n'avions pas préparé un plus petit sac séparé pour le court séjour de quatre jours au Chalet.

Nous avons laissé nos valises non défaites dès qu'elles ont été déposées dans la chambre et nous avons tous pris la courte marche à travers la plage près du lac jusqu'au chalet de location de la famille. Là, nous avons été accueillis par Line, la fille de Guy, Josée et sa famille, les filles de Pierre, Anyssa et Lydia, et Angela avec leurs enfants Sabrina et Joey. C'était une maison pleine et heureuse.

L'après-midi a passé rapidement dans l'arrière-cour du chalet. Nous étions tous fatigués de la journée et du trajet et nous étions contents de nous asseoir, de nous détendre et de planifier les jours à venir. La famille fait la cuisine au chalet et Claude et moi mangeons dans la salle à manger de l'hôtel puisque le dîner est inclus dans notre tarif d'hôtel. Après le souper, nous sommes retournés au chalet et avons visité la famille pendant un court moment. Nous étions tous sur le déclin, et prêts pour une bonne nuit de sommeil, alors nous avons quitté notre famille française en disant,

"Bonne Nuit!"

" À demain!"

En rentrant à l'hôtel avec Claude, nous nous sommes émerveillés de la journée bien remplie que nous venions de passer et nous avions hâte d'être au lendemain.

MARDI 2 AOÛT 2011

Notre première matinée à la maison de vacances au bord du lac a commencé par le petit-déjeuner, qui se composait de crêpes, de sirop d'érable canadien, de viandes et d'œufs pour le petit-déjeuner, et d'une variété de pains et de pâtisseries. Après ce festin, nous avons fait une promenade exploratoire autour de la propriété avec la famille. En plus de l'hôtel à service complet, il y a de nombreuses locations sur le lac, allant de cabines d'une pièce à des chalets de cinq chambres. La plupart d'entre eux sont équipés de foyers au bois extérieurs et de baignoires jacuzzi. Certaines sont situées près de la plage du lac et d'autres sont nichées dans les pins qui surplombent le lac. Le Manoir des Pins est une charmante escapade dans les Laurentides, une chaîne de montagnes située dans le sud du Québec, au Canada, au nord du fleuve Saint-Laurent et de la rivière des Outaouais. Le lac de la montagne, étincelant et propre, constitue la toile de fond époustouflante de la propriété.

C'était une belle journée et tout le monde était impatient de sortir et de commencer notre journée de jeux et de détente sur la plage. Il y avait des fers à cheval et du badminton, du kayak et de la natation, et des chaises longues pour se détendre et discuter tout en regardant l'activité. C'était l'environnement parfait pour apprendre à connaître ma nouvelle famille et pour qu'elle me connaisse.

Il y avait un kayak pour deux que Claude et moi avons choisi. Lorsque nous avons commencé à pagayer, nous avons pu voir une belle maison avec une tourelle au bout du lac. Nous avons décidé de pagayer sur toute la longueur du lac pour la voir de plus près. Il y avait un quai juste devant leur maison et de loin, on aurait dit qu'il y avait deux petits-enfants, un garçon et une fille, assis sur le quai. Nous nous sommes approchés et avons vu qu'il s'agissait de statues.

Bien que le dîner (souper) soit inclus dans le prix de notre chambre, aujourd'hui nous sommes restés avec la famille pour un barbecue. C'était une soirée de jeux. Ils nous ont appris un jeu appelé "golf" qui était amusant et facile à apprendre, et nous avons apporté un jeu appelé "gauche-centre-droite" qui est également très facile à apprendre. Les enfants ont beaucoup apprécié et, comme il n'y a pas de limite au nombre de personnes pouvant jouer en même temps, c'était parfait pour une grande foule. Cependant, si vous cherchez un jeu de stratégie, ce n'est pas celui-là.

MERCREDI 3 AOÛT 2011

Aujourd'hui, Guy se rendait à la ville voisine de Saint Agathe-des-Monts, sur le Lac des Sables, pour acheter quelques articles pour le dîner et il m'a demandé si je voulais l'accompagner. Il savait que je voulais acheter quelques bouteilles de vin et des amuse-gueules pour un cocktail que Claude et moi organiserions sur la terrasse de notre chambre jeudi, notre dernière nuit.

Comme nous sommes entrés dans la ville, j'ai dit à Guy,

"Cette ville ressemble à une photo tirée d'un magazine de voyage."

Les bâtiments étaient impressionnants, de style européen, et colorés. Guy m'a dit,

"Cette ville date de 1869 et a une population de 10 000 habitants. Quand les parents d'Angela se sont mariés, ils ont passé leur lune de miel ici."

C'est une destination de vacances populaire depuis longtemps.

Il est très facile de lui parler et il n'y a pas eu de moments de silence gênants. C'est le cas de tous mes frères et de leurs familles. J'ai été à l'aise avec eux dès le début.

Une fois à l'intérieur du marché, Guy et moi avons pris des

chemins différents pour trouver ce dont nous avions besoin. Nous nous sommes retrouvés à la caisse, et nous avons discuté des vins et des amuse-gueules que j'avais choisis pour notre cocktail du lendemain soir.

Sur le chemin du retour au chalet, nous sommes passés devant un stand de hot-dogs et Guy a fait un commentaire,

"Lorsque nous sommes en vacances, si nous voyons un stand de hot-dogs que nous n'avons pas encore essayé, nous nous faisons un devoir d'y dîner pendant les vacances."

Il a dit qu'il avait remarqué que celui-ci était toujours occupé, ce qui était bon signe, et que nous y dînerions sur le chemin du retour le vendredi.

Après une autre soirée de jeux, Claude et moi sommes retournés à pied à l'hôtel. Tous les soirs, tant que nous avions encore la lumière du jour, nous marchions de l'hôtel au chalet pour rendre visite à la famille. Nous avons franchi les marches irrégulières en pierre, puis un chemin herbeux raide et sinueux pour atteindre la partie plate de la plage sur le chemin du chalet.

Après avoir passé la soirée, il faisait très sombre sur le chemin du retour vers 23 heures. La première nuit, nous n'avions pas pensé à quel point il ferait sombre et à quel point il serait difficile de retourner à notre chambre en utilisant le chemin et les marches en pierre. Mais nous avons vite appris et nous avions une lampe de poche pour le reste de nos visites nocturnes.

JEUDI 4 AOÛT 2011

Aujourd'hui, je pense à ma tante Catherine, la sœur de ma mère Mary. Elle aurait eu 96 ans.

Ce fut une autre belle journée à la plage ; une autre journée de natation, de kayak, de jeu de fers à cheval et de badminton. Depuis le premier jour, le temps a été parfait pour la plage, chaud et ensoleillé avec des nuages occasionnels.

Ce soir, la famille se joindra à nous avant le dîner pour déguster du vin et des amuse-gueules. Claude et moi avons prévu cette soirée pour rendre hommage à Mireille le dernier soir de nos vacances ensemble. La terrasse se trouve en face de notre chambre à l'hôtel et donne sur le lac Sarrazin. Elle est rustique et charmante et parfaite pour cette retraite à la montagne. Elle n'est pas trop grande, mais suffisamment pour accueillir confortablement la famille avec une table dressée pour notre nourriture et nos boissons et quelques chaises confortables. Lorsque nous sommes tous entrés sur la terrasse, il y avait un jeune couple qui se détendait au soleil en dégustant un cocktail et une cigarette.

Nous avons commencé à partager des histoires sur Mireille et à dire combien il était incroyable que nous soyons réunis. Nos histoires ont continué et le jeune couple, remarquant sans doute le sérieux de notre fête, a quitté la terrasse.

Claude a débouché le vin et tout le monde a tendu son verre pour qu'il leur en verse. Puis Claude a levé son verre et proposé un toast,

> *"C'est un toast à Mireille. Je suis si heureux qu'elle et Eileen aient été réunies après toutes ces années, et je suis désolé que cela n'ait pas été plus tôt. Je lui suis reconnaissant et la remercie pour le sacrifice qu'elle a fait en plaçant Eileen chez les Sœurs de l'orphelinat et pour que je puisse l'avoir toutes ces années. Et aux frères d'Eileen et à leurs familles, je dis merci pour votre générosité en partageant votre temps, vos familles et vos maisons. C'est grâce à cela que nous avons pu vous connaître et vous aimer en si peu de temps et que nous avons la certitude que notre lien se renforcera d'année en année."*

Nous nous sommes tous embrassés et chaque membre de la famille, à son tour, a partagé ce que nos retrouvailles signifient pour eux, et surtout ce que cela signifie pour notre mère qui peut enfin être réconfortée en sachant que sa petite fille n'est plus perdue pour elle.

Cette soirée inoubliable n'était pas terminée et nous pouvions sentir le contentement de l'autre lorsque nous avons quitté la terrasse et pris l'escalier menant au hall. Il s'agit d'un hôtel historique et majestueux, dont de nombreux détails en bois d'origine sont encore visibles dans l'escalier large, incurvé et spectaculaire qui mène au deuxième étage. Une fois à la réception, on nous a conduits à notre grande table réservée dans la salle à manger, près d'une énorme cheminée en pierre magnifiquement décorée. Il faisait trop chaud pour faire un feu, mais la cheminée constituait une toile de fond majestueuse pour notre table. Nous étions tous les 17 à une longue table avec suffisamment d'espace pour que nous puissions tous être à l'aise. Nous étions une famille heureuse et bruyante qui profitait les uns des autres et des nombreux amuse-gueules, entrées et vins qui accompagnaient le tout. Une fin parfaite pour des vacances parfaites.

VENDREDI 5 AOÛT 2011

C'est notre dernier matin et j'avais hâte de retourner à Châteauguay pour voir Mireille. Nous l'avons vue avant de partir en vacances lundi, et je la verrai à notre retour à Châteauguay plus tard aujourd'hui. Je n'ai pas pu la voir mardi, mercredi et jeudi, mais le temps passé avec mes frères a été important et j'espère qu'elle le ressent aussi.

Comme promis, nous nous sommes arrêtés sur le chemin du retour au stand de hot-dogs, selon la tradition de Guy. Nous étions tous d'accord pour dire qu'ils étaient très bons, mais Guy a dit que ce n'était peut-être pas les meilleurs qu'il ait mangés.

Après le déjeuner, Claude et moi sommes partis dans notre propre voiture pour aller directement au Foyer rendre visite à

Mireille. Le reste de la famille est d'abord retourné chez eux à Châteauguay. Ils sont attentionnés et me laissent un peu de temps seul avec Mireille. Lorsque nous sommes arrivés au Foyer, Mireille était dans son lit et elle n'avait pas l'air bien. J'ai été alarmé de voir la bouteille d'oxygène et les tubes dans son nez.

J'ai rapidement quitté la chambre pour trouver une infirmière et m'enquérir de son état. L'infirmière ne parlait pas anglais mais elle a pu me dire qu'elle avait une pneumonie. Bientôt Line et Guy, Angela et Yves et Pierre sont arrivés. Nous sommes tous restés avec Mireille, et les infirmières ont dit qu'elle était stable, qu'elle répondait aux antibiotiques et que sa fièvre avait baissé. Elle semblait se reposer confortablement, et après quelques heures, nous avons pu constater qu'elle continuait à dormir paisiblement.

Nous avons maintenu notre plan initial de départ pour Lake Placid ce soir-là, étant entendu que la famille appellerait si son état changeait. En route vers Lake Placid, Claude et moi avons décidé de retourner à Châteauguay en voiture le dimanche ou le lundi.

40
OPPORTUNITÉ

SAMEDI 6 AOÛT 2011

Nous avons parlé à Guy et Line ainsi qu'à Yves et Angela le samedi matin pour vérifier les progrès de Mireille. À ce moment-là, elle était toujours stable et ils m'ont assuré qu'ils appelleraient immédiatement s'il y avait un changement.

DIMANCHE 7 AOÛT 2011

Lorsque Claude et moi sommes revenus dans notre chambre après le petit déjeuner, j'ai constaté que nous avions deux appels manqués d'Angela. J'ai rappelé et elle m'a dit que maman ne se portait pas bien et que le médecin avait dit qu'elle ne passerait pas la nuit.

Claude et moi nous sommes rapidement préparés et sommes partis pour Châteauguay.

Nous sommes arrivés vers 13 heures et avons rejoint mes frères, Line et Angela au chevet de Mireille. L'oncle Yvon, le frère aîné de Mireille, était également présent.

Aucun d'entre nous n'a parlé alors que nous étions tous rassemblés en cercle autour de notre mère. Même si ses yeux étaient ouverts, elle ne réagissait plus. Sa respiration était difficile et nous pouvions voir qu'elle dépendait de l'oxygène.

L'infirmière est entrée et lui a donné des médicaments par voie intraveineuse. Line a suggéré que je lui parle seul à seul et tout le monde a quitté la pièce sauf Claude et moi. Nous savions que la fin était très proche. C'était gentil de la part de Line de me suggérer d'être seul, car je n'aurais jamais pensé qu'il fallait qu'ils quittent la pièce pour que je puisse dire mes derniers mots à notre mère. Tout le monde est sorti de la pièce. Claude et moi sommes restés et j'ai pu lui dire mes derniers mots.

"Je suis si heureuse que nous nous soyons trouvés, et j'espère que tu es en paix", lui ai-je chuchoté. "Tu étais avec moi quand je suis venu au monde, et je suis avec toi quand tu pars. Maintenant, je connais mes trois merveilleux frères et leurs familles et nous aurons un bel avenir ensemble, grâce à toi. Je t'aime."

Puis chacun des autres a pris son tour. Guy et Line ont été les derniers à entrer et ils étaient à ses côtés quand elle s'est éteinte.g

Mes sentiments les plus forts étaient la perte, la gratitude et l'incrédulité.

La perte de plus de temps en tant que mère et fille ;

La gratitude pour les quatre mois que nous avons eus ; et

Incrédulité qu'elle soit partie.

Lorsque j'ai reçu la copie de la lettre qu'elle avait écrite pour demander de l'aide pour me retrouver, j'ai souhaité à haute voix,

"Si je pouvais la trouver avant qu'elle ne meure et lui donner la paix de savoir que je vais bien et que j'ai eu une bonne vie."

Mon souhait a été exaucé et j'en suis très reconnaissante, mais je ne peux m'empêcher d'avoir le cœur lourd car nous n'avons pas eu plus de temps.

Je pense que la plupart des gens ont des regrets quand un être cher meurt. J'étais en vacances avec mes frères alors que j'aurais pu être à ses côtés pour ces derniers jours. À notre retour de vacances, j'aurais pu rester avec elle pour le dernier jour, mais ne sachant pas que c'était le dernier jour, j'ai quitté son chevet.

Extrait du poème "La dernière fois"

> *Le fait est que vous ne saurez même*
> *pas que c'est la dernière fois jusqu'à ce qu'il*
> *n'y ait plus de fois.*
> *Et même là, il vous faudra du temps pour le réaliser.*
> *Alors pendant que vous vivez ces moments,*
> *rappelez-vous qu'ils sont si nombreux et quand*
> *ils seront partis, vous vous languirez d'un jour de plus.*
> *Pour une dernière fois.*
> *-Auteur inconnu-*

J'espère que dans ses dernières pensées, elle savait que ses enfants étaient ensemble et heureux et que, grâce à sa foi et à son amour, nous étions réunis.

À l'extérieur de sa chambre, nous étions tous ensemble en train de nous étreindre, de pleurer et de nous réconforter. C'était leur mère qui les a élevés et nourris. J'avais été absente de sa vie pendant toutes ces années. Mon chagrin ne venait pas des souvenirs de mon enfance avec elle auxquels je repenserais, mais seulement des brefs souvenirs d'une réunion à laquelle on ne s'attendait pas, mais qui était très belle. C'est une expérience de vie qui restera toujours avec moi. Comment se fait-il que j'ai décidé de rechercher les circonstances de ma naissance après 61 ans? Mireille m'appelait et, ce faisant, elle m'a apporté la paix dont je ne savais pas que j'avais besoin.

L'infirmière est venue confirmer son décès, et nous nous sommes assis avec elle dans la chambre, chacun avec nos propres pensées.

Nous avons quitté le Foyer et sommes allés chez Guy et Line. J'étais là, avec ma nouvelle famille, à regarder de vieilles photos et à partager leur chagrin pour la perte de notre mère ; la mère qu'ils connaissaient si bien, mais pour moi, la mère qui m'a donné la vie et m'a aimé de loin. Notre chagrin était différent - le leur pour la perte de quelqu'un qui faisait tellement partie de leur vie - le mien pour la perte de l'opportunité de l'avoir connue comme une fille devrait connaître sa mère. Mais ensuite, la gratitude prend le dessus et je suis reconnaissante pour ce que nous avions.

Oui, nous nous sommes interrogés et manqués l'un l'autre tout au long de notre vie. Elle souhaitait savoir que j'étais en sécurité et heureux ; je souhaitais pouvoir lui dire que j'étais en sécurité et heureux.

Nous ne nous connaissions pas en tant que mère et fille, mais nous avons pu trouver le bonheur parce que...

Mireille n'a pas manqué l'expérience d'être une mère aimante et aimée.

Je n'ai pas manqué l'expérience d'être une fille aimante et aimée.

C'étaient les faits réconfortants de nos vies.

Je n'arrive pas à croire ce qui s'est passé entre juillet 2010 et août 2011. Lorsque j'ai lu la lettre qu'elle a écrite en 1986, dans laquelle elle souhaitait me rencontrer avant de mourir, j'ai ressenti une grande urgence à la retrouver et à lui donner la tranquillité d'esprit dont elle avait besoin. Selon ma famille, elle était très malade de la pneumonie en février, à peu près au moment où Nadia l'a trouvée. Ils s'attendaient à ce qu'elle meure à ce moment-là, mais elle s'est rétablie. C'était quelques jours avant que Nadia ne m'appelle pour me dire qu'elle avait des numéros de téléphone pour essayer de retrouver ma mère biologique.

Pendant les années qui ont précédé les retrouvailles, je n'ai pas pu la chasser de mon esprit aussi facilement que lorsque j'étais plus jeune. M'appelait-elle? J'ai l'impression d'avoir été conduit à travers tous les événements pour être enfin avec elle après 61 ans. J'ai parfois eu l'impression d'être un spectateur dans ma propre recherche d'adoption.

Bien que nous n'ayons pas passé beaucoup de temps ensemble, c'était riche et réconfortant pour nous deux. Bien sûr, après son décès, comme chaque fois que l'on perd un être cher, j'ai commencé à regretter de ne pas l'avoir trouvée plus tôt, d'être restée plus longtemps ou d'avoir passé plus de temps. Parfois, j'imagine que j'étais là il y a 10 ans. Qu'aurions-nous fait ensemble? Cuisiné, fait des courses et rendu visite à la famille? Elle serait venue me rendre visite chez moi et j'aurais passé du temps avec elle dans sa maison. Chaque fois que ces pensées me viennent, je m'arrête et je me rappelle ma gratitude pour le temps que nous avons passé ensemble. Quelle chance j'ai d'avoir pu exaucer le souhait qu'elle avait formulé dans cette lettre de 1986,

"pour savoir si elle est heureuse avant de mourir et pour la voir parce que chaque fois que je vois une fille qui a à peu près son âge, je me demande si ça pourrait être elle, ma petite Monique..."

LUNDI 8 AOÛT 2011

Après notre réveil, nous sommes allés avec Guy rencontrer Pierre et Yves au funérarium. Nous avons rencontré un représentant qui a tout expliqué en français à mes frères. Tout était en grande partie prévu depuis 2009, mais il y avait d'autres dispositions à prendre.

Le dimanche 14 août 2011, il y aura une veillée/service/réception au salon funéraire.

Après la réunion, nous avons quitté Châteauguay et sommes arrivés au Whiteface Lodge à Lake Placid vers 16 heures. Papa, Corinne, Claire, Martine et Anthony étaient là pour nous accueillir et nous exprimer leurs condoléances. Je suis attristé et choqué qu'elle soit décédée si rapidement. J'en ai le souffle coupé quand je pense que quatre mois et j'aurais pu la manquer complètement. Lorsque je l'ai vue le 1er août, elle semblait frêle mais pas malade. La pneumonie s'est déclarée le 4 août et elle est décédée le 7 août.

Du mardi au vendredi, nous étions au Lodge. Claude travaillait beaucoup. J'ai passé mon temps à marcher, à lire et à écrire. C'était une période très calme où je contemplais la perte de ma mère biologique et où je comptais mes bénédictions pour l'avoir trouvée juste à temps.

41
RASSEMBLEMENT INTERIEUR

Il y a six mois, nous ne savions même pas que la grand-mère biologique d'Eric et d'Elise était en vie et maintenant ils vont assister à ses funérailles. Ils n'ont vu que des photos de mes retrouvailles avec elle, et ils attendaient avec impatience le 2 septembre 2011, date à laquelle eux et leurs familles la rencontreraient. Nous sommes tous déçus et tristes qu'ils aient manqué cette occasion d'un mois seulement. Je me demande pourquoi je n'ai pas réalisé à quel point elle était faible et pourquoi je n'ai pas précipité ma famille là-bas plus tôt. Il n'y a pas de réponse, pas d'excuses, juste des regrets.

Tôt le dimanche 14 août 2011, nous avons tous les quatre conduit directement de l'hôtel à Plattsburgh, New York, au salon funéraire de Châteauguay et sommes arrivés à 9 h 15.

Lorsque nous sommes arrivés sur le parking du funérarium, mes frères étaient là pour nous accueillir. Eric et Elise allaient rencontrer leurs oncles pour la première fois. Après les présentations, il y a eu des accolades et des mots de condoléances alors que nous entrions dans le salon funéraire.

Mes frères nous ont conduits du parking chaud à l'air frais du funérarium. Nous entrons dans un grand hall circulaire avec plusieurs portes et trois grandes ouvertures à droite, au centre et à gauche menant à la salle de réception, à la chapelle et à la salle à manger. Là où nous vivons à New York, la coutume veut que la veillée (réception) et le service de prière funéraire aient lieu au salon funéraire, une messe funéraire à l'église (facultative et généralement le lendemain matin), des prières au cimetière après le service à l'église ou au salon funéraire, puis un rassemblement avec repas et boissons dans un restaurant. La coutume canadienne de réunir tout le monde au même endroit pour les trois parties de notre adieu a été très apaisante et réconfortante.

Nous entendons des voix étouffées à notre droite, provenant de la salle de réception. L'entrée de la salle, bien que grande, est bondée d'amis et de membres de la famille venus présenter leurs respects. Mes frères restent à nos côtés pendant qu'ils nous présentent les membres de notre famille inconnus jusqu'alors. Nous n'avions pas encore rencontré la sœur de Mireille, Lise, et son frère Guy. Seuls eux, mes belles-sœurs, leurs enfants et l'oncle Yvon sauront qui nous sommes. C'est du moins ce que je pensais.

Avant que mes frères aient pu me présenter, la sœur de Mireille, ma tante Lise, s'est approchée de moi. Elle a pris mon visage dans ses mains et m'a regardé très attentivement en souriant et en s'exclamant en français,

"Oh Mon Dieu! C'est Mireille!"

Mireille à 20 ans

Eileen à 20 ans

Tout le monde était curieux et beaucoup étaient surpris, mais ils savaient qui j'étais. Ils ont vu Mireille en moi, et lorsque nous avons été présentés, leurs yeux se sont attardés sur mon visage pour saisir la forte ressemblance avec leur Mireille qu'ils connaissaient bien. Ils m'ont accueillie, et j'ai fait partie d'une famille que je ne connaissais pas.

En pénétrant plus avant dans la pièce, nous avons vu la table entourée de fleurs et une belle photo de Mireille. À côté de sa photo, il y avait un joli récipient avec ses restes. La pièce était remplie de tableaux de photos, et ma famille a inclus des photos de moi avec eux et Mireille lors de nos visites pendant les quatre mois où nous étions ensemble. Une vidéo de photos de la vie de Mireille tournait dans un coin de la pièce, et la famille a inclus des photos de moi avec Mireille, mes frères et leurs familles. Encore une fois, je suis touché par le fait qu'ils m'aient inclus, me donnant l'impression que j'ai toujours fait partie de leur vie. Je dois cela à Mireille et à sa franchise sur le fait qu'elle m'aime et me manque.

Beaucoup de ses amis sont venus me voir pour me dire à quel point ils aimaient Mireille. Ils se sont approchés de moi avec de grands sourires et les bras grands ouverts pour une accolade en se remémorant leur amie amusante, les moments passés ensemble et combien elle nous manquera. C'était un hommage éloquent à ses amitiés.

De cette pièce, nous avons continué jusqu'à la pièce voisine, la chapelle. Elle avait une allée centrale avec des rangées de bancs de chaque côté. Les amis ont d'abord été invités à entrer dans la chapelle et à s'asseoir. Ensuite, le prêtre a fait entrer la famille immédiate dans la pièce et nous a guidés vers la première rangée à droite, devant l'estrade d'où il allait parler. Claude et moi étions assis avec mes frères ; Elise et Eric étaient assis de l'autre côté de l'allée, également au premier rang. Une table avec les cendres de Mireille, sa photo et des fleurs se trouvait à côté du podium, à l'avant et au centre de la chapelle, pour que tout le monde puisse la voir.

Le prêtre a commencé la cérémonie, en parlant en français.

Claude et moi, ainsi qu'Eric et Elise, étions les seuls proches non francophones présents et nous avons écouté attentivement pour comprendre le plus de mots possible. Une fois ses remarques terminées, il a commencé à répéter l'intégralité de son éloge funèbre en anglais en pensant à nous. C'était une surprise inattendue et attentionnée. Le prêtre savait également que ma mère Mary était déjà décédée et pendant une partie du service, il s'est adressé directement à moi,

"Il m'est apparu, Eileen, que vous avez perdu deux mères. Celle qui vous a donné naissance, et celle qui vous a élevé et pris soin de vous."

À travers mes larmes, j'ai souri et hoché la tête devant la véracité de cette pensée. C'était un moment émouvant pour moi, et je me suis sentie reconnue et comprise.

Line et la famille ont composé un hommage à la vie de notre mère. Il a été lu en français et ensuite en anglais.

> Mireille was a lovely woman who enjoyed life to its fullest
>
> She was a people person and was happiest when surrounded by family and friends.
>
> Mireille was known for her great taste in food and wine especially when entertaining large gatherings of friends and family
>
> (Needless to say that the Gendron, Comtois and Resta families are just as hospitable when entertaining family and friends)
>
> Maman was a determined woman who knew what she wanted in life, but nothing was more important to her than her children:
>
> Guy, the portrait of his father and the love of her life
>
> Pierre, has been called many times Maman's chou-chou
>
> Yves, her darling baby (accepting the fact that the youngest one grows up is always difficult)
>
> Mireille was very proud of her boys, but her biggest regret in life was having given up her precious baby daughter for adoption. She searched for her daughter all her life without being able to find her, yet she never lost hope.
>
> Finally in the last year of her life, Maman was reunited with her darling daughter Eileen who searched and found her mother.
>
> This was one of the most beautiful moments in Maman's life.
>
> Unfortunately, Maman passed away on Sunday, August 8th at 3pm. She was granted a final precious wish, to be surrounded by all of her four loving children.
>
> Rest in peace Maman, we love you.

Le service a été suivi d'un interlude musical au cours duquel on a joué deux chansons choisies par la famille. L'une était une chanson française spéciale, peut-être une préférée de Mireille, et l'autre, <u>Somewhere</u>, chantée par Barbra Streisand (de West Side Story) qui promet un temps et un lieu pour nous quelque part, même si ce n'est que dans nos cœurs.

Alors que Line lisait l'hommage à Mireille, j'ai écouté la musique poignante et réfléchi aux circonstances de mes deux mères.

Le 7 septembre 1949, j'ai été amené à l'orphelinat par ma mère biologique Mireille. C'était trois mois et un jour après ma naissance.

Le 9 septembre 1949, j'ai été adopté à l'orphelinat par ma mère, Mary, et mon père, Owen. Lorsque ma mère s'est approchée de mon berceau, avec mon père et mon frère à ses côtés, elle m'a dit qu'elle savait que j'étais la bonne.

Seulement deux jours! J'ai été abandonné mais ensuite choisi.

Deux mères au début de ma vie - une qui a connu une tristesse déchirante et une autre qui a connu la joie et le contentement.

Une mère rejetée par le public et sa famille. Dans sa lettre, elle parle de la clinique où elle a accouché.

"Nous étions traités comme des criminels. C'était un vrai cauchemar."

Une mère louangée pour avoir sauvé un enfant de la vie dans un orphelinat. Plusieurs fois, j'ai entendu des gens dire à ma mère,

"Vous avez un siège au paradis."

Une mère essayant désespérément de garder son bébé, mais sachant qu'elle ne pouvait pas lui donner les besoins les plus élémentaires de la vie. Altruiste et aimante, elle a fait face à cette réalité et a trouvé le courage de confier sa petite fille aux Sœurs de la Miséricorde de l'orphelinat de Montréal.

Une mère qui était prête avec tant d'amour et de ressources à donner à la petite fille qu'elle avait espérée. À la frontière, la patrouille frontalière des États-Unis ne voulait pas laisser passer le bébé aux États-Unis, prétextant un problème médical avec ses yeux. Ma mère a répondu,

"Elle a juste besoin de soins et c'est ce que je peux lui donner."

Les médecins ont été appelés, et ils réfléchissaient quand elle a déclaré,

"Je ne rentre pas à la maison sans elle!"

Elle était aussi désespérée de ne pas l'abandonner.

Deux mères et un bébé - un bébé désiré par les deux mais impossible à partager.

Après le service funèbre, on nous a fait passer par une porte située à l'avant de la chapelle, sur le côté gauche, dans une salle à manger adjacente. C'était une grande pièce dont un long mur était aménagé en buffet avec une grande variété d'aliments chauds et froids. Alors que tout le monde commençait à se servir, j'ai vu mes trois frères réunis au fond de la pièce. Guy m'a fait signe de venir les rejoindre.

En m'approchant, j'ai vu que Guy, Pierre et Yves regardaient tous quelque chose dans la main de Guy. Guy a parlé pour eux tous quand il a dit,

"Eileen, nous aimerions que tu aies la montre de maman."

Lors d'une de mes visites avec Mireille, j'ai fait une remarque sur une jolie montre qu'elle portait toujours et cela a déclenché une conversation entre nous. Elle a souri quand je l'ai remarquée et m'a dit qu'elle aimait porter une montre.

Je l'ai mis immédiatement et je le porte en souvenir d'elle. Je la garde précieusement avec la belle bague en onyx noir qu'ils m'ont offerte lors de notre première rencontre. Sur toutes les photos de Mireille, on peut voir la belle bague en onyx noir qu'elle portait à l'index. Elle convient parfaitement à mon majeur.

Dans notre testament, il est indiqué que ces deux bijoux seront remis à mes frères à mon décès afin qu'ils puissent avoir ces souvenirs très spéciaux à transmettre à leurs enfants.

Dans une autre pièce située à l'extérieur du hall d'entrée du salon funéraire se trouve un mur de petites boîtes verrouillées, semblables à un caveau, encastrées dans le mur. C'est là que sont entreposées les cendres du défunt jusqu'à ce que la famille puisse faire les préparatifs de l'enterrement. Claude et moi retournerons à Châteauguay en octobre pour le service funèbre et l'enterrement.

❦ 42 ❦
RASSEMBLEMENT EXTÉRIEUR

C'est par un jour nuageux d'octobre que nous sommes retournés à Châteauguay afin d'être avec la famille pour le service funèbre de Mireille et son enterrement dans le cimetière bien entretenu de la ville. Le cimetière se trouve à quelques minutes de marche de la maison de Guy et Line, mais comme il commençait à pleuvoir lorsque nous avons quitté la maison, nous avons décidé de conduire. Claude et moi nous sommes assis sur la banquette arrière de la voiture de Guy et Line, mes frères et leurs familles nous suivant. C'était un trajet sombre et silencieux, avec juste le bruit intermittent des essuie-glaces.

Le cimetière est situé sur un terrain rectangulaire entouré d'une clôture à mailles losangées. En regardant par la fenêtre, je pouvais voir tout le cimetière avec sa variété de pierres tombales, grandes et petites. Au bout se trouve la vieille église où je suis allé avec mes frères lorsqu'ils ont pris leurs dispositions finales. Des routes étroites, plutôt des passages, traversent le cimetière. Le stationnement est aléatoire et nos voitures étaient stationnées le long de la route, à moitié sur l'herbe, à côté de l'endroit où commencent les pierres tombales. Nous étions préparés à la bruine avec des parapluies et des bottes et nous avons commencé à marcher jusqu'à la pierre tombale. La route était boueuse avec de nombreux trous, nous avons donc tous marché prudemment.

De petits groupes de parents et d'amis s'approchent, nous rejoignant, ainsi que le prêtre, près de la tombe, sans ordre particulier. Les cendres de notre mère seront enterrées à côté de sa mère, Fedora Trudeau. Nous avons vu le nom de sa mère, notre grand-mère, avec ses dates de naissance et de décès ciselées sur la pierre tombale.

Mes grands-parents Joseph Comtois et Fedora Trudeau

En 1925, Fedora Trudeau a épousé Joseph Comtois, notre grand-père, avec qui elle a eu quatre enfants. Il est décédé en 1946 alors que Mireille était âgée de 17 ans. Au moment du décès de Fedora en 1989, elle était mariée à Lucien McDuff, son troisième mari, et c'est sa concession familiale.

Nous étions une vingtaine sur la pierre tombale lorsque le prêtre a commencé ses prières et donné sa bénédiction. Je me souviens d'être restée debout à regarder la pierre tombale, les mains croisées devant mon corps, en écoutant de nombreux parents et amis parler de leur amour pour Mireille. Soudain, on a cessé de parler et j'ai levé les yeux pour voir tous les regards sur moi. Oh là là, on attendait de moi que je parle.

Je n'avais pas préparé de mots pour ce jour, mais j'ai trouvé ma voix.

"Quatre mois et j'aurais manqué un jour très important dans ma vie et dans celle de ma mère biologique. Quelle chance nous avons de nous être trouvées juste à temps et de savoir que notre amour l'une pour l'autre n'a jamais faibli. Et maintenant, grâce à Mireille, j'appartiens à ma nouvelle famille."

Aucun de nous n'avait d'amertume ou de déception envers l'autre. Elle ne m'a pas reproché, ni à la famille, d'avoir mis si longtemps à la retrouver. Nous étions si reconnaissants d'être enfin réunis que rien d'autre ne comptait.

Comme d'habitude après des funérailles au cimetière, la famille quitte le site inachevé et reviendra lorsque la pierre tombale sera terminée et installée. Nous serons de retour à Châteauguay pour cette journée au printemps.

Beaucoup de nos amis à la maison ont envoyé des cartes de condoléances et un ami a envoyé de l'argent pour que nous puissions l'utiliser pour un mémorial de notre choix. Selon mes frères, la fleur préférée de Mireille était la rose, et ils ont suggéré que nous fassions graver une belle rose sur la pierre tombale de Mireille.

43
PERTE

En 1994, Mireille a dit à mes frères qu'ils avaient une sœur. Lors d'une de mes visites à mes frères après la mort de Mireille, j'ai demandé à Guy,
"A ton avis, qu'est-ce qui l'a poussée à te parler de moi après tant d'années de silence?"
Guy m'a raconté qu'un jour, alors qu'il était avec sa mère, celle-ci était frustrée par quelque chose et lui a dit,
"Si ma fille était là, elle m'aiderait."
dit Guy,
"Que voulez-vous dire par votre fille?"
"Oui, c'est vrai, j'ai une fille."
Guy était choqué et se demandait si c'était vrai. Mes trois frères, Guy, Pierre et Yves sont alors allés voir leur père Jean Gilles pour qu'il confirme cette nouvelle et il l'a fait. Il a expliqué que lui et Mireille, notre mère, étaient amis lorsqu'elle était enceinte de moi.
Plus tard, grâce à leur tante Renée, la sœur de Jean Gilles, nous avons tous appris le rôle énorme qu'il a joué pour aider Mireille pendant sa grossesse et après ma naissance.C'est

plusieurs années après le décès de Mireille que tante Renée a révélé de nouvelles informations sur ce qui s'est passé immédiatement après ma naissance.

Sur mes papiers d'adoption, mon nom est Marie Monique Comtois. Je connais ce nom depuis que je suis toute petite, mais je n'ai jamais cru qu'il pouvait s'agir du nom que m'a donné ma mère biologique. D'après ce que les sœurs de l'orphelinat ont raconté à tort à ma mère, Mireille ne m'avait même pas vue mais avait été forcée de m'abandonner juste après ma naissance.

L'histoire vraie est qu'après m'avoir donné naissance à l'Aide à la Femme, une clinique de Montréal, Mireille était déterminée à me garder, et non à me faire adopter comme on la pressait de le faire. Elle a décrit les infirmières de la clinique comme étant froides et sans cœur. Il n'y avait personne à qui demander de l'aide, du moins c'est ce qu'il semblait.

Jean Gilles, qui est devenu son mari et le père de mes trois frères, l'avait aidée pendant sa grossesse. Aujourd'hui, il lui vient à nouveau en aide en lui proposant de trouver une chambre à Montréal pour elle et moi. Son père, Joseph Alexandre, était propriétaire d'un taxi et conduisait Jean Gilles et sa sœur Renée jusqu'à nous tous les jours, apportant des fournitures et aidant comme ils le pouvaient. Renée a dit qu'elle me tenait souvent dans ses bras la première semaine, lorsque Mireille était trop faible pour s'occuper de moi. Mireille, avec l'aide de Jean Gilles et de sa famille, m'a gardé pendant trois mois.

Jean Giles Gendron et Mireille Comtois

Tante Renée a partagé cette information avec mon frère Guy pas plus tard qu'en 2018.

Guy a demandé à tante Renee,

"Pourquoi ne pas nous avoir parlé de ça quand on a retrouvé Eileen?"

Tante Renee a répondu,

"Je n'étais pas sûr que c'était la bonne chose à faire."

Tante Renée a gardé pour elle cette partie de leur vie depuis qu'elle est toute jeune. Ces trois mois ont été une période secrète pour Mireille, Jean Gilles, Renée et Joseph Alexander. Je peux comprendre son hésitation à le révéler après tant d'années de secret.

Pendant les trois premiers mois de ma vie, c'est-à-dire pendant l'été, nous avons vécu dans une chambre individuelle sans chauffage ni eau chaude. Cet arrangement a duré de ma naissance, le 6 juin, jusqu'au 7 septembre, date à laquelle ils ont réalisé qu'ils n'avaient pas d'autre choix que de me ramener à L'Aide à la Femme. Le temps devenait froid à Montréal, et ils n'avaient pas les moyens de me garder.

L'Aide à la Femme m'a alors confié aux soins de la Société de

Réhabilitation, Inc. et ils m'ont placé à la Crèche de la Miséricorde, l'orphelinat où ma mère, mon père et mon frère Brian m'ont adopté le 9 septembre 1949.

Quelques semaines après que Mireille et Jean Gilles m'aient amené à L'Aide à la Femme, ils sont retournés me réclamer et me ramener à la maison. Jean Gilles a rapporté qu'elle n'arrêtait pas de pleurer dans les semaines qui ont suivi mon arrivée à l'orphelinat, et il était déterminé à trouver un moyen pour qu'elle puisse me garder. Il l'aimait et ne voulait pas qu'elle soit malheureuse.

Comme elle a dû être heureuse de penser qu'elle était sur le point de retrouver sa petite fille.

Mon imagination me place avec elles sur les marches menant au bâtiment où, quelques semaines auparavant, elles m'avaient confié à contrecœur aux soins des sœurs de la crèche. Anxieuse, heureuse, excitée et soulagée sont quelques-uns des sentiments que Mireille a dû éprouver en montant ces marches.

En entrant dans ce bâtiment, il est probable qu'ils ne s'attendaient pas à entendre que j'étais déjà partie. Emmenée dans un autre pays où j'étais déjà depuis des semaines dans ma nouvelle identité.

Mon imagination me permet ensuite d'entrer dans le bâtiment, de voir deux jeunes gens de vingt ans regardant anxieusement à gauche et à droite pour trouver la personne qui pourrait les aider. On les a peut-être fait entrer dans un bureau et on leur a demandé de s'asseoir et d'attendre pendant que cette personne vérifiait l'enregistrement de mon arrivée plusieurs semaines auparavant. Mireille et Jean Gilles avaient bon espoir et croyaient que je dormais en sécurité dans l'un des nombreux berceaux présents et qu'ils pourraient me récupérer. Ils savaient qu'il y avait des centaines de bébés disponibles pour l'adoption. J'étais sûrement encore là.

La personne était-elle douce et gentille ou bien factuelle lorsqu'elle a expliqué à Mireille que j'avais été adopté quelques semaines auparavant par un couple des États-Unis? J'essaie d'imaginer Mireille et Jean Gilles recevant la nouvelle que je n'étais plus à l'orphelinat mais que j'avais déjà été emmenée aux États-Unis et qu'il était impossible de me retrouver en raison des dossiers d'adoption scellés.

Il est inconcevable de penser au désespoir et au chagrin qu'elle a dû ressentir en quittant cet orphelinat sans sa petite fille de trois mois qu'elle avait nourrie depuis sa naissance. Une perte si dévastatrice ; penser que votre bébé est quelque part dans le monde avec des étrangers, mais que vous ne saurez jamais où. Elle a dû trouver la force de se lever et de franchir les portes de la crèche pour continuer sa vie. Jean Gilles était là pour qu'elle puisse s'appuyer sur lui.

Mes frères m'ont tous dit quel homme merveilleux était leur père, ils l'aimaient beaucoup.

Lorsque j'ai reçu la copie de la lettre que Mireille a écrite en avril 1986, j'ai appris qu'elle m'avait donné un nom et qu'elle souhaitait savoir si j'étais heureuse et en sécurité. Elle a écrit cette lettre avec l'espoir que les agences pourraient l'aider à retrouver sa petite fille. Ce n'est qu'en janvier 1987 qu'elle a reçu une réponse, et ses espoirs ont été de nouveau anéantis lorsque la lettre a confirmé que j'avais été adoptée aux États-Unis et qu'ils n'avaient pas accès à ces dossiers.

En 2010, avant de retrouver ma famille biologique, j'ai visité l'orphelinat où j'ai été adoptée. J'ai emprunté les mêmes marches que celles de l'orphelinat, en imaginant ma mère et mon père adoptifs monter ces marches dans l'espoir de retrouver leur fille, puis repartir par ces mêmes marches pour me ramener à Brooklyn, dans l'État de New York.

Maintenant, je pense à Mireille, ma mère biologique, qui est partie par ces mêmes marches sans moi, deux fois. D'abord quand elle a dû m'abandonner à la clinique alors que le temps devenait froid, puis quelques semaines plus tard, cherchant à me réclamer mais découvrant que j'étais déjà adoptée et emmenée aux États-Unis. Je ne peux pas imaginer la profondeur de la tristesse et de la douleur qu'elle a dû ressentir en descendant ces marches pour la dernière fois.

Elle n'avait que 20 ans et sa vie devait continuer, mais pas avant une période de deuil pour la fille qu'elle a perdue.

Deux ans plus tard, Jean Gilles et elle se marient.

44
RÉFLEXIONS

Qu'est-ce que cette expérience a signifié pour moi et pour mes proches? Plus précisément, les gens demandent,

"Que pensent Eric et Elise du fait que vous, leur mère, ayez été adoptée?

C'est une bonne question et, d'une manière ou d'une autre, comme l'a fait ma mère Mary, j'ai pu les informer de mon adoption dès leur plus jeune âge. Lorsque je leur ai demandé s'ils se souvenaient d'avoir été informés, ils ont répondu qu'ils l'avaient toujours su.

Je ne me souviens pas qu'ils m'aient posé des questions ou parlé de mon adoption, et je pense que l'adoption, bien qu'acceptée, peut encore être considérée comme un secret et ne pas être ouvertement remise en question.

Le seul souvenir que j'ai est celui d'Eric, quand il avait environ 20 ans, disant ,

"Tu sais, on pourrait descendre des aborigènes du Canada!"

Le fait que moi, leur mère, j'ai été adoptée est rarement évoqué dans les discussions avec Eric et Elise.

"Tu as raison. On pourrait l'être."Je lui ai rappelé que si je savais que ma mère biologique était canadienne-française, je n'avais aucune information sur l'héritage de mon père biologique.

Nous en sommes restés là, mais de tels commentaires ont ravivé ma curiosité à propos de ma famille biologique, surtout venant de l'un de mes enfants. Le fait qu'il ait pensé à voix haute m'a rappelé que le mystère entourant mon adoption n'affectait pas seulement moi, mais aussi Eric et Elise lorsqu'ils sont devenus adultes et ont envisagé d'avoir leur propre famille un jour. Il y aurait toujours cette question sans réponse sur leur histoire génétique, ce chaînon manquant.

Eric a également dit qu'il ne pensait pas trop à mon adoption et qu'il trouvait formidable que j'aie des parents que j'aimais et qui m'aimaient.

Nous entretenons une relation très affectueuse avec Brian et Kellianne, les enfants de mon frère Brian, depuis leur naissance. Eric a fait remarquer que, bien que mon frère Brian et moi ne soyons pas génétiquement liés, nous sommes de la même famille, et lui et Elise, Kellianne et Brian sont des cousins proches.

Elise m'a dit qu'elle était curieuse, mais qu'elle savait que c'était à moi de vouloir rechercher des informations sur ma famille biologique. Elle a dit qu'elle comprenait pourquoi j'avais été réticente. C'était un grand acte de foi que de s'engager dans cette voie, qui pouvait entraîner une douleur émotionnelle ou une déception.

Sur les formulaires que Mireille a remplis à la clinique, elle a donné des informations sur mon père biologique et sa famille. Elle n'a pas donné son nom, mais a révélé qu'il était aussi un Canadien français de Montréal et qu'elle avait rompu avec lui lorsqu'elle avait découvert qu'elle était enceinte. Je n'avais pas cette information quand Eric a spéculé sur notre héritage.

Peut-être que Jean Gilles, le père de mes frères, savait qui était mon père biologique, mais même après que Mireille ait dit à mes frères qu'elle avait une fille, et que cela ait été confirmé par Jean Gilles, personne n'a révélé la moindre information sur mon père biologique. Jean Gilles est décédé un an après avoir confirmé ma naissance à mes frères. Il semble qu'à aucun moment après cela et pendant toutes les années où mes frères ont aidé Mireille à me rechercher, personne n'a demandé à Mireille qui était mon père.

Après avoir rencontré ma famille biologique, la question de savoir qui pouvait être mon père biologique a refait surface. Mireille et moi étions si heureux d'être réunis que je ne lui ai pas demandé d'informations sur mon père biologique. Plus tôt, j'ai écrit que, connaissant le lien étroit qui unissait Mireille à son frère Yvon, il devait être au courant. Si c'est le cas, il a gardé ce secret jusqu'à sa mort. Je soupçonne que, concernant mon père biologique, Mireille a fait jurer la famille au secret.

Lorsque je réfléchis à ma vie d'enfant adopté et au rôle qu'elle a joué dans mon enfance, je me souviens m'être demandé qui pouvaient être mes parents biologiques, mais j'ai vite chassé cette question de mon esprit. Pourquoi s'attarder sur ce que l'on ne peut pas savoir et surtout sur quelque chose qui pourrait contrarier ses parents. Les adoptés fantasment souvent sur l'identité de leurs parents biologiques. J'ai lu que la plupart des adoptés pensent qu'ils descendent de la royauté ou de criminels.

La gratitude et une attitude positive sont ce à quoi je pense quand je pense à ma mère Mary. Elle a eu tellement d'épreuves dans sa vie et je me souviens de toutes ; certaines que j'ai vécues avec elle, et d'autres que j'ai l'impression d'avoir vécues grâce à son talent de conteuse dramatique. C'est pourquoi j'ai été frappée, lors d'une de ses visites de Floride à ma maison de Huntington Station, lorsqu'elle m'a dit un jour autour d'une tasse de thé,

"J'ai eu une bonne vie et je suis très reconnaissante."

Tout ce que je pouvais penser, c'était à son enfance abusive, à la mort de son père à l'âge de neuf ans, au rejet de sa mère en faveur de sa sœur, au fait que mon père ait frôlé la mort à deux reprises, et enfin à sa mort à l'âge de 54 ans, et à ses propres urgences médicales récentes.

Son verre était toujours à moitié plein. Mes parents, Mary et Owen, avaient tous deux une attitude positive, "je peux le faire". Je crois que c'est la raison pour laquelle ils étaient si confiants à l'idée d'adopter des enfants. Ils ne nous ont jamais fait sentir, à moi ou à mon frère, que nous n'étions pas à eux.

Nous étions pourtant très différents.

Nous avions l'air différent.

C'était une beauté irlandaise avec des cheveux blonds et des yeux verts.

"J'ai la carte de l'Irlande sur mon visage." Elle disait souvent.

Elle luttait toujours contre son poids mais appréciait son gâteau avec le thé le matin. Elle aimait les vêtements et les chapeaux et avait un goût très certain. Elle pouvait être flamboyante.

J'ai les cheveux bruns et les yeux marron. J'ai toujours été mince. Je ne ressemblais à personne dans ma famille. J'aimais aussi les vêtements, mais il fut un temps où mon style était plus conservateur, et elle avait l'habitude de dire que j'étais une "femme sur mesure".

Mon frère Brian ressemblait exactement à notre mère très irlandaise. Ils avaient tous deux la peau claire avec des taches de rousseur, des cheveux blonds-roux et des yeux clairs. Mon frère, qui n'était pas très à l'aise avec l'idée d'être adopté, s'exclamait,

"Je suis exactement comme toi. Pourquoi je ne peux pas vraiment être à toi?"

C'était difficile à entendre pour notre mère, car pour elle, il était à elle. La date de naissance de Brian était le 17 mars 1944, et il a été adopté le 9 avril 1945. Bien que nous célébrions son anniversaire le 17 mars, jour de la Saint-Patrick, il le célébrait aussi chaque année le 9 avril en envoyant à nos parents une carte leur disant que pour lui, le jour de son adoption était le jour de sa naissance. Après le décès de nos parents, Brian m'appelait chaque 9 avril et me disait ,

"Savez-vous quel jour nous sommes?"

Et je répondais,

"Le jour où tu as été adopté et que tu es devenu le fils d'Owen et Mary."

Nos personnalités étaient différentes.

Elle était si extravertie et se faisait souvent des amis pendant qu'elle faisait la queue dans n'importe quel magasin. Et quand je dis se faire des amis, je veux dire échanger des numéros de téléphone, et la prochaine chose que je sais, c'est qu'il y avait une nouvelle amie à notre table de cuisine en train de prendre le thé.

Elle avait du cran et ne reculait jamais devant un combat. Elle savait aussi résoudre les problèmes. Si quelque chose n'allait pas, elle s'y mettait et le réparait. Elle n'attendait pas que quelqu'un d'autre la rende heureuse ou résout un problème. Elle n'avait peur de rien.

Lorsque j'étais une très jeune fille, je n'étais pas extravertie, j'étais même très timide. Lorsque nous avons déménagé à Huntington et que je suis entrée en quatrième année à l'école St. Patrick, je ne me faisais pas d'amis. Je me sentais seule mais je ne savais pas comment m'y prendre pour me faire des amis. Comme j'avais sauté la troisième année, j'étais très consciente de la maturité des autres filles de quatrième année et je savais que je n'étais pas à ma place. Tout était trop difficile pour moi et les religieuses n'avaient aucune patience pour l'immaturité. À leur défense, il y avait 30 élèves ou plus dans chaque classe. De plus, les autres élèves de quatrième année étaient ensemble dans cette école depuis la maternelle . Personne ne m'a remarquée et j'étais trop timide pour demander à l'un des autres enfants si je pouvais me joindre à eux et jouer à la récréation.

Pendant les premières semaines, ma mère demandait,
"Eileen, tu t'es déjà fait des amis?"

Après m'avoir entendu répondre non, elle me proposait des moyens de me faire des amis, mais je ne pouvais pas me résoudre à suivre ses conseils.

Je me promenais sur le terrain de jeu pendant la récréation un après-midi quand ma mère est arrivée et m'a présentée aux filles de ma classe.

"Bonjour, c'est Eileen et elle est nouvelle dans cette école. Elle aimerait jouer avec toi à la récréation."

Elle a dû choisir instinctivement les filles les plus gentilles parce qu'elles ont commencé à m'inclure à la récréation, et j'ai fini par être amie avec une fille jusqu'à nos 20 ans.

C'est pendant l'adolescence que ma mère et moi avons connu des hauts et des bas dans notre relation. La mort de mon père a illustré à quel point nous comptions sur lui pour jouer le rôle de tampon et de pacificateur dans la famille. Après sa mort, j'étais très triste et en colère. Je m'en suis pris à ma mère et nous nous disputions tous les jours. Je voulais être hors de la maison autant que possible pour éviter les conflits, et elle voulait que je sois à la maison parce qu'elle se sentait seule. Au fur et à mesure que je grandissais et mûrissais et qu'elle était plus heureuse, nous avons pu trouver un terrain d'entente pour une bonne relation.

Les mères et les filles biologiques peuvent également être très différentes. L'histoire génétique n'est pas toujours évidente chez une personne. Chaque personne est unique et le produit d'une longue série de possibilités génétiques.

Ma mère biologique Mireille et moi nous ressemblons tellement et pourtant je ne suis pas sûre que nos personnalités se ressemblent beaucoup. Je sais qu'elle aimait et appréciait sa famille par-dessus tout, et c'est aussi ce que je ressens. Elle aimait danser et cuisiner, comme moi, et nous aimions toutes deux les voitures.

Comme ma mère Mary, Mireille pouvait aussi être flamboyante et elle aimait les vêtements. Lorsque je regarde les nombreuses photos que ma famille a partagées avec moi, je vois Mireille magnifiquement habillée avec des accessoires bien choisis pour chaque tenue.

Lorsque nous nous sommes rencontrés, elle était atteinte de démence et, bien qu'elle sache qui j'étais, nous n'étions pas en mesure de converser dans la mesure où nous pouvions vraiment apprendre à nous connaître. Mes frères et leurs familles ont partagé leurs histoires et leurs expériences afin de donner vie à Mireille pour moi. Grâce à ces histoires, j'ai appris que Mireille était aussi une mère forte, avec une attitude positive et volontaire.

Il y a une chanson écrite en 1944 que je me souviens que ma mère et mon père chantaient quand j'étais petit. Il s'agissait de "Ac-cent-Tchu- Ate the Positive" (Éliminez le négatif), écrite par Harold Arlen et Johnny Mercer. Je pense que mes parents ont pris ces paroles à cœur et, malgré toutes leurs difficultés, ont fait preuve d'espoir et de foi.

Mes deux mères ont toutes deux connu de nombreuses épreuves au cours de leur vie, mais elles ont toujours trouvé la joie et la gratitude pour tout ce qui était bon. C'est un message puissant qu'elles ont transmis à leurs enfants.

"J'ai assez de famille."

C'était ma réponse lorsque l'idée de rechercher mes origines de naissance faisait surface. Une attitude cavalière, certes, mais je réalise maintenant que la peur de l'inconnu était au cœur de cette déclaration.

Maintenant je sais qu'on n'a jamais assez de gens à aimer. Ma vie est tellement enrichie par la belle famille que j'ai trouvée. Je n'ai jamais rien attendu et j'ai tout reçu.

Depuis que j'ai rencontré ma famille biologique, nous parlons de nos similitudes en tant que familles.

Nous aimons la bonne nourriture, le vin et les soupers en famille.

Claude a trois sœurs ; j'ai trois frères biologiques et mon premier frère d'amour, Brian.

Claude est français et italien, je suis canadien-français.

Nous vivons dans la même ville que nos enfants et deux des sœurs de Claude et leurs familles.

Ma famille biologique vit tous dans la même ville au Canada.

Lorsque nous rencontrions mes beaux-frères et mes belles-sœurs, nous parlions du fait qu'il était incroyable que j'épouse un Français et que je sois si attirée par tout ce qui est français. J'ai expliqué que ma mère Mary, qui était irlando-américaine, aimait tout ce qui était français, de la décoration de sa maison à l'écoute de la langue. J'ai pris des cours de français au lycée et lorsque je franchissais la porte de ma maison après l'école, j'entendais souvent mes disques de dialogues français jouer sur notre tourne-disque Magnavox de 1937. Ma mère les écoutait pendant qu'elle travaillait à la maison. Je lui demandais pourquoi, je trouvais ça drôle quand j'avais 14 ans, et elle me répondait,

"J'aime tout ce qui est français!"

45
PAIX

Lorsque je raconte mon histoire aux gens, ils sont parfois envahis par l'émotion.

"Comment vous sentiez-vous en tant qu'enfant adopté?"
"Avez-vous toujours voulu retrouver votre mère biologique?"
"Pourquoi avez-vous mis si longtemps à la chercher?"

Depuis que j'ai été réunie, je dois vraiment me ramener à ce que c'était avant que je ne les trouve. J'ai toujours été curieuse de connaître ma mère biologique et sa vie après m'avoir donné naissance.

Quand ma mère me disait: "Tu es Canadienne française", je me sentais fière.

Il y avait des moments, mon anniversaire et la fête des mères en particulier, où je me posais des questions sur ma mère biologique. Quel genre de vie elle menait et si elle avait d'autres enfants. Toutes les mêmes choses que j'ai apprises qu'elle se demandait à mon sujet. Nous avions tous deux une vie heureuse, mais il y avait toujours cette partie manquante, non résolue. Mais la vie était belle et nous continuions.

Il m'a fallu 61 ans pour finalement obtenir des informations sur ma naissance et retrouver mes parents. Ma voix intérieure insistante était devenue de plus en plus forte et je ne pouvais plus continuer à nier toute ma vie mon désir de savoir. Petit à petit, j'ai trouvé le courage d'être honnête avec moi-même et d'abandonner mon prétexte de longue date selon lequel connaître ma famille de naissance n'avait pas d'importance.

"Je n'ai pas d'antécédents familiaux, j'ai été adoptée." C'était ma réponse à toutes les questions des médecins sur les antécédents familiaux. Quand j'étais jeune, je n'avais pas beaucoup de visites chez le médecin. En vieillissant, je vois beaucoup de médecins, et les antécédents familiaux sont devenus de plus en plus importants à la lumière des découvertes sur le lien entre la génétique et la santé de chaque nouvelle génération. J'ai l'habitude de ne pas avoir d'histoire à partager avec eux, et j'ai dit à mes enfants que je faisais l'histoire médicale pour eux. Ils ont des antécédents médicaux du côté de la famille de Claude et, avec mon peu d'antécédents, je pensais que cela suffirait. Cependant, lorsqu'on m'a offert la possibilité de connaître les antécédents médicaux de ma famille, j'ai réalisé que j'en serais ravie. Je sais donc maintenant que ma mère biologique a joui d'une très bonne santé tout au long de sa vie, mais que, parce qu'elle fumait, elle souffrait d'emphysème et de BPCO. Mes visites chez le médecin depuis que j'ai rencontré ma mère se sont souvent terminées par des larmes de joie. J'ai pu leur parler de mes antécédents médicaux, mais pas sans leur raconter, aussi brièvement que possible, que j'ai retrouvé ma mère biologique à 61 ans.

Maintenant que j'ai rencontré ma mère biologique, je sais que je ne pourrai jamais retrouver ce qui a été perdu, en la connaissant vraiment. Nous n'avons eu que quatre mois. Même lorsque mes frères et leurs épouses parlent d'elle, c'est leur expérience. Elle et moi n'avons jamais su ce que c'est que d'être mère et fille. J'ai tellement de raisons d'être reconnaissante que je ne peux pas m'attarder sur cette pensée. Quatre mois et je n'aurais peut-être jamais regardé dans ses yeux ou tenu ses mains dans les miennes. Maintenant, j'ai trois frères et belles-sœurs, des nièces et neveux, et des oncles et tantes. Je suis si heureuse d'appartenir à cette belle famille, ma famille biologique.

Nous avons été ensemble tous les jours de notre week-end de retrouvailles du 14 avril au 17 avril, date à laquelle j'ai dû partir et rentrer chez moi. Lorsque je lui ai dit que j'étais triste de la quitter mais que je devais partir, elle m'a demandé "pourquoi?". Je lui ai expliqué mon travail et lui ai dit que nous reviendrions dans trois semaines. Elle m'a répondu,

"Je t'attends."

Trois semaines, c'était une grande promesse à tenir pour elle et j'ai prié pour qu'elle en ait la force.

Souvent, dans les moments les plus importants de notre vie, il y a des émotions contradictoires que nous devons aborder et ressentir. J'étais triste pour beaucoup de choses:

Des occasions perdues de vraiment connaître ma mère biologique,

Des occasions perdues pour elle de me connaître et d'avoir la paix au fil des ans,

Et j'ai perdu des occasions de connaître mes frères.

Mais le regret ne sert à rien.

Au lieu de cela, je pense aux quatre mois que nous avons eus. La paix que j'ai pu lui apporter et la paix qu'elle m'a donnée.

Je serai donc reconnaissante pour les souvenirs inoubliables de regarder dans les yeux de ma mère biologique, de lui dire que je l'aime, de la remercier de m'avoir donné la vie, et de la voir me regarder, enfin en paix.

"Je t'attends."

Et elle l'a fait.

ÉPILOGUE

"Est-ce que tu vois toujours ta famille biologique?"

C'est l'une des premières questions que l'on me pose après avoir entendu mon histoire. Ils se demandent si nous avons pu maintenir le lien familial que nous avons connu lors de notre première rencontre.

"Oui, nous aimons passer du temps ensemble, et nous avons travaillé autour des horaires de travail et d'autres responsabilités familiales pour être sûrs de nous voir."

Dans "Does Search Always Mean Reunion? The Answer is No", Kathleen Kelly Halverson rapporte trois parties distinctes des recherches d'adoption.

- Recherche
- Réunion
- Reconnexion

La recherche ne mène pas toujours à la réunion et la réunion ne mène pas toujours à la reconnexion. L'étude britannique du Guardian mentionnée précédemment note que certaines retrouvailles cessent après une ou deux lettres ou une rencontre en face à face. En outre, une nouvelle relation sur six s'est effondrée au bout d'un an et 60 % ont pris fin dans les huit ans.

Le Congrès américain de l'adoption a publié: <u>Search and Reunion Etiquette: Le guide que Miss Manners n'a jamais écrit</u>, par Monica Byres. Elle écrit: "Il faut généralement de cinq à huit ans pour que les premières retrouvailles évoluent vers un rythme naturel". Elles peuvent passer de la normalisation à des expériences partagées, puis à un va-et-vient plus fluide qui s'atténue et se consolide avec le temps.

Au cours des dix années qui se sont écoulées depuis que ma famille biologique et moi avons été réunis, nous sommes passés rapidement de la phase de réunion à la phase de reconnexion.

Depuis notre rencontre, nous avons établi un rythme de visites régulières. Habituellement, Claude et moi allons à Châteauguay chaque année à peu près au moment de notre réunion du 14 avril. Mes frères et leurs familles nous rendent visite à Long Island pendant les mois chauds, lorsque nous profitons des plages et des divertissements en plein air, ainsi qu'à Lake Placid lorsque nous y passons des vacances. S'ils ne peuvent pas venir nous voir à Lake Placid, nous nous rendons parfois à Chateauguay pour leur rendre visite après nos vacances à Lake Placid.

En octobre 2011, six mois seulement après avoir rencontré ma famille canadienne, ils sont venus nous rendre visite à Long Island. Guy et Line, Pierre et ses filles Anyssa et Lydia, Yves et Angela, et leurs enfants Sabrina et Joey sont venus du Canada pour passer un week-end avec nous dans notre maison. Nous étions très heureux qu'ils rencontrent notre famille et nos amis new-yorkais, mais surtout qu'ils passent du temps avec nos enfants Eric, Elise et Mike, et nos petits-enfants.

Il y aura neuf invités pour la nuit, alors les draps et les serviettes ont été préparés et prêts, et nous avons installé les matelas pneumatiques dans la salle familiale pour les quatre adolescents.

Ensuite, nous avons réfléchi à nos menus et à ce que nous pouvions préparer à l'avance pour pouvoir profiter de leur compagnie et ne pas passer trop de temps à préparer les repas. Les courses ont été faites deux jours avant leur arrivée et suffisamment de repas ont été préparés la veille et stockés dans le réfrigérateur.

Jean, l'amie de papa, adorait les défis de shopping. Lorsque ma famille est venue du Canada pour sa première visite chez moi à Huntington, j'ai dit à Jean que je cherchais en ligne et que j'appelais les magasins pour trouver un drapeau canadien. L'"Équipe Canada" arrivait dans quelques jours seulement et même si j'en trouvais un en ligne, il n'arriverait pas à temps. (Peu après que Claude et moi ayons rencontré ma famille canadienne, il a commencé à les appeler "Team Canada" et nous "Team USA"). Je voulais faire flotter le drapeau à côté de ma boîte aux lettres pour qu'ils puissent le voir lorsqu'ils s'approcheraient de notre maison pour la première fois. Je voulais aussi que mes voisins sachent que ma famille allait venir.

Il m'a suffi d'en parler à Jean et elle s'est mise au travail. Elle a passé des coups de fil à des magasins dans tout Long Island, a consulté Internet et a trouvé des drapeaux canadiens, mais ils n'arriveraient pas à temps. Elle a ensuite fait des recherches sur les différentes sociétés en ligne et sur la localisation de leurs entrepôts et a trouvé un entrepôt à environ 45 minutes de chez nous. Elle les a appelés et ils lui ont dit qu'ils ne pouvaient pas lui vendre un drapeau parce qu'ils ne sont pas un magasin de détail. Ne voulant pas abandonner, elle a commencé à raconter mon histoire, à savoir pourquoi nous avions besoin de ce drapeau. Après avoir entendu l'histoire touchante de nos retrouvailles, ils ont accepté de lui vendre le drapeau. Jean et Papa n'ont pas perdu de temps et ont immédiatement sauté dans sa Honda hybride et sont partis à la recherche de cet entrepôt. Il n'était pas facile à trouver, caché à l'arrière d'un bâtiment. Ils ont dû monter un escalier complet situé à l'extérieur du bâtiment et menant à une seule porte en haut. Ils sont entrés dans une grande pièce remplie de grandes tables sur lesquelles étaient empilés des tissus de toutes les couleurs, tailles et motifs. Une fois à l'intérieur, elle a rapidement expliqué qui elle était et on lui a vendu le magnifique drapeau canadien que nous exposons à chaque visite de ma famille. Depuis lors, ma famille canadienne déploie le drapeau américain lorsque nous leur rendons visite.

Le matin de leur arrivée, nous étions si heureux de déployer le drapeau canadien près de la boîte aux lettres, de faire quelques petits travaux de dernière minute dans la maison, puis d'attendre leur arrivée.

Personne dans ma famille canadienne n'était jamais allé à Long Island et nous comprenions les nerfs d'acier qu'il faut avoir pour naviguer rapidement sur les ponts et les autoroutes en se rendant à Long Island. Les voitures et les camions qui roulent au-dessus de la limite de vitesse passent sans se soucier de ceux qui ne connaissent pas la route. Il est facile de prendre un mauvais virage et il n'y a pas de moyen facile de le rectifier. Personne n'avait de GPS à l'époque, mais ils avaient des indications très précises de notre part.

À l'approche de leur arrivée, je faisais les cent pas dans le salon et je regardais l'allée par la baie vitrée en espérant qu'ils étaient arrivés. Finalement, j'ai entendu le moteur des voitures lorsqu'elles sont arrivées, et Claude et moi avons couru dans l'allée pour les accueillir.

Ils étaient fatigués par le long trajet, nous les avons donc aidés à apporter leurs affaires et leur avons montré où ils allaient loger. C'était une belle journée d'octobre et nous les avons emmenés sur la terrasse où ils ont pu se dégourdir les jambes et se détendre avec une boisson fraîche et des amuse-gueules. Nous avons vu que le coucher de soleil allait être magnifique en automne et nous leur avons demandé s'ils voulaient que nous les emmenions faire une croisière au coucher du soleil sur notre bateau. Il s'agissait d'un court trajet en voiture jusqu'à notre marina au Harbor Boating Club à Huntington Harbor où notre bateau est amarré et tout le monde a accepté d'y aller. C'était une soirée parfaite avec des eaux calmes et un ciel dégagé lorsque nous sommes sortis du port et avons pénétré dans le Long Island Sound où nous avons assisté à un coucher de soleil à couper le souffle. En chemin, nous avons pointé du doigt quelques repères de Huntington et des criques où Claude et moi avons passé plus de cinquante étés en bateau.

Nièces et neveux: Anyssa, Sabrina, Lydia et Joey.

Nièces et neveux: Anyssa, Sabrina, Lydia et Joey.

Lorsque nous avons planifié la visite de la famille, nous savions que nous voulions que toute notre famille et tous nos amis de New York rencontrent ma nouvelle famille canadienne. Réalisant que notre maison ne pouvait pas accueillir cinquante invités, nous avons réservé le clubhouse de la marina à Huntington. Notre famille et nos amis, qui nous ont encouragés et soutenus à chaque étape du voyage pour retrouver ma mère biologique, étaient là. Des tables ont été installées dans la grande salle ouverte près de la cuisine du clubhouse et d'autres tables à l'extérieur sur le porche qui donnait sur la marina et le port de Huntington. C'était une autre belle journée et tout le monde pouvait profiter du temps passé dehors. Tout au long de l'après-midi, je suis passé d'un groupe à l'autre, m'assurant que les présentations étaient faites, observant la facilité des conversations et écoutant les amis exprimer leurs condoléances à mes frères pour la perte de notre mère et leur soulagement que nous ayons été réunis juste à temps. Tout le monde pouvait ressentir l'amour et la joie ce jour-là et lorsque nous sommes partis pour rentrer à la maison, nous avions encore beaucoup de temps pour nous détendre et revivre les événements de la journée. Le lendemain, ils partaient, mais nous savions que nous ne tarderions pas à être à nouveau réunis.

Claude et moi, Martine et Anthony, et Corinne allions au Whiteface Lodge à Lake Placid en décembre pour une semaine, l'une des huit semaines par an qui nous sont offertes en tant que propriétaires fractionnés du Lodge. Nous avons dit à mes frères et à leurs familles que nous serions là et leur avons demandé s'ils pouvaient venir profiter de leurs vacances avec nous.

Ce n'était pas leur première fois à Lake Placid, mais c'était la première fois qu'ils visitaient le Lodge. Nous avons donc pris plaisir à les emmener dans certains de nos endroits préférés. Vous pouvez voir le lac Mirror à l'arrière-plan de notre photo de groupe. Il y a moins de deux heures et demie de route entre Châteauguay, au Canada, et Lake Placid, et maintenant ma famille nous y retrouve aussi souvent qu'elle le peut.

Première rangée: Lydia, Anyssa, Joey, Sabrina Deuxième rang: Anthony, Martine, Corinne, Eileen, Pierre, Angela Rangée arrière: Claude, Guy, Line, Yves

Le 14 avril 2012, le premier anniversaire de la rencontre avec ma mère biologique Mireille, mes frères et leurs familles nous ont invités à venir passer le week-end à Châteauguay. Nous logerions chez Yves et Angela, Sabrina qui avait 16 ans, et Joey qui avait 14 ans. Eric et son fils Cash (4 ans) sont venus avec Claude et moi dans notre voiture. Elise et Mike, Jackson (5 ans), Owen (3 ans) et Evelyn (14 mois) ont conduit dans leur van. Nos petits-enfants étaient trop jeunes pour comprendre exactement qui sont nos nouveaux parents, mais lorsque nous sommes arrivés chez Yves et Angela, ils ont vu des jouets disposés sur la table et des concombres, leurs préférés, à manger. Sabrina et Joey étaient là et ont tout de suite commencé à jouer avec eux. On pouvait sentir et voir l'excitation des enfants alors que Sabrina et Joey les attiraient avec des jeux et des projets artistiques. À la fin du week-end, ils ont aidé les enfants à fabriquer et à décorer de petites boîtes à trésors en carton qu'ils ont emportées chez eux comme souvenir spécial.

Quelques heures plus tard, Guy et Line, Pierre et ses filles, Anyssa et Lydia, la fille de Guy, Josée, et sa fille Joelle, qui a 5 ans, sont arrivés. Nous avons pris des apéritifs et porté un toast au champagne à Mireille et à notre premier anniversaire. C'était particulièrement agréable de passer du temps avec Joey et Sabrina, Anyssa et Lydia. Ils ont grandi ensemble et sont des cousins proches. Ensemble, ils ont gardé tous les jeunes enfants heureux.

Le lendemain, nous nous sommes levés tôt avec les enfants et après le petit-déjeuner, nous sommes partis chez Guy et Line pour passer la journée. Pierre était là avec Anyssa et Lydia. Les enfants se sont amusés à jouer avec tout le monde dehors sur la terrasse, puis nous nous sommes promenés avec eux dans un parc local et une aire de jeux.

Guy et Line ont préparé un délicieux dîner au barbecue accompagné de quelques plats d'accompagnement, spécialités d'Angela. Après le déjeuner, Guy, Pierre, Yves, Claude et moi avons fait une promenade de la maison de Guy et Line au cimetière pour voir la pierre tombale de notre mère. C'était la première fois que je la voyais terminée. Elle est magnifiquement finie et gravée d'une jolie rose délicate, sa fleur préférée.

Ce fut une journée très spéciale avec ma famille canadienne, mes enfants et leurs enfants, et comme pour la plupart des journées significatives, elle est passée trop vite. Il était temps pour nous de rentrer chez Yves et Angela, et il y a eu beaucoup d'accolades, de baisers et d'expressions de gratitude pour la merveilleuse journée que nous avons passée ensemble en famille.

Nous nous sommes sentis si proches d'eux après un week-end si spécial, et le lundi, après de nombreux remerciements et embrassades pour Angela et Yves, Sabrina et Joey, nous sommes partis pour la maison.

Quels mots devrais-je choisir pour décrire mes sentiments à l'égard d'un week-end où mes enfants et petits-enfants ont rencontré ma famille biologique, leurs parents de sang? Incroyable, étonnante, gratifiante et imprévue il y a seulement un an et demi, cette rencontre a semblé si naturelle. Nous les aimons et je suis extrêmement fière de les appeler ma famille.

En grandissant en tant qu'enfant adopté, je ne me suis pas attardé longtemps sur le type de personne et de famille dans laquelle je suis né. Même si la possibilité de descendre de personnes peu recommandables se glissait parfois dans mes pensées, je faisais taire ces pensées et je croyais que c'était des gens bien. Ce que je suis heureuse de dire maintenant, c'est que si je devais choisir une famille biologique, ce serait eux.

En juillet 2012, le papa de Claude, Francesco, qui était un deuxième père pour moi, a eu 90 ans. Nous avons organisé une grande fête pour lui au Whiteface Lodge à Lake Placid et certains membres de la famille sont venus de Châteauguay pour célébrer avec nous. Papa était si heureux pour moi quand j'ai retrouvé ma famille biologique, et ils pouvaient ressentir son amour et de notre famille envers eux. Jean et lui étaient présents au lodge chaque fois que mes frères et leurs familles nous rendaient visite. Papa, qui parle couramment le français depuis ses années à Paris, leur parlait parfois en français. Nous avons également reçu de nombreuses visites de ma famille canadienne dans notre maison à Huntington. Papa et Jean se joignaient à nous chaque fois qu'ils nous rendaient visite.

Papa est décédé en avril 2013, deux ans seulement après avoir été réuni avec ma famille. Ses funérailles ont eu lieu à Huntington, à l'église Saint-Patrick. Aucun d'entre nous ne s'attendait à ce que mes frères puissent faire le long voyage jusqu'à Huntington ; cependant, Pierre a appelé pour dire qu'il viendrait. Comme Guy et Yves travaillent et qu'ils ne peuvent pas s'absenter, Pierre fera le voyage seul. Claude et moi avons été très touchés par sa volonté de représenter et d'exprimer les condoléances de mes frères et de leurs familles.

Pierre et Diane sont ensemble depuis leur rencontre en 2016. Elle fait désormais partie de la famille et est aimée de tous. En 2017, Claude et moi avons gardé notre bateau à Montauk, Long Island, pendant les mois d'été. Montauk est à environ deux heures et demie à l'est de notre maison à Huntington Station. Nous avons rencontré Diane lorsque la famille nous a rendu visite à Lake Placid au début de 2017 et Pierre et Diane nous ont dit qu'ils aimeraient faire un road trip pour nous rendre visite en juillet. Nous étions ravis de les accueillir et avons apprécié leur sens de l'aventure pour faire le long trajet jusqu'à Montauk pour une soirée et une nuit sur le bateau. Comme nous l'avons appris, ils aiment faire des voyages en voiture et après nous avoir quittés à Montauk, ils se sont rendus dans de nombreuses villes de la côte est.

Claude, Diane et Pierre sur notre bateau à Montauk, NY 2017

Claude et moi sommes restés en contact avec l'oncle Yvon et tante Pauline de 2011 à 2019, date à laquelle nous avons été informés de leur décès à deux semaines d'intervalle. Lors de l'une de nos dernières visites avec eux, l'oncle Yvon nous a raconté que lorsqu'il a atteint quatre-vingt-dix ans, il a soudainement perdu ses forces et a connu de nombreux problèmes médicaux.

Eileen, Tante Pauline, et Oncle Yvon

"Je ne sais pas ce qui s'est passé. J'étais bien jusqu'à 90 ans et maintenant je n'ai plus la bonne santé dont j'ai bénéficié pendant toutes ces années."

Dans l'un de ses courriels, il exprimait son désarroi face au vieillissement qu'il subissait. Quand il avait 90 ans, il était très actif avec le bowling, le ping-pong et la natation. Lorsqu'il a atteint 91 ans, en septembre 2018, il est tombé et s'est blessé au genou droit. Il a dit qu'après cela,

"Je suis devenu un vieil homme de 91 ans, blessé, fatigué, qui essaie de se reposer et de récupérer."

C'est triste à lire car il était plein de vie et parlait de ses nombreux centres d'intérêt lors de nos visites. C'était une bénédiction pour lui d'avoir bénéficié d'une longue vie en bonne santé, mais son esprit dépassait son corps. Malgré ses problèmes physiques, nous avons pu communiquer par courriel. Le dernier courriel qu'il nous a adressé date de décembre 2018 et il a écrit,

"Portez-vous bien et profitez de la vie. Amour et baisers, Vieux Oncle Yvon et Tante Pauline."

Même si c'était ma dernière correspondance avec lui, nous avons envoyé des cartes pour lui faire savoir que nous pensions à lui et à tante Pauline.

Tante Pauline n'était pas bien pendant de nombreuses années, mais elle a pu profiter de sa famille. Elle était une lectrice passionnée et chaque fois que nous lui rendions visite, je lui demandais quel était son dernier livre. Elle ne parlait pas anglais mais elle était capable de me dire quels étaient ses livres préférés. L'oncle Yvon traduisait ce que nous voulions dire.

En juillet 2019, nous avons reçu un courriel de la famille nous informant du décès de l'oncle Yvon et nous leur avons demandé de nous faire savoir quand les funérailles auraient lieu. Puis, dans les deux semaines qui ont suivi, tante Pauline est également décédée. Leurs enfants ont décidé d'organiser des funérailles en l'honneur de leurs deux parents le 18 août 2019, et nous avons fait des plans pour y être présents.

Lorsque nous rendions visite à l'oncle Yvon et à tante Pauline, ils parlaient fièrement de leurs quatre enfants et partageaient des photos, mais nous ne les avions pas rencontrés. Pendant les services funéraires, nous avons eu l'occasion de leur dire combien nous avions aimé nos visites chez leurs merveilleux parents. L'oncle Yvon était toujours manifestement heureux de me voir et souriait en me disant combien je lui rappelais sa sœur chérie, ma mère Mireille. Maintenant, après les décès de l'oncle Yvon et de ma mère Mireille, il ne restait plus qu'une sœur et un frère de cette fratrie. Les quatre frères et sœurs ont des enfants, mes cousins germains, et je les ai tous rencontrés ce jour-là.

Mes cousins germains - 2019

En particulier, la fille de ma tante Lise, Monica, était présente et nous avons parlé pendant une bonne partie de l'après-midi. (J'ai rencontré tante Lise lors des funérailles de Mireille en août 2011. Malheureusement, tante Lise, la mère de Monica, est décédée en mai 2020 du virus Covid 19).

Monica m'a dit combien elle aimait ma mère depuis qu'elle était une jeune fille. Puis elle m'a dit,

"Quand je suis née, on m'a appelée Monique."

J'ai répondu,

"Quand je suis née, on m'a appelée Monique !"

La mère de Monica, Lise, était la sœur cadette de ma mère

Mireille de deux ans, et certains membres de la famille s'accordent à dire que Lise a grandi dans l'ombre de sa sœur aînée. Elles étaient très différentes. Mireille était extravertie et Lise était réservée. Pendant de nombreuses années, elles se sont éloignées l'une de l'autre.

Avant de rencontrer ma cousine Monica, mes frères et ma famille m'avaient dit qu'il y avait une autre Monique dans la famille, née de la sœur de ma mère, Lise, environ 10 ans après ma naissance. Il m'a semblé curieux que la sœur de Mireille donne à sa petite fille le même nom que celui de la petite fille que sa sœur Mireille a fait adopter. J'ai demandé à Monica,

"Tu crois que ta mère savait pour moi?"

"Je ne le pense pas", a-t-elle dit. "Pendant l'année où Mireille était enceinte de toi, ma mère Lise vivait et travaillait pour une autre famille en tant que compagne. Je pense que Mireille vivait chez une tante pendant sa grossesse."

J'imagine que j'étais un secret bien gardé, pour la plupart des membres de la famille. Mes retrouvailles avec Mireille ont peut-être été la première fois que de nombreux membres de la famille ont appris mon existence.

Dans tous les récits et souvenirs de mes frères et d'autres membres de la famille sur ma mère biologique, je cherche à me voir, moi, sa fille. Depuis les retrouvailles, notre ressemblance physique est évidente pour la famille et les amis qui connaissaient bien Mireille.

Même si les mères et les filles peuvent se ressembler ou être différentes en termes d'apparence ou de personnalité, nous sommes une famille, et les fils de nos points communs nous lient les unes aux autres. Bien que ma mère adoptive Mary et moi ne partagions aucune ressemblance physique, nous avions des liens émotionnels forts et ses leçons de vie soigneusement enseignées me guident encore aujourd'hui. Nature ou éducation, le débat continue.

Cela fait dix ans que j'ai retrouvé ma mère biologique et sa famille. Jusqu'au début de 2020, nous nous voyions quatre ou cinq fois par an. Cependant, au moment où j'écris ces lignes, en janvier 2021, nous vivons la pandémie de Covid-19 et la frontière entre les États-Unis et le Canada sera fermée indéfiniment. Maintenant, nous restons en contact et maintenons notre connexion par le biais d'appels zoom, d'emails, de messenger et de textos WhatsApp. Nous sommes impatients de pouvoir leur rendre visite en personne.

Jean Gilles et Mireille - juin 1951

Eileen et Claude - septembre 1971

Eileen et Claude

ÉPILOGUE 331

Owen, Mike, Elise, Jackson, Eileen, Eric, Claude, Evelyn, Cash

REMERCIEMENTS

Je tiens à exprimer mes remerciements et ma gratitude à Claude, avec qui j'ai partagé mes pensées et mes projets pendant la rédaction de ce mémoire et qui a toujours pris le temps de m'écouter et de me donner son avis. Il est mon premier éditeur, mon défenseur, et mon très important informaticien. J'ai la chance de l'avoir comme partenaire dans la vie et toutes nos aventures. Je n'aurais pas pu réaliser ce rêve d'écrire mes mémoires sans son soutien.

Merci à nos enfants Eric et Elise et à notre beau-fils Mike pour leur encouragement et leur intérêt pour ce projet et pour être les personnes aimantes qu'ils sont. Eux et leurs enfants sont tout pour nous et nous rendent fiers d'être parents.

Merci à toute ma famille américaine et à mes amis proches, en particulier au père de Claude et, à ses sœurs et à son beau-frère, ainsi qu'aux enfants de mon frère Brian, qui ont suivi l'évolution de mes recherches depuis le début, m'accompagnant dans tous les méandres de l'histoire. Je remercie tout spécialement nos chers amis Marilyn et Rich qui ont généreusement pris le temps de lire et de réagir au manuscrit.

Ma famille canadienne a fait tout son possible pour m'accueillir au sein de la famille au cours des dix dernières années et je suis si fière d'en faire partie. Ils ont lu le manuscrit et ont partagé des commentaires importants pour la précision. J'ai hâte de découvrir tout ce que l'avenir nous réserve alors que nous poursuivons notre vie de famille ensemble.

Nadia, notre travailleuse sociale canadienne diligente et aimable, sensible à l'âge avancé et à la santé déclinante de ma mère biologique, a donné la priorité à mon dossier pour assurer le meilleur résultat possible. Elle a été la voix de l'espoir tout au long de mon voyage émotionnel.

Mes amis et collègues des deux écoles primaires où j'ai enseigné ont été attentifs et généreux de leurs câlins tout au long des hauts et des bas de ma recherche.

Nos amis de Whiteface Lodge à Lake Placid ont aimé mon histoire depuis le début, m'écoutant, m'encourageant et, parfois, pleurant des larmes de joie et de tristesse lorsque je leur faisais part des nouveaux développements.

Je tiens également à remercier les incroyables écrivains, devenus amis, du groupe d'écriture de ma bibliothèque, qui m'ont encouragée et inspirée dès ma première rencontre avec eux. Ils m'ont été d'une aide inestimable.

Et enfin, merci au Long Island Writers Club où j'ai rencontré plusieurs auteurs dont les livres ont été publiés par Stephanie Larkin, propriétaire de Red Penguin Books, et qui m'ont fait croire que je pouvais moi aussi faire publier mon histoire.

À PROPOS DE L'AUTEUR

Eileen Resta est une enseignante du primaire à la retraite, spécialiste de la lecture et titulaire d'une maîtrise en alphabétisation. Bien que la lecture et l'écriture fassent partie intégrante de sa vie depuis aussi longtemps qu'elle s'en souvienne, elle ne s'attendait pas à écrire des mémoires. C'est son expérience en tant qu'adulte adoptée cherchant à obtenir des informations sur ses antécédents biologiques qui a conduit à des événements miraculeux imprévus et, finalement, à sa décision d'écrire ce livre.

Eileen vit à Long Island, New York, avec son mari, Claude. Leurs enfants et petits-enfants vivent à proximité et ce livre constitue le chaînon manquant de leur histoire familiale. Elle aime voyager, faire de la randonnée, faire du bateau et cuisiner, mais surtout, elle aime passer du temps avec ses familles américaine et canadienne.

www.ingramcontent.com/pod-product-compliance
Lightning Source LLC
Chambersburg PA
CBHW071952070526
44583CB00015B/1156